Manfred Fuhrmann

Brechungen

Wirkungsgeschichtliche Studien
zur antik-europäischen
Bildungstradition

Klett-Cotta

CIP-Kurztitelaufnahme der Deutschen Bibliothek

Fuhrmann, Manfred:
Brechungen: wirkungsgeschichtl. Studien
zur antik-europ. Bildungstradition / Manfred Fuhrmann. —
Stuttgart: Klett-Cotta, 1982.
ISBN 3-608-91073-5

Verlagsgemeinschaft Ernst Klett–J. G. Cotta'sche Buchhandlung
Nachfolger GmbH, Stuttgart
Alle Rechte vorbehalten
Fotomechanische Wiedergabe nur mit Genehmigung des Verlages
© Ernst Klett, Stuttgart 1982 · Printed in Germany
Umschlag: Heinz Edelmann
Satz: Alwin Maisch, Gerlingen
Druck: Verlagsdruck, Gerlingen

Inhalt

5

Vorwort

Elemente der europäischen Bildungstradition, antike Themen in vielfältiger Brechung bis hin zum Kulturbewußtsein des Bürgertums: wie nehmen sich diese einst vieldiskutierten Gegenstände in neuerlicher Brechung aus, was haben sie uns Heutigen noch zu sagen – jetzt, etwa eine Generation nach der Epoche, die mit dem Zweiten Weltkrieg zu Ende gegangen ist?

Die hier vereinigten Studien üben mancherlei Kritik an dieser Tradition, zumal an deren bisher letzter Ausformung deutscher, bürgerlicher, humanistischer Observanz – sie üben Kritik im ursprünglichen Sinne des Prüfens und Sonderns. Der Verfasser meinte nämlich, daß es nicht genüge, den Trümmerhaufen, den die Exzesse des Nationalismus auch auf geistigem Gebiete hinterlassen hatten, einfach als solchen hinzustellen und abzuurteilen; er ließ sich vielmehr von der Annahme leiten, daß unter den Trümmern manch brauchbarer Grundriß verborgen sein könne, der, wenn er nicht ohne weiteres für einen Neubau verwendbar sei, immerhin als Modell, als Anhaltspunkt zur Kenntnis genommen zu werden verdiene.

Als methodisches Instrument für die hier beabsichtigte Sonderung des Abgeschmackten vom Vernünftigen, des Überholten vom vielleicht noch Gültigen diente die wirkungs- oder rezeptionsgeschichtliche Betrachtungsweise: was ein Ding im geistig-kulturellen Bereich, ein Element der Bildungstradition an und für sich sei, das lasse sich – so lautet ja der Leitgedanke dieser Betrachtungsweise – kaum verläßlich ermitteln; jeder Gegenstand dieser Art biete sich vielmehr dem Betrachter als eine Folge von Brechungen oder Spiegelungen dar, und es gelte zu fragen, wie er sich ursprünglich, im Bewußtsein dessen, der ihn hervorgebracht, und seiner Zeitgenossen, und wie er sich dann in einer langen Reihe von Epochen bis an die Schwelle der Gegenwart gespiegelt habe. Eine Relativierung also, und zwar – in diesem Falle – von so wichtigen Bereichen wie Ethik, Personalität, klassischem Literaturkanon, Romidee, deutschem Nationalbewußtsein und deutscher Klassik? Ja: eine Relativierung, die gewiß nur eine vorläufige Antwort ist und die jedenfalls, wenn sie die gläubige Unbedingtheit verbietet, die bis zur Mitte unseres Jahrhunderts noch möglich war, den Glauben an bedingt Verläßliches nicht gänzlich ausschließt.

Die allen Beiträgen gemeinsame Tendenz mag die Unterschiede der Form ausgleichen: rasch hingeworfene Vorträge stehen neben eindringlichen, auf einen umfangreichen gelehrten Apparat sich stützenden Untersuchungen. Die allem Fremdsprachlichen beigegebene Übersetzung sowie die auch dem Nicht-Fachmann verständliche Zitierweise suchen das Lesen zu erleichtern. Die Einarbeitung neuester Literatur schien bei der verhältnismäßig geringen Distanz vom Zeitpunkt des ersten Erscheinens entbehrlich.

Einige der hier zusammengestellten Studien zeigen besonders enge Beziehungen. Die beiden Untersuchungen zur Spätantike geben schon im Titel zu erkennen, daß sie als Paar entstanden sind; im Falle der beiden Beiträge zur deutschen Klassik waren Teile des Winckelmann-Aufsatzes die Keimzelle der Abhandlung zur Querelle und zu deren Nationalisierung in Deutschland.

Die Anordnung folgt dem jeweiligen zeitlichen Schwerpunkt. Die beiden an der Spitze stehenden Beiträge über die Ethik und den Personbegriff haben ihn – trotz der auch dort praktizierten rezeptionsgeschichtlichen Betrachtungsweise – noch in der Antike; alles weitere erscheint in der chronologischen Reihenfolge der rezipierenden Epochen.

Der Verfasser ist Herrn Dr. A. Dieckmann, Redaktionsleiter im Verlag Klett-Cotta, zu Dank verpflichtet: von ihm stammt die Auswahl und mit ihr das Konzept; er hat die Entstehung dieses Büchleins mit seinem kundigen Rat begleitet.

Antike Ethik

1

Wanderer, kommst du nach Spa . . .: Bölls bekannte Erzählung
schildert genau den Typ düsterer wilhelminischer Gymnasialbau-
ten, der hier gemeint ist. Daß dort ‚antike Ethik' vermtitelt wurde,
konnte man schon an der äußeren Ausstattung erkennen: Sokrates-
oder Platon-Gipsbüsten auf den Treppenabsätzen, und über dem
Hauptportal eine moralische Sentenz in lateinischer Sprache, die
selten ohne erhabene Dinge, ohne ‚Gott', ‚Vaterland' und dergleichen, auszukommen vermochte. Man vergesse nicht: das sogenannte humanistische Gymnasium – mit Latein und Griechisch als
wichtigsten Fremdsprachen – war während des 19. Jahrhunderts der
einzige Zugang zum Universitätsstudium. Dieses Gymnasium vermittelte also unter anderem ‚antike Ethik'; man traktierte dort
Ciceros *Pflichten* und Platons *Staat,* und man traktierte sie jahre-
lang. Im 19. Jahrhundert verband daher eine ganze Schicht – die
maßgebliche Schicht, das gehobene Bürgertum – feste Vorstellungen
mit dem Gegenstand, der hier zur Verhandlung steht, mit der ‚antiken Ethik'. Verband sie aber auch richtige Vorstellungen mit ihm?
Wohl kaum: das Gymnasium bot lediglich eine kleine Auswahl dar;
diese Auswahl aber war so getroffen, daß sie zuallererst eine ebenso
bildungsstolze wie patriotische Gesinnung einimpfen half, und was
die antiken Texte selbst nicht hergaben, das fügten Kants Pflicht-
begriff und der Höhenflug der klassischen Dichter, das fügte zumal
die ‚idealistische' Aura hinzu, mit der sich die gesamte Pädagogik
der Zeit zu umgeben wußte. Doch von antiker Lebensbeobachtung
und Lebenskunst hörte der Gymnasiast des 19. Jahrhunderts recht
wenig; das Empirische, das Praktische kam zu kurz, und Epikur –
jener Mann, der die Lust zum höchsten Prinzip menschlichen Daseins erhoben hatte – wurde allenfalls in der polemischen Perspektive dargeboten, in die der Platoniker Cicero ihn gerückt hatte.

Die ‚antike Ethik' des humanistischen Gymnasiums war ‚säkularisiert': sie war wieder – wie in der Antike selbst – autonom und rational, nicht – wie während der christlichen Ära von der Spätantike bis zum Barock – heteronom und an die Lehren der christlichen Offenbarung gebunden. Das humanistische Gymnasium, die Schöpfung Wilhelm von Humboldts, gab in dieser Hinsicht lediglich weiter, was durch das 18. Jahrhundert, das Zeitalter der Aufklärung, zuallererst ermöglicht worden war. Sapere aude – „wage vernünftig zu sein": diese Formel, mit der einst der römische Dichter Horaz einen Freund aufgefordert hatte, nach wahrer, die Grundsätze der Philosophie befolgender Erfüllung des Lebens zu streben – diese Formel proklamierte damals Kant in seiner Schrift *Was ist Aufklärung?* zum Wahlspruch der Epoche: „Habe Mut", so paraphrasierte er sie, „dich deines eigenen Verstandes zu bedienen". Und man bediente sich des eigenen Verstandes: man löste den Staat, das Recht und die Sittlichkeit aus den überkommenen autoritativen Bindungen; man propagierte eine ‚vernünftige', auf Einsicht und Belehrung sich gründende, für alle Menschen in gleicher Weise gültige Humanität.

Nun täte man freilich der christlichen Ära bitter unrecht, wenn man die Schlagworte unbesehen übernehmen wollte, mit denen die Aufklärung ihre Emanzipationsbestrebungen zu etikettieren suchte. Die Vernunft und das ‚natürliche', allgemeinmenschliche Sittengesetz, die Trennung von Legalität und Moral, die persönliche Verantwortung des Einzelnen, das Streben nach individueller Vollkommenheit und individuellem Glück: alle diese Kategorien waren ja nicht neu; sie waren aus der Antike überkommen und in der christlichen Tradition, wenn auch in wechselndem Maße und in wechselnder Gestalt, stets gegenwärtig gewesen – zwar amalgamiert mit der Autorität der Bibel, überhöht durch die Gebote des Glaubens und der Liebe, jedoch ablösbar aus diesen ihnen ursprünglich fremden Zusammenhängen, in die sie erst die zähe Gedankenarbeit der Kirchenväter eingefügt hatte. Und nicht einmal das Ablösungsbestreben des 18. Jahrhunderts – das Ziel also, die menschliche Vernunft von autoritativer Bevormundung zu befreien und ganz auf sich selbst zu stellen – war durchaus neu: die Aufklärung ging lediglich einen Weg zu Ende, den schon der italienische Humanismus, ja die Scholastik des hohen Mittelalters beschritten hatte.

Die ‚antike Ethik' – so viel haben diese pauschalen Hinweise wohl erkennen lassen – hat also die europäische Geschichte, das Kontinuum europäischer Selbstreflexion, stets irgendwie begleitet, und damit, daß diese Ethik so ‚individualistisch‘ war (man macht ihr neuerdings oft einen Vorwurf daraus), muß es auch zusammenhängen, daß die hohe Einschätzung der Freiheit und Würde des Individuums seit jeher zu den hervorstechenden Zügen der europäischen Kultur gehört.

Diese Ethik hatte sich ihren Erben, den christlichen Völkern Europas, in mannigfacher Gestalt dargeboten. Zuallererst gewiß als Theorie, als die philosophische Disziplin, die im prägnanten Sinne ‚Ethik‘ heißt: als rationales Gefüge von Sätzen, die menschliches Verhalten bestimmen und beurteilen sollten – sei es, daß man (wie etwa Platon) geneigt war, aus abstrakten Voraussetzungen rigorose Forderungen abzuleiten, oder daß man (wie z. B. Aristoteles) mehr vom Faktischen ausging und stärker die gegebene, noch unreflektierte Wirklichkeit zum Maßstab ethischer Normen nahm. Außerdem aber hatte die Antike ein reiches Arsenal anschaulicher Beispiele – positiver wie negativer – hinterlassen: vor allem in der Dichtung, z. B. in der Komödie und der Satire, aber auch in der Prosa, besonders in der Biographie. Und drittens fanden die Erben der Antike den literarischen Niederschlag einer stark auf die Einübung bewährter Verhaltensmuster erpichten Pädagogik vor: Anthologien von Sentenzen und Zitaten, Merkverse, Fabeln und sonstige – oft aus der Schule erwachsene und jedenfalls gern in der Schule verwendete – lehrhafte Literatur.

Bis zum Zeitalter der Weltkriege wurde diese umfängliche Traditionsmasse – wenn auch in je verschiedener Auswahl und Färbung – irgendwie für verbindlich erachtet und von Bildungsinstitutionen verbreitet: das humanistische Gymnasium z. B. führte den Schüler vom Merkvers über die Dichtung zum ethischen Traktat, und die bürgerliche Universität pflegte in herkömmlicher Weise die Ethik als wichtigen Zweig der Philosophie – bis hin zur Phänomenologie und zum Existenzialismus. Gleichzeitig aber legte das 19. Jahrhundert mancherlei Keime zu Entwicklungen, die sich erst jetzt voll auswirken und die – wie man wohl ohne Übertreibung behaupten kann – eine Krise der Ethik verursacht haben.

Die vordergründigen Erscheinungen brauchen nur stichwortartig genannt zu werden: die Industrialisierung, das Proletariat und die soziale Frage; der komplizierte Verwaltungsapparat des modernen

11

Staates; die Exzesse des Nationalismus und endlich der Untergang der bürgerlichen Kultur. Diese Erscheinungen haben offensichtlich den bisherigen Bildungseinrichtungen den Boden entzogen – so sehr, daß sich über den gesamten Kontext, in dem seit der Aufklärung Ethik übermittelt wurde, über die Inhalte und Ziele von ‚Bildung‘, keine verbindlichen Auskünfte mehr geben lassen. Das humanistische Gymnasium jedenfalls ist jetzt ziemlich bedeutungslos, und die Universitätsphilosophie scheint mit der Metaphysik auch die Ethik verabschiedet zu haben: seit Hartmann und Heidegger sind von ihr in dieser Hinsicht keine wichtigen Impulse mehr ausgegangen.

Im Hintergrund aber standen und stehen mancherlei Versuche, das Wesen des Menschen auf eine neue Weise zu erfassen. Sie entstammen der Wissenschaft, und sie erfreuen sich gegenwärtig einer so hohen Schätzung, daß man beinahe meinen möchte, der Glaube an sie sei jetzt ebenso stark wie in der christlichen Ära der Glaube an den dreieinigen Gott und in der bürgerlichen Epoche der Glaube an Kultur und Bildung. Sie haben eine wichtige Gemeinsamkeit: sie wollen den Menschen – sein Fühlen, Denken und Handeln – ‚voraussetzungslos‘ und ‚wertfrei‘ erklären, und sie bedienen sich hierbei des Kausalitätsprinzips, wie es die neuzeitlichen Naturwissenschaften entdeckt und mit großem Erfolge angewandt hatten. Und sie waren ebenfalls sehr erfolgreich: sie brachten vielerorts Abhängigkeiten, allgemeine der Mechanik von Ursache und Wirkung gehorchende Relationen ans Licht, wo man bis dahin mit spontanen und bewußten Entscheidungen der einzelnen Individuen gerechnet hatte; sie entlarvten insbesondere die sozialen (Marx) und psychologischen Bedingungen (Freud, Watson) menschlicher Existenz.

Diese Prozesse – die vorder- wie die hintergründigen – brachten die gesamte antik-europäische Tradition und mit ihr die Ethik in erhebliche Bedrängnis. Denn alle Ethik beruht ja auf der Annahme, daß der einzelne Mensch sich frei entscheiden könne und für seine Handlungen voll verantwortlich sei. Jene neuen, mit strengen Kausalitäten rechnenden Wissenschaften hingegen vermochten eindrucksvoll zu zeigen, in welchem Maße jedes Individuum durch äußere, seinem Einfluß entzogene Bedingungen – durch seine Anlage und zumal durch sein Milieu – determiniert ist. Und gewisse historische Erfahrungen – der Mißbrauch, den totalitäre Systeme mit wichtigen Maximen der überkommenen Ethik getrieben hatten –

ließen gerade auch diese Ethik als einen zwar nicht absoluten, aber doch nahezu absoluten Zwang erscheinen, als ein den Menschen fesselndes, seine Motivation im vorhinein festlegendes Mittel der Unterdrückung. Die beiden angedeuteten Prozesse haben somit durch ihr Zusammenwirken die jetzt vorherrschende Einstellung herbeigeführt: die äußeren Entwicklungen erwiesen die traditionelle Ethik als unzulänglich oder fadenscheinig, und die neuen Wissenschaften, zumal die Soziologie, schienen diesen Sachverhalt mit unwiderleglicher Evidenz zu erklären. So kam es zur gegenwärtigen ,Krise der Ethik': im Bereich der europäischen Industrienationen, und zumal unter den Angehörigen der jüngeren Generation, übt das Konzept des frei und bewußt sich entscheidenden Individuums – und hiermit das Konzept der Tradition, des Humanismus, der Bildung, der Ethik – keine große Anziehungskraft mehr aus; man strebt mehr nach der ,Freiheit wovon' (nämlich von den überkommenen Bindungen) als nach einer ,Freiheit wozu' (nämlich zur selbstverantwortlichen Lebensführung), und man erhofft sich ein Maximum an ,Freiheit wovon' durch die Änderung der gegebenen Verhältnisse, insbesondere der sozialen ,Strukturen'.

Die Ethik – jene aus der Antike überkommenen Normen, nach denen menschliches Handeln als dem Handelnden zurechenbar beurteilt wird – steckt demnach wohl wirklich in einer Krise, und diese Krise scheint erhebliche Teile der intellektuellen Schicht ergriffen zu haben. Sie läßt sich besonders deutlich an den jetzt maßgeblichen pädagogischen Theorien ablesen, welche die bisherigen Verhaltensmuster (und vor allem deren bisherigen Modus der Vermittlung: das autoritative Belehren, Prägen und Bilden) durch – wie sie glauben – Besseres und in seinen Wirkungen exakter Bestimmbares zu ersetzen suchen. Dieser Stand der Dinge aber hat der Ethik offenbar viel von ihrer einstigen Dignität genommen; man möchte geradezu die Frage stellen, ob die Ethik, wenn man die gegenwärtig vorherrschende Auffassung von Wissenschaft zum Maßstab nimmt, überhaupt noch als Wissenschaft gelten kann – eine Frage, die wohl bis vor wenigen Jahrzehnten gar nicht ernsthaft hätte gestellt werden können.

Gleichwohl ist die traditionelle Ethik durchaus nicht von der Bildfläche verschwunden. Sie wurde von der Rationalität eines vielleicht allzu wissenschaftsgläubigen Zeitalters und überdies von mancherlei Emotionen und Ressentiments in eine Randposition gedrängt – dort aber wuchert sie in einer diffusen, z. T. wenig kontrollierten Erscheinungsweise weiter, und zwar auch bei denen, die sie ablehnen und beseitigt wissen wollen. Diese Tatsache erklärt sich wohl nicht zuletzt aus dem Umstand, daß im heutigen Bewußtsein ein bislang nicht überbrückter, vielleicht gar nicht überbrückbarer Gegensatz klafft: jemand mag noch so sehr überzeugt sein, daß menschliches Verhalten stets oder fast stets die notwendige Folge allgemeiner, erkenn- und meßbarer Ursachen sei, er erfährt sich gleichwohl im täglichen Leben immer wieder als Subjekt, als Individuum, das sich in gegebenen Situationen so oder so ‚entscheidet'; er sucht diese Entscheidungen, wie er selbst oder andere sie treffen, zu verarbeiten und zu deuten, und er bedient sich hierbei in erheblichem Maße überkommener ethischer Kategorien. Und wie in der Lebenswirklichkeit, so scheinen sich auch in einem anderen Bereich ethische Maßstäbe zäh behaupten zu wollen: in der fiktiven Literatur. Zwar zollen seit dem Naturalismus des 19. Jahrhunderts nicht wenige Schriftsteller den neuen wissenschaftlichen Erkenntnissen einen fühlbaren Tribut: sie suchen ein rigoros deterministisches Bild vom Menschen zu vermitteln; sie wollen ihre Werke als Anschauungsmodelle für psychische oder soziale Gesetzmäßigkeiten betrachtet wissen. Andererseits aber enthalten gerade die besten Paradigmen dieser Art einen Überschuß an Bedeutung, der die ihnen innewohnende – sei es psychologische, sei es soziale – Tendenz wieder in Frage stellt, und ein gut Teil der modernen Literatur ist schlechtweg bestrebt, in hergebrachter Weise den Sinn für die Probleme des aus eigener Verantwortung handelnden Individuums zu schärfen.

2

‚Antike Ethik' ist in der Hauptsache ‚griechische Ethik': die Griechen haben – wie die Philosophie im ganzen – so auch jene Teildisziplin erfunden, die sich anheischig machte, rational begründete Modelle menschlichen Verhaltens zu entwerfen. Die Römer hingegen haben getan, was hernach – seit dem Mittelalter – die europäischen Völker taten: sie haben von den Griechen gelernt und hierbei das Erlernte ihren eigenen Vorstellungn und Erfahrungen angepaßt.

Die griechische Ethik konstituierte sich im 5. Jahrhundert v. Chr., in einer Krisenzeit, welche die gesamte Tradition auf ihre Maßgeblichkeit hin befragte. Sie war von Anfang an autonom; sie entfaltete sich frei oder nahezu frei von sei es religiöser sei es staatlicher Kontrolle – das Schicksal des Sokrates, die berühmteste und bedeutendste Ausnahme, ändert nichts an diesem Gesamtbild. Denn die griechische Religion – jedenfalls die offizielle, staatlich überwachte – pflegte sich des rechtlich-sittlichen Bereiches kaum noch anzunehmen; sie erschöpfte sich im wesentlichen in der korrekten Handhabung des Kultes. Den griechischen Staaten wiederum lag es im allgemeinen fern, den Gebrauch des Wortes und der Schrift einengenden Maßregeln zu unterwerfen; die Jugenderziehung war meistens Privatsache. Diese Voraussetzungen erklären die üppige Vielfalt der Theorien: die Ethik der Griechen wartete in kurzer Zeit mit einem Spektrum auf, das sich von rigoroser Askese bis zur Vergötterung der Lust, von strenger Bindung an das Gemeinwohl bis zur selbstherrlichen Doktrin vom Recht des Stärkeren erstreckte.

Wie z. B. die pythagoreische Lehre von der Seelenwanderung oder das platonische Unsterblichkeitsdogma zeigen, enthielten sich nicht alle Systeme des spekulativen Ausgreifens in die Transzendenz. Doch im allgemeinen verzichtete man auf jegliche Kompensation durch jenseitige Verheißungen und Drohungen; man blieb auf dem Boden der sinnlich erfahrbaren Tatsachen und begnügte sich mit der konkreten Lebenswirklichkeit. Man ging von der einfachen Annahme aus, daß der Mensch sterblich und vernunftbegabt sei und demnach versuchen müsse, mit Hilfe seiner Vernunft das Beste aus seiner durch die Sterblichkeit begrenzten Existenz zu machen. Man ordnete den Menschen schon hiermit in die gegebene, wahrnehmbare Natur ein, und eben diese Natur diente auch sonst – bis in die Einzelheiten – als Maßstab für das richtige, nach ethischen Grundsätzen geführte Leben. Auch wenn man Zügelung und Triebverzicht forderte, berief man sich auf diese Instanz; man verstand demnach Askese nicht etwa als Sieg über die Natur, sondern gerade als Erfüllung der Natur. Das universale Regulativ ließ allerdings Spielraum für erheblich voneinander divergierende Meinungen: da feststand, daß sich der Mensch durch seine Vernunft vor allen übrigen Lebewesen auszeichne, hatte man eine bequeme Handhabe, die spezifische ‚Natur‘ des Menschen je nach Einschätzung der Vernunft so oder so zu bestimmen; zumal die platonische und die stoische Philosophie bekunden eindrucksvoll, zu welch ‚unnatürlichem‘ Rigorismus sittlichen Forderns man auf diesem Wege gelangen konnte.

Doch im ganzen ließ man sich lieber von der Erfahrung als von der Stringenz gedanklicher Konstruktionen leiten; man war weithin bestrebt, sich an Tatsachen zu orientieren, die man durch sorgfältige Beobachtung der Wirklichkeit ermittelt hatte. Schon der Begriff ‚Ethik' weist in diese Richtung. Er ist von Ethos abgeleitet; er bezeichnet das zum Ethos Gehörige. Mit Ethos aber meinte man ursprünglich nichts anderes als den „gewöhnlichen Aufenthaltsort" (von Völkern oder Tieren), dann das „gewöhnliche Verhalten", die „Gewohnheit", das „Herkommen", die „Sitte". Der Begriff hat also einen neutralen Sinn, der sich auf faktische Gegebenheiten bezieht, und dementsprechend wollte die griechische Ethik die menschliche Wirklichkeit nicht gewaltsam regulieren, sondern gerade zu ungehemmter Entfaltung bringen. Ein wichtiges Modell war die Medizin: man faßte die Ethik als Therapie auf, die seelische Störungen zu beseitigen habe; man übertrug die medizinische Erkenntnis, daß Übermaß und Mangel (an Nahrung, an Bewegung) in gleicher Weise schädlich seien, auf die Ethik und bestimmte den richtigen seelischen Zustand, das seelisch Normale, als die Mitte zwischen zwei abträglichen Extremen, z. B. die Tapferkeit als Mitte zwischen Verwegenheit und Feigheit, die Freigebigkeit als Mitte zwischen Verschwendung und Geiz usw. Am deutlichsten läßt sich die ‚Natürlichkeit' der griechischen Ethik an ihrer Bereitschaft ablesen, auf die gegebene Mannigfaltigkeit der Völker und Individuen Bedacht zu nehmen: die griechische Ethik stand in engem Konnex mit der griechischen Völker- und Charakterkunde. Die vergleichende Völkerkunde zeigte eindringlich, wie diametral die Auffassungen von Sitte und Schicklichkeit auseinandergehen konnten: daß anderswo verpönt war, was die Griechen für unanstößig hielten (z. B. die Nacktheit bei Sportwettkämpfen); daß andere wiederum gestatteten, was von den Griechen abgelehnt wurde (z. B. die Geschwisterehe). Derlei Beobachtungen führten zu der Einsicht, daß man zwischen wirklichen Normen und bloßen Konventionen unterscheiden müsse; ja sie ließen das Problem entstehen, in welchem Maße man überhaupt mit allgemeinverbindlichen ethischen Normen rechnen könne. Die Charakterologie war Typenbeschreibung: sie suchte das den Geschlechtern oder Altersstufen je Gemäße zu erfassen; sie porträtierte wiederkehrende menschliche Fehlhaltungen. Die Ethik wiederum trug der Verschiedenheit der Anlagen und Begabungen dadurch Rechnung, daß sie einen Katalog von Lebensformen – das Streben nach Gewinn, nach Ehre, nach Weisheit; oder allgemein: den ‚praktischen‘ und den ‚theoretischen Tätigkeitsbereich‘ – vorführte und dem Einzelnen eine seiner Wesensart entsprechende Wahl nahelegte.

Die platonische Philosophie entwarf ein System von Normen, das den Einzelnen in ein größeres Ganzes zu integrieren und ihn als Element einer umgreifenden Staats- und Gesellschaftsordnung zu deuten suchte. In der Gesamtentwicklung der griechischen Ethik blieb dieses Unternehmen eine Ausnahme, und zumal in nachplatonischer Zeit konzentrierte man sich mehr und mehr auf die Einzelperson und ihr Ergehen: die griechische Ethik erhielt ein entschieden individualistisches Gepräge. Hieraus folgt nicht, daß sie keinen Altruismus gekannt hätte. Die meisten Systeme bestimmten den Menschen geradezu als das „Gemeinschaftswesen“ und leiteten hieraus die Pflicht zu gemeinnützigem Handeln ab. Man maß jedoch aller politischen oder sozialen Tätigkeit nur einen relativen Wert bei; das Ich blieb stets der absolute Bezugspunkt der ethischen Argumentation, und zwar auf zweierlei Weise: man erklärte, altruistische Handlungen seien um der eigenen Wohlfahrt willen notwendig oder nützlich oder gehörten zur Selbstverwirklichung; man lehrte andererseits, daß die Unmöglichkeit oder das Scheitern gemeinschaftsbezogenen Tuns die eigene Existenz nicht ernstlich beeinträchtige.

Die griechische Ethik war demnach weit entfernt, die übergreifenden Zusammenhänge – die Familie, den Staat, die Kulturgemeinschaft – zu ignorieren, die jeden Einzelnen bedingen. Sie wollte indes diese Zusammenhänge lediglich als das ‚Außen‘ betrachtet wissen, das der Einzelne je nach Förderlichkeit benutzen oder vermeiden solle; sie kannte kein Aufgehen des Einzelnen in einer Idee, keine völlige Identifikation mit einer gemeinnützigen Aufgabe: jegliches politisch-soziale Engagement stand unter dem Vorbehalt der Wahrung einer inneren Rückzugsposition. Das eigentliche Ziel aller ethischen Reflexion war eben das Glück des Individuums, seine ‚Eudämonie‘, d. h. die optimale Erfüllung der Möglichkeiten, die die Natur in ihm angelegt hatte. Die ethischen Systeme pflegten ihre Vorstellungen von diesem Optimum an einem Leitbild zu verdeutlichen: an dem ‚Weisen‘ (wie man das Leitbild gewöhnlich nannte) als dem Inbegriff des vollkommenen Individuums. Unter Eudämonie verstand man – so sehr sich die Meinungen im einzelnen unterschieden – die Autarkie, die Unabhängigkeit oder besser Unangreifbarkeit des Individuums; auch die – insbesondere von

17

Epikur zum höchsten Gut erklärte – Kategorie der Lust lief im End-
effekt auf nichts anderes hinaus. Das Prinzip der Autarkie besagte,
daß sich das Individuum sein ‚Glück' im Notfalle ganz aus eigener
Kraft verschaffen müsse, daß es sich auch dann nicht als gescheitert
anzusehen brauche, wenn ihm durch die Umstände so gut wie alles
vorenthalten werde. Das Prinzip der Autarkie beruhte somit auf der
strengen Scheidung von Umständen und eigenem Selbst, von einem
‚Außen' und einem ‚Innen', und dem ‚Außen' wurde alles zugewiesen, worüber der Einzelne keine unbedingte Verfügungsgewalt
hat – Gesundheit, Schönheit, Reichtum, Macht, Erfolg usw. –, dem
‚Innen' hingegen der Zustand der eigenen Seele. Das Prinzip der
Autarkie führte demnach zur Lehre vom gestuften Wert der Lebens-
güter: nur der seelischen Verfassung wurde absolute Bedeutung zuerkannt; nur darauf kam es letztlich an, daß man stets imstande sei,
die Distanz affektfreier Gelassenheit zu wahren. Allerdings stritt
man darüber, in welchem Maße sich das Prinzip gegenüber den
Wechselfällen des Lebens behaupten lasse. Die rigorosen Stoiker
erklärten, der Weise vermöge selbst auf der Folter zu lachen, d. h.
selbst in extremen Situationen volles Glück zu genießen; andere
Richtungen urteilten vorsichtiger und lehrten, daß die seelische Beschaffenheit allein nur eine reduzierte Eudämonie verbürge, daß
man also auch der äußeren Güter bedürfe, um der vollkommenen
Eudämonie teilhaftig zu werden.

Die griechische Ethik wirkt auf den heutigen Betrachter bei aller
‚Natürlichkeit' eigentümlich abstrakt und fremdartig kühl: das Unglück – so möchte man meinen – wird hinweg- und das Glück her-
beidisputiert. Dieser rationalistische Zug hatte ein entsprechendes
intellektualistisches Fundament: alle Fehlhandlungen und Fehlein-
schätzungen, behaupteten die griechischen Philosophen seit Sokrates,
seien nur oder doch hauptsächlich die Folge von Unwissenheit; der
Wissende könne gar nicht fehlen. Man mag zur Erklärung dieser
Maxime anführen, daß hier eben ein besonders ‚tiefer' Begriff von
Wissen, eine unverrückbare Einsicht in als wahr erfaßte wesentliche
Gegebenheiten, vorausgesetzt sei; man mag außerdem darauf hinweisen, daß sich die Griechen das Dogma von der Autarkie und
vom gestuften Wert der Güter im allgemeinen nicht durch verstan-
desmäßiges ‚Lernen', sondern durch langwährendes Einhämmern
und ständige Meditation zu eigen gemacht haben werden – der Eindruck einer seltsam fühllosen Starre bleibt. Man muß offenbar mit

einem erheblichen Wandel der psychischen Verfassung rechnen: der durch eine lange christliche Tradition geprägte Europäer der Neuzeit denkt und fühlt in vieler Hinsicht anders als der vorchristliche Grieche.

Der Unterschied läßt sich besonders deutlich daran ablesen, daß dem Griechen zwei elementare Kategorien fehlten, die zum ,selbstverständlichen' Repertoire des heutigen Europäers gehören: die Begriffe des Willens und des Gewissens. Diese Tatsache ist nichts als die Kehrseite des soeben erwähnten griechischen Intellektualismus. Der Grieche kannte keine einerseits vom Trieb und andererseits von der Vernunft unabhängige sittliche Kraft, und er vermochte sich daher nicht vorzustellen, daß die Einsicht in das Rechte nicht notwendig dessen Befolgung enthalte, daß es hierzu vielmehr eben dieser durchsetzenden Instanz – des Willens – bedürfe. Ähnliches gilt von der zweiten Kategorie: der Grieche kannte zwar eine rationale Rechenschaftsablage über das eigene Verhalten; doch von jener spontan sich betätigenden irrationalen inneren Stimme, auf die der moderne Begriff ,Gewissen' zielt, wußte er nichts. Man kann die Zahl negativer Merkmale leicht vergrößern: für die griechische Ethik war ausgemacht, daß jedes Tun aus einem Wissen, einem rationalen Kalkül hervorgehen müsse; die vielfältigen Formen impulsiven Helfens und Verstehens – von der Hingabe bis zum Mitleid und zur Güte – lagen daher meist außerhalb ihres Horizontes oder wurden gar mißtrauisch von ihr beurteilt. Und schließlich der kategorische Imperativ: es bedarf kaum noch des Hinweises, daß der in letzter Instanz egoistische Eudämonismus der griechischen Ethik dem selbstlosen Postulat, die sittliche Norm müsse um ihrer selbst willen – ohne Aussicht auf irgendwelchen Lohn – erfüllt werden, diametral entgegengesetzt war.

Die griechische Ethik erweist sich gerade durch ihre Insuffizienzen als fremder, der Vergangenheit angehöriger, kurz, als ,historischer' Gegenstand. Hieran ändert sich nur wenig, wenn man bedenkt, daß ihre Schwäche zugleich ihre Stärke war, daß ihre Quintessenz – das Autarkieprinzip – während eines halben Jahrtausends unzähligen Menschen über ihre Nöte und Schwierigkeiten hinweggeholfen und sie befähigt hat, das Leben – was immer die Verhältnisse mit sich bringen mochten – als ein sinnvolles Ganzes aufzufassen und zu bestehen: auch diese ihre vornehmste Leistung gehört ja der Vergangenheit an. Und so könnte man die griechische, überhaupt die antike Ethik getrost den Spezialisten überlassen, wenn es nicht noch eine andere Dimension gäbe: die literarische Hinterlassenschaft der antiken Philosophen, die ethischen Schriften eines Aristoteles, Epikur, Cicero oder Seneca – und mit ihnen die Tatsache, daß sich die Ethik des Mittelalters und der Neuzeit immer wieder auf diese Schriften bezogen und daß sie ihre eigenen Kategorien und Probleme immer wieder am Vor- und Gegenbild der dort erörterten Kategorien und Probleme entwickelt hat. Die Feststellung ‚Ohne Kenntnis von antiker Ethik keine Kenntnis von Ethik schlechthin‘ mag gegenwärtig als überspitzt erscheinen: sie ist darum nicht minder berechtigt – schon ein flüchtiger Blick auf das heute noch allgemein gebräuchliche ethisch-psychologische Vokabular (vom ‚Affekt‘ bis zum ‚Zynismus‘) bezeugt mit Nachdruck, in welchem Maße sie berechtigt ist.

Die Gegenwart ist freilich bisweilen geneigt, den Wert der Ethik schlechthin zu relativieren. Sie beruft sich hierfür mit Vorliebe auf die Antike: die Antike – so heißt es – sei den ‚ethischen‘, jedoch nicht den ‚sozialen‘ Weg gegangen; sie habe die Sklaverei humanisiert, aber nicht abgeschafft. Dieses Urteil trifft ins Schwarze. Hieraus sollte man indes lediglich folgern, daß ‚Ethik‘ allein nicht ausreicht, nicht aber, daß sie unwichtig oder gar entbehrlich sei. Die modernen Wissenschaften vom Menschen bemühen sich, die kausalen Bedingungen menschlicher Existenz aufzudecken; sie geraten hierdurch mit Notwendigkeit in einen Gegensatz zur christlich-humanistischen Tradition. Dieser Antagonismus hat indes kein grundsätzlich neues Problem geschaffen; er hat allenfalls ein Problem verschärft, mit dem sich schon die griechische Philosophie und die christliche Theologie abmühen mußten: die Antinomie von Determination und Freiheit, von Prädestination und eigener Verantwortung. Ein Ausgleich ist, wie seit eh und je, die Aufgabe, und dieser Ausgleich kann nur in der Richtung eines ‚Sowohl – als auch‘ gefunden werden. Die Sozialwissenschaft mag noch so viele allgemeine Gesetze ans Licht bringen, die Sozialreform die allgemeinen Bedingungen noch so sehr verbessern: das Problem der individuellen Verantwortung bleibt bestehen, und mit ihr das Problem der ‚Freiheit wozu‘, der Ethik [1].

Persona, ein römischer Rollenbegriff

1

Der spanische Arzt und Theologe Michael Servet (1511–1553) berief
sich in seinem Hauptwerk *De trinitatis erroribus* auf die eigentliche
Bedeutung des Wortes persona; er benutzte sie für seine Auffassung
von den drei Personen der Trinität, bei denen es sich – so lautete
seine Lehre – um Funktionen oder Rollen der einen Gottheit han-
dele. Melanchthons Polemik läßt hinlänglich erkennen, in welcher
Weise Servet die profane Vorvergangenheit von persona für seine
theologische Argumentation nutzbar zu machen suchte: „Der
Schwarmgeist Servet trägt Phantasien über das Wort persona vor;
er behauptet, es habe einst bei den Römern die äußeren Verhältnisse
(habitus) oder, wie wir sagen, unterschiedliche Funktionen (officii
distinctio) bezeichnet. (Der Schauspieler) Roscius stelle bald die
Rolle (persona) Achills, bald die Rolle des Odysseus dar; es gebe eine
bestimmte Rolle, die dem Konsul, und eine bestimmte Rolle, die
dem Sklaven zukomme, wie auch Cicero gesagt habe: ‚Wie schwer
ist es doch, die Rolle eines führenden Mannes im Staate wahrzuneh-
men (in re publica tueri personam principis)!‘ Und mit dieser einstigen Bedeutung des Wortes sucht er verleumderisch den Artikel
über die drei Personen der Gottheit zu verdrehen." [1]
Servets eigenwillige Deutung der Trinität kam nicht von ungefähr; sie war dem Monarchianismus der Kirchenväterzeit, d. h. einer
ketzerischen Richtung verwandt, die – nach Auffassung der Ortho-
doxie – das ‚monarchische‘, das monotheistische Prinzip der christlichen Religion allzu stark betonte. Servet mußte um dieser Deutung willen – in Genf, wo Calvin die Anklage betrieben hatte – den
Scheiterhaufen besteigen; sein Pochen auf die eigentliche Bedeutung
von persona – die Vorstellung, die, wie er glaubte, die alten Römer
mit dem Begriff verbunden hatten – brachte ihm den Tod.

21

Die folgenden Seiten haben nicht die Aufgabe, irgend etwas zur Aufhellung der verschlungenen Geschichte des Oxymorons ‚Dreieinigkeit' beizutragen. Sie wollen hingegen dartun, daß Servet recht hatte, wenn er sich auf eine bestimmte Vorgeschichte des Wortes persona berief; sie wollen also dartun, daß die Römer unter persona in der Tat so etwas wie ‚Funktion' oder ‚Rolle' verstanden haben, nicht aber, was wir Heutigen (seit wann? – doch wohl spätestens seit Kant) unter ‚Person' zu verstehen pflegen.

2

Die Lexika, z. B. das von Georges [2], geben zu persona folgende Bedeutungen an:
I (eigentlich) die Maske, Larve des Schauspielers;
II (metonymisch)
  1. der Charakter, die Rolle, die Person, die der Schauspieler darstellt;
  2. (übertragen)
    a) die Person, die Rolle, die der Mensch in der Welt spielt;
    b) die Person in abstracto = die Persönlichkeit, Individualität, der Charakter, den jemand in seiner Handlungsweise zeigt, oder der Charakter, die Stellung, der Rang, die Bedeutung, die ihm seine Verhältnisse geben;
    c) als grammatischer Terminus technicus die Person.

Die jüngste ausführliche Untersuchung des antiken Materials [3] weist die Bedeutungen von persona zwei Bereichen zu: dem Bereich innerhalb des Theaters und dem Bereich außerhalb des Theaters. Für den Bereich innerhalb des Theaters nennt auch sie die Bedeutungen ‚Maske', ‚Rolle' und ‚Charakter'. Im Bereich außerhalb des Theaters will sie zunächst zwei Hauptbedeutungen unterschieden wissen: 1. die Aufgabe; 2. das Wesentliche (Ureigenste) im Menschen, und weiterhin versteht sie sich zu folgender Gliederung der zweiten, der angeblich das „Wesentliche im Menschen" bezeichnenden Kategorie:
    a) (betrachtend) der Mensch als Mensch;
    b) (wägend) der Mensch als Wert;
    c) (zählend) der Mensch als Gegenstand.

Diese Bedeutungsschemata erlauben eine genauere Bestimmung der These, die hier skizziert werden soll:

1. Es geht nicht um den innertheatralischen Bedeutungsbereich ‚Maske', ‚Rolle', ‚Charakter'; er ist in den bisherigen Darstellungen richtig erfaßt.

2. Es geht auch nicht um die erste Stufe im außertheatralischen Bedeutungsbereich, also um die Rubrik 2. a) bei Georges = „die Aufgabe" bei Rheinfelder; auch an dieser Bedeutung läßt sich nicht rütteln.

3. Es geht vielmehr um die zweite Stufe im außertheatralischen Bedeutungsbereich, also um das, was bei Georges „die Person in abstracto" und bei Rheinfelder „das Wesentliche im Menschen" heißt. Diese Bedeutungen – wird hier behauptet – sind Rückprojektionen eines Personbegriffs, der sich erst in nachrömischer Zeit (in der christlichen Tradition, in der neuzeitlichen Philosophie) entwickelt hat. Georges trägt übrigens diese Rückprojektionen nur eingeschränkt und gleichsam mit schlechtem Gewissen vor: auf die Behauptung, persona bezeichne „die Person in abstracto", folgen Erläuterungen, die Relationen andeuten – „der Charakter, den jemand in seiner Handlungsweise zeigt, die Bedeutung, die ihm seine Verhältnisse geben." Erst Rheinfelders spekulative Darlegungen zielen ohne jeden Vorbehalt auf die absolute Person à la Kant.

Die folgende Skizze behandelt zunächst die allgemein gebräuchlichen und dann die fachwissenschaftlichen Verwendungsweisen von persona (für fachwissenschaftliche Besonderheiten kommen außer der von Georges erwähnten Grammatik noch die Rhetorik und die Jurisprudenz in Betracht). Diese Unterscheidung ist deshalb angezeigt, weil sich der fachwissenschaftliche Sondergebrauch nur in einigen sachbedingten Details auf die allgemein-sprachliche Verwendung ausgewirkt zu haben scheint.

3

Die Betrachtung der allgemein-sprachlichen Bedeutungen muß vom Bekannten und Unumstrittenen, also von persona als ‚Maske' oder ‚Rolle' ausgehen; nur von dieser Basis aus lassen sich die Zeugnisse richtig einschätzen, die von Georges oder Rheinfelder für die ‚absolute Person' beansprucht werden.

Mit persona = Maske befaßt sich ein Kapitel der *Noctes Atticae* des Gellius (5, 7); der Grammatiker Gavius Bassus (1. Jh. v. Chr.), heißt es dort, habe das Wort von personare, „durchtönen", abgeleitet[4]. Das römische Theater scheint die Maske erst ziemlich spät, im 1. Jahrhundert v. Chr., allgemein verwendet zu haben; der Grammatiker Diomedes schreibt diese Neuerung Roscius, dem großen Schauspieler der ciceronischen Zeit, zu[5]. Immerhin waren Wort und Sache längst – sicherlich seit dem 3. Jahrhundert v. Chr. – in Rom bekannt: die Spieler der Fabula Atellana, einer volkstümlichen Posse, trugen wohl seit jeher Masken; außerdem veranstaltete die Pfeifergilde, das collegium tibicinum, an ihrem Jahresfeste maskierte Umzüge[6]. Schließlich bewahrten die römischen Adelshäuser Totenmasken aller Vorfahren auf, die ein höheres Amt bekleidet hatten; diese Masken wurden, von Schauspielern getragen, bei jedem Begräbnis eines Familienangehörigen in der Öffentlichkeit gezeigt. Sie hießen allerdings imagines; nur Sueton bezeichnet einmal die Maske des verstorbenen Kaisers Vespasian als persona (*Vespasianus* 19).

Das älteste literarische Zeugnis findet sich im *Persa* des Plautus (v. 783 f.): Qui illum Persam atque omnis Persas atque etiam omnis personas / male di omnes perdant! – „Daß diesen Perser und alle Perser und auch alle personae alle Götter hart bestrafen!" Que tous les dieux fassent périr de male mort le Persan, et tous les Perses et tous les personnages! – „Möchten die Götter allesamt den Perser und alle Perser und alle Personen elend zugrunde gehen lassen!" übersetzt Ernout, um das Wortspiel zu retten, aber ungenau[7]. Die Verwünschung wird von einem Kuppler ausgesprochen; dieser erkennt, daß er das Opfer einer Intrige ist, daß man ihn mit Hilfe eines als Perser verkleideten Sklaven getäuscht hat. Persona bedeutet hier demnach ‚Maske', im Sinne von ‚Verkleidung', ‚verkleideter Mensch'[8]. Das Wort behauptete sich in der gesamten römischen Literatur als die übliche Bezeichnung für ‚Maske'[9]; larva – eigentlich „Gespenst" – machte ihm nur vereinzelt Konkurrenz[10], und imago blieb auf die Totenmasken beschränkt.

Personam tragicam forte vulpes viderat: / O quanta species, inquit, cerebrum non habet – „Vor einer tragischen Maske stand einmal ein Fuchs: / ‚Welch große Schau', sprach er, ‚doch hat sie kein Gehirn' "[11]. Die Phädrus-Fabel (1, 7) deutet an, daß sich persona = Maske als metaphorischer Ausdruck für ‚Schein', ‚Verstellung', ‚Betrug' verwenden ließ. Personam capiti detrahere, „jemandem die Maske vom Gesicht reißen": diese vielleicht sprichwörtliche Wendung findet sich bei Martial (3, 43, 4), und Seneca schreibt (*De clementia* 1, 1, 6): Nemo ... potest personam diu ferre; ficta cito in naturam suam recidunt – „Niemand kann lange eine Maske tragen; Heuchelei fällt rasch ins wahre Wesen zurück"[11]. Der Mimendichter Publilius Syrus prägte die Sentenz: Heredis fletus sub persona risus est – „Der Erbe weint, doch unter dieser Maske lacht er"[12].

Aus persona = Maske ergab sich mühelos die Bedeutung persona = Rolle, Figur, Charakter, und zwar zunächst im ursprünglichen Bereich, in der Sphäre des Theaters[13]. Terenz berichtet im Prolog des *Eunuchus*, ein Konkurrent habe ihn des Plagiats bezichtigt (v. 25 f.): Colacem esse Naevi et Plauti veterem fabulam; / parasiti personam inde ablatam et militis – „Der Schmeichler sei's, von Naevius, Plautus, ein altes Stück; / des Parasiten, des Soldaten Rolle sei von dort entlehnt." Er gibt zu, daß er die ‚Rollen' des Parasiten und des Soldaten aus dem *Kolax* Menanders übernommen habe (v. 30 ff.), und fragt, ob es denn verboten sei, dieselben ‚Rollen' zu bringen wie andere: den rennenden Sklaven, die ehrbare Ehefrau, die raffinierte Dirne, den gefräßigen Parasiten, den prahlenden Soldaten (v. 35 ff.). Auch die Bedeutung persona = dramatische Rolle blieb in der römischen Literatur stets lebendig. Cicero schreibt (*Pro Sexto Roscio* 47): Etenim haec conficta arbitror esse a poetis, ut effictos nostros mores in alienis personis expressamque imaginem vitae cottidianae videremus – „Denn meines Erachtens haben die Dichter diese Dinge erdacht, damit wir in den fremden Rollen einen Spiegel unserer eigenen Sitten und ein anschauliches Abbild unseres täglichen Lebens sähen"[14]. Horaz fordert in der *Ars poetica*, daß der Charakter dramatischer Figuren sich gleichbleiben müsse (v. 125 ff.): Siquid inexpertum scaenae committis et audes / personam formare novam, servetur ad imum, / qualis ab incepto processerit, et sibi constet – „Hast du den Mut, eine neue Figur aus eigner Erfindung / frei auf die Bühne zu stellen, so sei ihr Charakter beständig: / wie sie das erste Mal auftrat, so muß sie am Schluß noch erscheinen"[15]. Und Gellius schreibt, Plautus habe im *Truculentus* (v. 515) sub persona militis – „in der Rolle" (eigentlich: „unter der Maske") „des Soldaten" – Nerio als die Gattin des Mars bezeichnet (*Noctes Atticae* 13, 23, 11)[16].

Eine Partie der Rede, die Cicero in einem privaten Rechtsstreit für den Schauspieler Roscius hielt, zeigt deutlich, wie leicht sich der Schritt von der Bedeutung persona = Rolle, Charakter auf der Bühne zur Bedeutung persona = Rolle, Charakter im Leben vollziehen ließ. Die beiden Parteien, Roscius und ein gewisser Fannius

Chaerea, bezichtigten sich gegenseitig des Betrugs; hierzu Cicero (*Pro Roscio comoedo* 20 f.): „Den C. Fannius Chaerea hat Roscius betrogen! Ich bitte euch flehentlich: soweit ihr sie kennt, vergleicht beider Lebensführung miteinander; soweit ihr sie nicht kennt, betrachtet beider Physiognomie ... Seinen (d. h. Chaereas) Charakter pflegt Roscius vorzüglich auf der Bühne darzustellen (cuius personam praeclare Roscius in scaena tractare consuevit) ... Wenn er nämlich den Ballio (im *Pseudolus* des Plautus), diesen ganz niederträchtigen und lügenhaften Kuppler, spielt, dann spielt er den Chaerea; die schmutzige, schändliche, abscheuliche Rolle hat ihr Abbild in Charakter, Wesen und Lebensführung des Chaerea (persona illa lutulenta, impura, invisa in huius moribus natura vitaque est expressa). Weshalb dieser Mann den Roscius in Trug und Bosheit für seinesgleichen hält, ist mir unverständlich; vielleicht deshalb, weil er bemerkt hat, daß Roscius ihn in der Rolle des Kupplers vorzüglich nachahmt (quod praeclare hunc imitari se in persona lenonis animadvertit) ... Wenn es hieße, Fannius habe den Roscius betrogen, so würde beides nach beider Charakter für wahrscheinlich gelten (utrumque ex utriusque persona veri simile videretur)" [17].

Persona = Rolle, Charakter (auf der Bühne wie im Leben) pflegt in der gesamten römischen Literatur mit einem konstanten Repertoire von Verben verbunden zu werden. Diese Verben bezeichnen teils das ‚Nehmen' oder ‚Anlegen', teils das ‚Tragen', teils das ‚Wechseln' oder ‚Ablegen' der persona – hier und auch in manchen anderen Fällen schwingt also die Vorstellung mit, daß ein greifbarer Gegenstand, die ‚Maske', genommen, getragen oder abgelegt wird [18].

4

Die übertragene Verwendung, also die Bedeutung persona = Rolle, Charakter im Leben (auf sie soll sich die Betrachtung nunmehr konzentrieren) läßt einige typische Bereiche erkennen. Hierbei handelt es sich hauptsächlich um ‚Systeme', die dem Theater darin ähneln, daß auch in ihnen ein bestimmtes ‚Ensemble' mit je spezifischen Rollen agiert: um das Gerichtswesen mit den stereotypen Rollen des Klägers (Anklägers), Beklagten (Angeklagten), Richters usw., um den Staat mit seiner von der Verfassung vorgeschriebenen Beamtenhierarchie (Konsul, Prätor usw.), um die Gesellschaft mit ihren

Ständen, Berufen und Charaktertypen, schließlich um die Familie mit ihren konstanten verwandtschaftlichen Relationen.

Der Weg vom Theater zum Gericht war besonders bequem: hier wie dort wurde ja im prägnanten Sinne gehandelt (agere, actio, actor); hier wie dort gab es feste Rollen, und hier wie dort konnte nur aus deren gemeinsamer, wechselseitig Bezug nehmender, ineinandergreifender Tätigkeit das Ganze – vom ersten bis zum fünften Akt im Drama, von der Anzeige oder Ladung bis zum Urteil im Prozeß – hervorgehen. Es kam hinzu, daß sich die Parteien in Rom (anders als z. B. in Athen) durch einen Anwalt vertreten lassen konnten; der Anwalt übernahm dann die Rolle des Klägers (Anklägers) oder Beklagten (Angeklagten) [19]. Die Rhetorik unterschied mehrere modi, durch die ein Prozeßredner das Wohlwollen der Richter gewinnen könne: ab nostra, ab adversariorum nostrorum, ab auditorum persona, et ab rebus ipsis – „indem wir von unserer ‚Person', von der ‚Person' unserer Gegner, von der ‚Person' unserer Richter oder von der Sache selbst ausgehen" [20]; der Wert dieses Zeugnisses wird freilich dadurch verringert, daß die Systembedürfnisse der rhetorischen Theorie auch sonst zu ausgiebiger Verwendung der Kategorie persona zwangen [21]. Es fehlt indes nicht an Beispielen, die von rhetorischen Schemata unabhängig sind. So wirft Cicero einmal dem Anwalt des Gegners vor, er habe ein unnötig rigoroses Verfahren gewählt (Pro Quinctio 45): Possumus petitoris personam capere, accusatoris deponere – „Können wir nicht die Rolle eines Klägers (im Zivilprozeß) übernehmen und die des Anklägers (im Strafprozeß) fallenlassen?" Wenn der Anwalt eine Streitsache prüfe, heißt es an anderer Stelle, dann versetze er sich gleichzeitig in drei Rollen: in die eigene, in die des Gegners und in die des Richters – tris personas unus sustineo ... meam, adversarii, iudicis (De oratore 2, 102; es spricht die Dialogfigur Antonius) [22].

Ein zweites für den übertragenen Gebrauch des Rollenbegriffs persona geeignetes System ist, so wurde gesagt, der Staat mit seinem ‚Stellenplan'. Plancius hatte sich im Jahre 58 v. Chr. als Quästor in Makedonien tatkräftig des verbannten Cicero angenommen, und so erklärt Cicero in der Verteidigungsrede, die er vier Jahre später für ihn hielt (Pro Plancio 100): Plancius ... multos mensis a capite meo non discessit, abiecta quaestoria persona comitisque sumpta – „Plancius wich viele Monate nicht von meiner Seite, wobei er auf seine Rolle als Quästor verzichtete und die eines Begleiters wahrnahm."

27

Von seinem Feinde Piso meint Cicero, er sei nicht geeignet gewesen, das Amt eines Konsuls zu bekleiden (*In Pisonem* 24): Magnum nomen est, magna species, magna dignitas, magna maiestas consulis ... non infirmitas ingeni sustinet, non insolentia rerum secundarum tantam personam, tam gravem, tam severam – „Groß ist der Name, groß der Anblick, groß die Würde, groß die Hoheit eines Konsuls ... nicht vermag geistige Beschränktheit, nicht die Unfähigkeit, Glück zu ertragen, eine solche Rolle, eine so ernste, so strenge, auszufüllen." In ähnlichem Sinne sagt Cicero von sich selbst, daß ihm, einem von Natur aus milden Manne, als er Konsul war, den Catilinariern gegenüber die Rolle des strengen Durchgreifens von der Staatsräson auferlegt worden sei [23]. Im Jahre 43 v. Chr. bedachte er zwei principes civitatis – „führende Männer der Bürgerschaft" –, die, wie er glaubte, eine diplomatische Aufgabe mangelhaft erfüllt hatten, mit dem vorwurfsvollen Ausruf (*Philippicae* 8, 29): Quam magnum est personam in re publica tueri principis – „Wie schwer ist es doch, der Rolle eines im Staate führenden Mannes gerecht zu werden" [24]. Diese führenden Männer, so heißt es in einer anderen ciceronischen Rede, verkörpern durch ihre Würde die persona – die Rolle, die Stellung, das Ansehen – des römischen Volkes (*De domo sua* 133) [25]. Agricola verstand sich darauf, schreibt Tacitus von seinem Schwiegervater, Amtsgeschäfte und Erholung zu unterscheiden: ubi officio satisfactum, nulla ultra potestatis persona – „sobald der Pflicht genügt war, keine Amtsmiene mehr" (*Agricola* 9, 3). Von Pelopidas erklärt Cornelius Nepos, daß er – neben Epaminondas – die altera persona Thebis war, der zweite Mann in Theben, der zweite Repräsentant dessen, was Theben damals bedeutete (*Pelopidas* 4, 3) [26].

Die römische Gesellschaft war ständisch gegliedert; die Skala reichte von den principes civitatis (seit Augustus vom princeps schlechthin, vom Kaiser) über die Senatsaristokratie und die Ritterschaft bis zu den gewöhnlichen Bürgern (Freigeborenen und Freigelassenen), Fremden und Sklaven. Nicht wenige Zeugnisse verwenden das Wort persona als Bezeichnung für die Rolle, die Stellung, die einem jeden innerhalb dieses ständischen Systems zugewiesen war; sie dürfen also nicht schlechtweg für Bedeutungen wie „Person", „Persönlichkeit" beansprucht werden [27].

Wer sich, etwa als Senator, an der Spitze der Pyramide befand, hatte sorgsam auf die Etikette seines Standes Bedacht zu nehmen;

insbesondere huldigte man noch während des ersten vorchristlichen Jahrhunderts weithin der Auffassung, daß sich die Beschäftigung mit griechischen Errungenschaften – mit der Philosophie, den Wissenschaften und den Künsten – schlecht mit der Würde eines römischen Aristokraten vertrage. Cicero nimmt daher Sulpicius Gallus in Schutz, der im Jahre 168 v. Chr., während des Krieges gegen Perseus von Makedonien, als in der Astronomie bewanderter Offizier eine Mondfinsternis wissenschaftlich erklärt hatte (*De re publica* 1, 24): neque insolens ostentatio neque oratio abhorrens a persona hominis gravissimi; rem enim magnam erat adsecutus, quod hominibus perturbatis inanem religionem timoremque deiecerat – „das war keine unangebrachte Prahlerei noch eine Rede, die sich mit der Stellung eines auf Würde bedachten Mannes nicht vereinbaren ließ; er hatte ja Großes erreicht, indem er den verwirrten Soldaten ihre unbegründete religiöse Scheu und Furcht nahm." Cicero selbst sah sich zu wiederholten Malen veranlaßt, seine philosophische Schriftstellerei gegen derartige Bedenken zu verteidigen; in diesem Zusammenhang heißt es einmal (*De finibus bonorum et malorum* 1, 1): ... aliquos futuros suspicor, qui me ad alias litteras vocent, genus hoc scribendi, etsi sit elegans, personae tamen et dignitatis esse negent – „einige werden mich, fürchte ich, zu anderer literarischer Betätigung ermuntern und behaupten, daß sich diese Art der Schriftstellerei, so fein sie sein mag, nicht mit meiner Stellung und meinem Rang vertrage" [28]. Gegen ähnliche Vorbehalte wendet sich Cornelius Nepos in der Einleitung seiner Feldherren-Biographien (*Vitae*, Praefatio 1): Non dubito fore plerosque ..., qui hoc genus scripturae leve et non satis dignum summorum virorum personis iudicent – „Sicherlich werden viele glauben, daß diese Art der Schriftstellerei geringfügig und der Stellung angesehener Männer wenig angemessen sei." Erst recht läßt sich – so ebenfalls Cornelius Nepos (*Epaminondas* 1, 2) – nach römischer Sitte so etwas wie Musik nicht mit der Stellung eines führenden Politikers (persona principis) vereinbaren.

In anderen, weniger prägnanten Zusammenhängen oszilliert die Bedeutung von persona zwischen ‚Stand', ‚Stellung' und ‚Person in einer bestimmten Stellung'. Cäsar suchte den Aufwand der Reichen einzuschränken (Sueton, *Iulius* 43): „Die Benutzung von Sänften sowie das Tragen von Purpurgewändern und Perlen erlaubte er nur bestimmten Personen (Ständen) und Altersstufen, und zwar nur an

bestimmten Tagen" (certis personis et aetatibus perque certos dies).
Roscius hatte als Schauspieler, d. h. als Angehöriger eines in Rom
verrufenen Standes, Zugang zu den ersten Häusern; das sei der
Lohn unablässigen Strebens, bemerkt hierzu Valerius Maximus
(*Facta et dicta memorabilia* 8, 7, 7), um dessentwillen sich die persona histrionis – jemand, der den Beruf eines Schauspielers ausübt –
nicht unangemessen in den Kreis berühmter Männer einbeziehen
lasse. Wie immer man persona in diesen und ähnlichen Zusammenhängen [29] übersetzen mag: gemeint ist stets der Träger einer sozialen
Rolle, nicht die absolute Person, das Individuum.

Dasselbe gilt für die Berufs-, Alters- und Charakterrollen in der
gesellschaftlichen Wirklichkeit; persona deutet immer auf etwas
Typisches, auf einen typischen Standort innerhalb eines vorgegebenen Systems. Epikur, meint Cicero, habe sich die Rolle eines Philosophen nur angemaßt – tantummodo induit personam philosophi
(*Tusculanae disputationes* 5, 73); wer sich zur Philosophie bekenne,
bemerkt er ein anderes Mal, nehme eine sehr ernste Rolle wahr –
sustinere gravissimam personam (*In Pisonem* 71) [30]. In der Rede für
den Dichter Archias erläutert Cicero, weshalb er sich dort mit Fragen der Literatur, einem in der forensischen Praxis ungewöhnlichen
Gegenstande, befasse – in eius modi persona, „bei dem Angehörigen eines Berufs, der wegen seiner zurückgezogenen Lebensweise als
Schriftsteller noch nie von Gerichten und Prozessen behelligt worden ist" (*Pro Archia poeta* 3). An anderer Stelle schildert Cicero
einen Witwentröster und -beschützer: Quam personam iam ex cot-
tidiana vita cognostis – „Ihr kennt die Rolle schon aus dem täglichen
Leben" (*Pro Caecina* 14); gemeint ist also eine typische Erscheinung
in der römischen Gesellschaft [31].

Schließlich die Familie: auch sie läßt sich als ein System von Rollen ansehen, und auch hier dient das Wort persona nicht selten dem
Zweck, auf die Relationen innerhalb des Systems hinzuweisen. Ein
Rhetor bemerkt: ... natura ... ita divisit ⟨virilem et⟩ muliebrem
personam, ut suum cuique opus atque officium distribueret – „Die
Natur hat die Rollen des Mannes und der Frau so geteilt, daß sie
einem jeden besondere Aufgaben und Pflichten zuwies" [32]. Oft bezeichnet persona den Träger einer familiären Rolle, insbesondere
bei den Juristen (Ulpian, in den *Digesten* 24, 3, 21): ... si ideo mari-
tus ex dote expendit, ut a latronibus redimeret necessarias mulieri
personas – „wenn der Mann zu dem Zweck etwas von der Mitgift

ausgegeben hat, um Verwandte der Frau von Räubern zurückzukaufen"[33]. Derartige familiäre und familienrechtliche Bindungen schweben auch Sueton vor, wenn er schreibt (*Augustus* 27): Namque illis in multorum saepe personam per gratiam et preces exorabilibus, solus magnopere contendit, ne cui parceretur, proscripsitque etiam C. Toranium tutorem suum – „Denn sie (Antonius und Lepidus, die beiden anderen Triumvirn, die gemeinsam mit Oktavian/Augustus die Ächtungen des Jahres 43 v. Chr. beschlossen hatten) zeigten sich in vielen Fällen der Gunst und Bitten zugänglich; Oktavian allein drang mit Nachdruck darauf, daß niemand geschont wurde, und er ächtete sogar seinen (ehemaligen) Vormund C. Toranius."

Der übertragene Gebrauch von persona erschöpft sich nicht darin, Rollen oder Relationen innerhalb eines Systems (des Gerichtswesens, des Staates usw.) anzudeuten; eine weitere Verwendungsweise zeigt keine Spur einer derartigen Bezugnahme. Cicero sagt einmal von einem Richter, den er als abgefeimten, sowohl bestechlichen als auch betrügerischen Schurken hingestellt hat (*Pro Cluentio* 78): Huius Staieni persona populo iam nota atque perspecta ab nulla turpi suspicione abhorrebat – „Die Person dieses Staienus, dem Volke bereits bekannt und vertraut, ließ jeden schimpflichen Verdacht zu." Hier verweist persona nicht auf ein synchrones System, sondern – wie zumal aus den Worten populo iam nota atque perspecta hervorgeht – auf etwas Diachrones, auf die Vergangenheit des Staienus, auf die ,Rolle', die sich Staienus in seinem früheren Leben durch sein Verhalten geschaffen, auf den Charakter, den er dabei immer wieder offenbart hat[34]. Man kann persona in derartigen Fällen durch „Person" wiedergeben; für den Römer (und hierauf kommt es an) verband sich hiermit die Nuance einer von der betreffenden Person konstituierten und nunmehr allgemein von ihr erwarteten Rolle. So ganz deutlich Valerius Maximus, wenn er zu einer Anekdote vom jüngeren Cato, dem Musterbild republikanischen Freimuts, bemerkt (*Facta et dicta memorabilia* 6, 2, 5): Huic facto persona admirationem ademit – „Diesem Verhalten nahm die Person alles Erstaunliche", was so viel bedeutet wie: von einem Cato erwartete man nichts anderes. Solch ein positives ,Image' kann für denjenigen, der es sich geschaffen hat, verpflichtend sein; er muß weiterhin den hohen Erwartungen zu entsprechen suchen, die man mit seiner Person zu verknüpfen sich angewöhnt hat. So soll sich Cicero (meint Servius, der ihn, den vom Tod seiner Tochter Tullia

31

schwer Getroffenen, trösten möchte) der Dinge erinnern, die seiner Person würdig sind – ea potius reminiscere, quae digna tua persona sunt (*Ad Familiares* 4, 5, 5), d. h. er, der große Staatsmann und Philosoph, soll den Tod der Tochter in die richtigen, in die seiner Lebensleistung und Denkweise gemäßen Zusammenhänge einordnen.

Zumal in der Politik kommt es auf dieses ,Image' an; ein Politiker muß seiner Richtung und Einstellung treu bleiben, oder er ist wegen seiner Richtung bestimmten Gefahren ausgesetzt, oder die Verhältnisse verbieten ihm, sich bei seiner Richtung überhaupt noch politisch zu betätigen usw. Cicero erklärt, das Volk habe ihn im Jahre 66 v. Chr. beauftragt, sich für Pompeius einzusetzen; auf eben diese persona oder Linie seiner Politik beruft er sich drei Jahre später während seines Konsulats (*De lege agraria* 2, 49). Der Senat hatte im Jahre 43 v. Chr. neben anderen Cicero beauftragt, Friedensverhandlungen mit Antonius zu führen; Cicero lehnt dieses Ansinnen ab (*Philippicae* 12, 17): mea ... persona ad istam pacem conciliandam minime fuit deligenda – „meine Person (d. h. mich, der ich, wie sattsam bekannt, gegen Antonius eine unversöhnliche Kriegspolitik betreibe) durfte man für den Abschluß dieses Friedensvertrages am wenigsten aussersehen" [35]. In einem Briefe an Pompeius sucht Cicero zu erklären, weshalb er sich im Kriege gegen Cäsar bislang neutral verhalten habe: er müsse befürchten, daß sich die Agitationen der Popularen (der Cäsarianer) wiederholten; seine persona seit stets ,popular' als Zielscheibe für Angriffe ruchloser Bürger (*Ad Atticum* 8, 11, D 7) [36]. Im Jahre 46 v. Chr., während der Diktatur Cäsars, schreibt Cicero einem Freunde (*Ad Familiares* 7, 33, 2): Mihi enim iudicatum est ... deponere illam iam personam ... ac me totum in litteras abdere – „Ich habe mich nämlich entschlossen, nunmehr meine (politische) Rolle aufzugeben und mich ganz in der Schriftstellerei zu vergraben."

Mit persona als der Rolle, die jemand im Laufe seines Lebens konstituiert hat, als dem ,Image', das er sich vor der Öffentlichkeit zu geben wußte, ist die zweite Hauptgruppe von Zeugnissen erörtert, die man bisher für Bedeutungen wie „Person", „Persönlichkeit" usw. beansprucht hat [37]. Ein gewisser Bodensatz bleibt übrig: Fälle, in denen persona offenbar nur noch dazu dient, das ,Selbst', die ,Person' von jemandem hervorzuheben – nach Art unserer Wendung „ich für meine Person". Diese Verwendungsweise findet sich hauptsächlich in Ausdrücken mit der Präposition in (Valerius Maximus, *Facta et dicta memorabilia* 4, 1, 10): in tua persona – „dir gegenüber"[38].

5

Bei der fachwissenschaftlichen Verwendung von persona hat gewiß der entsprechende Gebrauch des griechischen πρόσωπον („Gesicht, Maske, Rolle, Person") Pate gestanden. So am deutlichsten in der Grammatik. Man hat wohl mit Recht vermutet, daß die alexandrinischen Philologen durch die drei πρόσωπα des griechischen Dramas angeregt wurden, die ‚Personen' oder besser ‚Sprecherrollen' des Pronomens und des Verbs mit demselben Ausdruck zu bezeichnen[39]; die römischen Grammatiker gaben ihn dann durch persona wieder. Varro schreibt (*De lingua Latina* 8, 20): . . . cum personarum natura triplex esset, qui loqueretur, ⟨ad quem,⟩ de quo – „da es dreierlei Personen gibt, den, der spricht, den, zu dem, und den, von dem gesprochen wird"; bei Charisius heißt es: Persona est substantia nominis ad propriam significationem dicendi relata; personarum notitia est triplex, primae, secundae, tertiae; prima est quae loquitur, id est a qua dicitur, ut lego, legimus etc.[40] – „Die Person ist das einem Begriff Zugrundeliegende in der je spezifischen Perspektive der Rede[41]; die Kategorie Person ist dreifach: erste, zweite, dritte Person; die erste ist diejenige, die redet, d. h. von der die Rede ausgeht, wie ich lese, wir lesen" usw. In der Grammatik hat persona somit einen präzise definierten Sinn; das Wort dient dort als wirklicher Terminus technicus.

Ganz anders steht es mit persona in der Rhetorik. Die Theoretiker der Redekunst waren – wohl vornehmlich aus didaktischen Gründen – von Anfang an bestrebt, ihre Lehren als ein in sich geschlossenes System vorzuführen; sie unterschieden die Gattungen und die Teile der Rede, die Arbeitsphasen des Redners (officia oratoris) und – seit Hermagoras von Temnos (2. Jh. v. Chr.) – die sogenannten Status und fügten dies alles und noch manches andere zu einem großen Begriffsgebäude zusammen[42]. Für die Schemata dieses Systems bedurfte man einer Anzahl von möglichst allgemeinen Kategorien wie Handlung, Ursache, Zeit, Ort usw.; so fand dort auch πρόσωπον – persona in dem gänzlich farblosen Sinn eines menschlichen Individuums Aufnahme: nicht als fachwissenschaft-

33

licher Terminus technicus, sondern als (didaktisch bedingte) abstrakte Orientierungsmarke. Die Redelehrer unterschieden Thesen (allgemeine Probleme) und Hypothesen (bestimmte Fälle); bei den Hypothesen galt es eine Anzahl von Peristasen (Umständen) zu berücksichtigen, darunter – neben Zeit, Ort, Motiv u. a. – die persona [43]. Die Peristasen dienten als heuristische Instrumente für die Beschaffung von Argumenten. Cicero ordnet die einschlägigen Gesichtspunkte dem Begriffspaar personae – negotia unter (De inventione 1, 34): Omnes res argumentando confirmantur aut ex eo, quod personis, aut ex eo, quod negotiis est attributum – „Alles wird durch Begründen bewiesen: entweder durch das, was mit den Personen, oder durch das, was mit den Handlungen zusammenhängt" [44].

Bei einigen Einteilungen der rhetorischen Theorie könnte man immerhin die allgemein-sprachliche Bedeutung persona = Rolle heraushören; jedenfalls muß hier mit einer wechselseitigen Beeinflussung von Fachdisziplin und allgemeinem Sprachgebrauch gerechnet werden. Das für die Topik der captatio benevolentiae einschlägige Schema – ab nostra, ab adversariorum nostrorum persona etc. – wurde bereits erwähnt [45]: es nennt die an einem Prozeß beteiligten Personen oder Rollen. Cicero hält für den Status coniectura (es gilt zu prüfen, ob jemand eine Tat begangen hat oder nicht) die folgende Gliederung möglicher Argumente bereit (De inventione 2, 16): ex causa, ex persona, ex facto ipso – „im Hinblick auf das Motiv, auf die persona, auf den Tathergang selbst". Das entsprechende Schema der Parallelquelle, des sogenannten Auctor ad Herennium, bringt statt der Rubrik ex persona die Kategorie vita (2, 5): Deinde vita hominis ex ante factis spectabitur – „Dann mustert man das Leben des Betreffenden auf Grund seiner früheren Handlungen" [46]. Hier kommt also der ciceronische Ausdruck persona der Bedeutung Rolle = ‚Image' nahe: es geht um die Wahrscheinlichkeit oder Erwartung, die jemand durch seine Lebensführung geschaffen hat [47].

Unter Person versteht das heutige Recht das Rechtssubjekt, den Träger von Rechten und Pflichten; der Begriff hat hier – wie zumal die dem allgemeinen Sprachgebrauch fremde Kategorie der juristischen Person zeigt – in hohem Maße technischen Charakter. Anders das römische Recht [48]: persona wird dort als allgemeine Bezeichnung für beliebige menschliche Individuen – auch für Sklaven – verwendet. Wahrscheinlich hat die rhetorische Theorie den Sprachgebrauch der Juristen beeinflußt. Der ältere Begriff caput wurde ungebräuchlich und blieb auf bestimmte Zusammenhänge beschränkt; das Wort homo wiederum bezeichnete bei den Juristen oft den Sklaven und war daher wenig geeignet, als allgemeiner Ausdruck für den einzelnen Menschen zu dienen. Die Bedeutung persona = Einzelperson ergibt sich z. B. aus den folgenden Darlegungen Ulpians (in den *Digesten* 1, 4, 1, 2): Plane ex his (nämlich von den kaiserlichen Erlassen) quaedam sunt personales nec ad exemplum trahuntur; nam quae princeps alicui ob merita indulsit vel si quam poenam irrogavit vel si cui sine exemplo subvenit, personam non egreditur – „Allerdings sind hiervon einige ,persönlich', d. h. sie werden nicht auf analoge Fälle angewandt; denn was der Kaiser jemandem wegen seiner Verdienste zuerkannt hat, oder wenn er eine Strafe verhängt oder jemandem, ohne ein Präjudiz schaffen zu wollen, eine Unterstützung gewährt hat, dann geht er nicht über die Einzelperson hinaus." Die Verwendungsweise persona = menschliches Individuum findet sich auch in nichtjuristischer Literatur, wenn dort von rechtlichen Angelegenheiten die Rede ist, z. B. (Cicero, *Pro Cluentio* 125): . . . qui supposita persona falsum testamentum obsignandum curaverit – „der mit Hilfe einer untergeschobenen Person die Beglaubigung eines falschen Testaments bewerkstelligt hat" [49]; sie verfließt in familienrechtlichen Zusammenhängen mit dem allgemeinen Rollenbegriff.

Die Juristen waren – wie die Theoretiker der Beredsamkeit – darauf bedacht, verwandte Materien schematisch zusammenzufassen und zu gliedern; bei den Rechtslehrern, etwa bei Gaius, erwuchs aus derartigen Einteilungen ein System nach Art der rhetorischen Begriffspyramiden [50]. Und wie die Rhetoren, so verwendeten auch die Juristen für ihre Schemata eine Anzahl möglichst allgemeiner Kategorien (persona, res, actio u. a.) – nicht so sehr als streng definierte, der Rechtsfindung und -anwendung dienende Termini technici, sondern hauptsächlich zu klassifikatorischen und didaktischen Zwecken. Manchmal läßt sich der rhetorische Einfluß mit Händen greifen, z. B. bei den Tatbeständen der atrox iniuria („schwere Persönlichkeitsverletzung"), wie sie Gaius unterscheidet (*Institutiones* 3, 225): ex facto, ex loco, ex persona – „auf Grund der Tat selbst, des Tatortes, der persona"; hier hat die Lehre von den Peristasen eingewirkt. In anderen Fällen griffen die Juristen wohl auf Schemata der stoischen Philosophie zurück, die sich um eine möglichst vollständige Erfassung und Klassifikation alles Seienden bemüht hatte.

Die Haupteinteilung des gajanischen Werkes beruht auf der Tri-
chotomie persona – res – actio (*Institutiones* 1, 8): Omne . . . ius quo
utimur vel ad personas pertinet vel ad res vel ad actiones – „Alles
Recht, das wir anwenden, bezieht sich entweder auf Personen oder
auf Sachen oder auf Handlungen (= Prozesse)." Das 1. Buch, das sich
mit dem Personenrecht befaßt, gliedert den Stoff in drei Dicho-
tomien. Die erste Dichotomie (1, 10f.) lautet ingenui – libertini
(„Freigeborene – Freigelassene"); die zweite (1, 48) umfaßt die personae sui iuris und alieno iuri subiectae („Gewaltfreie" und „Ge-
waltunterworfene", insbesondere Hauskinder und Sklaven); die
dritte (1, 142) gilt denen, die einer Vormundschaft oder Pflegschaft
unterstehen, und den voll Geschäftsfähigen. In allen drei Abschnit-
ten ist der unbeschränkte personenrechtliche Status ausgespart, d. h.
man erfährt nur etwas über die Freigelassenen, die Gewaltunter-
worfenen und die einer Vormundschaft oder Pflegschaft Unter-
stehenden, nichts hingegen über die Freigeborenen, die Gewaltfreien
und die voll Geschäftsfähigen; Gaius erklärt vielmehr zu Beginn des
zweiten und dritten Abschnitts, daß sich der unbeschränkte Status
nach den Ausführungen über die Beschränkungen von selbst verstehe. Diese Darstellungsweise zeigt, wie sehr auch ein auf Abstrakt-
heit erpichter Schuljurist den personenrechtlichen Relationen der
römischen Gesellschaft verhaftet blieb: Gaius hatte ein hierarchi-
sches Gefüge vor Augen, bei dem es eigentlich nur auf die untergeordneten Positionen ankam – über die ‚absolute Person' wußte er
nichts zu sagen. So macht sich in der ausführlichsten Darstellung des
römischen Personenrechts – obwohl persona auch dort in einem
ziemlich farblosen Sinne die ‚Person' bezeichnet – das System der
römischen Gesellschaft und mit ihm die Bedeutung persona = Rolle
als Folie oder Rahmen bemerkbar [51].

6

Ein berühmter Abschnitt der ciceronischen Schrift *De officiis* enthält eine Art Rollentheorie (1, 107–125) [52]. Er geht, wie der größte
Teil des Werkes, auf den Stoiker Panaitios (etwa 180–110 v. Chr.),
auf dessen verlorene Schrift περὶ τοῦ καθήκοντος, zurück [53]. Von dort
stammt auch der im Mittelpunkt der Theorie stehende Begriff persona = Maske (im Sinne von Rolle); Panaitios hatte sicherlich das
griechische Äquivalent πρόσωπον verwendet.

Dieses seit den homerischen Epen gebräuchliche Wort bezeichnete ursprünglich das Gesicht, das menschliche Antlitz [54]. Spätestens im 4. Jahrhundert v. Chr. kam die Bedeutung ‚Maske' hinzu, aus der weiterhin die Bedeutungen ‚dramatische Rolle', ‚literarische Figur' hervorgingen. Seit hellenistischer Zeit wurde πρόσωπον auch für die Rolle im Leben verwendet, aber nur vereinzelt und nur in philosophischer Literatur [55]; in den allgemeinen Sprachgebrauch drang diese Metapher nicht ein. Schließlich diente πρόσωπον – wohl ebenfalls seit dem Hellenismus – im Sinne von Person oder Charakter als abstrakte Kategorie der rhetorischen Schemata; die Bedeutung Person wurde während der Kaiserzeit Gemeingut [56].

Panaitios lebte im römischen Milieu, und er schrieb für ein römisches Publikum; offenbar glaubte er, sich mit dem bildlichen Ausdruck Maske = Rolle im Leben seinen römischen Lesern verständlich machen zu können – vielleicht war den Römern die Bedeutung persona = Rolle im Leben schon damals geläufig. Und jedenfalls kannte die ciceronische Zeit diese Verwendungsweise; der Panaitios-Interpret Cicero fand also für seine persona-Metaphorik in Rom ein weit günstigeres Terrain vor, als es in griechischer Umgebung (wo, wie erwähnt, das Bild πρόσωπον = Rolle im Leben eine philosophische Spezialität blieb) der Fall gewesen wäre. Mit anderen Worten: die Rollentheorie der Schrift *De officiis* war offenbar gerade den Römern auf den Leib geschnitten.

Das 1. Buch handelt von den Sittlichkeitspflichten, während im zweiten die Nützlichkeitspflichten und im dritten Konflikte zwischen Sittlichkeit und Nutzen erörtert werden. Cicero subsumiert den Stoff des 1. Buches unter vier Rubriken: veri cognitio („Erkenntnis der Wahrheit"), iustitia et beneficentia („Gerechtigkeit und Hilfsbereitschaft"), magnitudo animi („Großgesinntheit"), modestia/temperantia/decorum („Mäßigkeit, Selbstbeherrschung, Angemessenheit"). Die Rollentheorie ist Teil des vierten, des der modestia und dem decorum geltenden Abschnitts (1, 93–151). Das decorum, das griechische πρέπον [57], wird von Cicero als die Erscheinungsweise des Sittlichen, als dessen dem Mitmenschen zugekehrte Seite, als Anstand bestimmt. Was sich jeweils gehört, bemißt sich nach der natura des Menschen, die insbesondere dadurch ausgezeichnet ist, daß der Vernunft der Primat über die Triebe und Affekte zukommt. Die Rollentheorie hat innerhalb dieses Gedankenganges die Aufgabe zu erläutern, was die natura dem Menschen als Gattungswesen und als je verschieden veranlagtem Typus vorschreibe. Cicero bereitet sie vor, indem er auf das einer jeden dramatischen Rolle Angemessene hinweist (1, 97): eine Figur (persona) dürfe nur tun und sagen, was ihrer würdig sei; ein Ausspruch wie Oderint dum metuant („Mögen sie hassen, wenn sie sich nur fürchten") passe nicht zu einem Äacus oder Minos, die ja der Überlieferung nach rechtschaffen gewesen seien, wohl aber zu einem Atreus.

Im Mittelpunkt der panaitisch-ciceronischen Rollentheorie steht das System der vier Masken (personae), das jeden Menschen bedinge – diese Masken werden gleichzeitig ‚getragen'; das Bild läßt sich also nicht mehr in die Anschauung übersetzen [58]. Die beiden ersten Masken sind die Gattungsmerkmale, in die alle Menschen sich teilen, sowie der für jeden Menschen spezifische Konstitutions- und Charaktertyp (1, 107): Intellegendum etiam est duabus quasi nos a natura indutos esse personis; quarum una communis est ex eo, quod omnes participes sumus rationis praestantiaeque eius, qua antecellimus bestiis ... altera autem, quae proprie singulis est tributa. Ut enim in corporibus magnae dissimilitudines sunt (alios videmus velocitate ad cursum, alios viribus ad luctandum valere...), sic in animis existunt maiores etiam varietates – „Wir müssen auch beachten, daß wir von der Natur gewissermaßen mit zwei Masken bekleidet worden sind. Die eine ist uns gemeinsam auf Grund der Tatsache, daß wir alle an der Vernunft teilhaben und an dem Vorzug, durch den wir den Tieren überlegen sind ... Die andere ist in je spezifischer Weise den einzelnen zugeteilt. Denn wie bei der körperlichen Beschaffenheit große Unterschiede bestehen – wir sehen, daß einige wegen ihrer Behendigkeit für den Lauf, andere wegen ihrer Kräfte für den Kampf besonders geeignet sind ... –, so treten bei der charakterlichen Konstitution noch größere Unterschiede hervor."

Die beiden anderen Masken sind einerseits die jeweiligen Umstände, das Milieu, andererseits unsere eigene Entscheidung und Wahl, insbesondere in beruflicher Hinsicht (1, 115): Ac duabus iis personis, quas supra dixi, tertia adiungitur, quam casus aliqui aut tempus imponit, quarta etiam, quam nobismet ipsi iudicio nostro accommodamus. Nam regna, imperia, nobilitas, honores, divitiae, opes eaque, quae sunt his contraria, in casu sita temporibus gubernantur; ipsi autem gerere quam personam velimus, a nostra voluntate proficiscitur. Itaque se alii ad philosophiam, alii ad ius civile, alii ad eloquentiam applicant, ipsarumque virtutum in alia alius mavult excellere – „Und zu den beiden oben erwähnten Masken kommt noch eine dritte hinzu, die uns die jeweiligen Zufälle und Zeiten auferlegen, ferner eine vierte, die wir selbst uns nach unserem Ermessen anpassen. Denn Königreiche, Befehlsgewalten, Adel, Ämter, Reichtum, Machtmittel und das Gegenteil davon werden, auf Zufall beruhend, von den Umständen bestimmt; doch von unserem eigenen Willen hängt ab, welche Maske wir selbst tragen wollen. Daher wenden sich einige der Philosophie, andere dem Zivilrecht, wieder andere der Beredsamkeit zu, und der eine will sich lieber durch diese, der andere lieber durch jene sittliche Leistung hervortun."

Das Ganze der ciceronischen Darlegungen sucht den Einzelnen zur richtigen Rollenwahl und zum richtigen Rollenverhalten anzuleiten. Der Autor illustriert diese Absicht durch einen Vergleich aus der Sphäre des Theaters (1, 114): man müsse die Schauspieler nachahmen, die sich aus dem vorhandenen Repertoire die jeweils passendsten Rollen aussuchen. Es kommt Cicero offensichtlich nicht so sehr auf die erste (Gattungsmerkmale des Menschen) und die dritte Maske (Umstände, Milieu) an; die Kernstücke seiner Betrachtungen sind vielmehr die zweite (psychische Konstitution) und die vierte Maske (Beruf): nur dort werden die abstrakten Bestimmungen jeweils durch Beispielketten erläutert, die einerseits historische und mythische Figuren als Exempel für bestimmte Charaktertypen (1, 108–113), andererseits weitere Figuren als Exempel für berufliche Entscheidungen vorführen (1, 116–118). Die zweite Maske ist die wichtigste: sie weist der gesamten Lebenspraxis, dem habituellen Verhalten, darunter auch dem Beruf, die Richtung. Der eine ist witzig, der andere ernst, der eine offen, der andere verschlagen; ein Typ wie der jüngere Cato muß in einer bestimmten Situation seinem Leben ein Ende setzen, und für einen Aias wäre unerträglich, was ein Odysseus auf sich nahm (1, 108 ff.). Die vierte Maske wiederum korrespondiert mit der zweiten (1, 119): in qua deliberatione ad suam cuiusque naturam consilium est omne revocandum – „bei dieser Entscheidung (bei der Berufswahl) muß man seinen Entschluß ganz und gar von seiner Veranlagung abhängig machen."

Bei alledem gibt Cicero deutlich zu erkennen, daß er keineswegs mit individuellen Veranlagungen, mit einmaligen, unwiederholbaren Personen im modernen Sinne des Wortes rechnet, sondern mit

Charaktertypen. So verwendet er des öfteren den Begriff genus: der Verschlagene, Berechnende – wie Themistokles – ist ein genus, ein „Typ", der Wendige, Ausdauernde – wie Lysander – ist es auch (1, 108 f.), und für den Beruf, eine den Römern unbekannte Kategorie, hält Cicero den Ausdruck genus vitae, „typische Art der Lebensführung", bereit (1, 117 und 120). Die Elemente der Theorie fügen sich somit zu einem eindeutigen Ganzen zusammen: den je typisch veranlagten Rollenträgern entsprechen typische Rollen und typische, nach den Konventionen des decorum sich bemessende Rollenerwartungen. Die ciceronische Theorie kommt daher dem von allem ‚Persönlichen' und ‚Individuellen' abstrahierenden Bilde nahe, das die moderne Soziologie von den sozialen Rollen zu vermitteln sucht, und zugleich illustriert sie das bekannte Apriori der Gesellschaft: daß eine grundsätzliche Harmonie zwischen dem Angebot ungleichartiger Individuen und dem Angebot ungleichartiger Positionen bestehen müsse [59].

Das System, das den ciceronischen Darlegungen über die Rollenwahl zugrunde liegt, ist mit den drei Größen Rollenträger – Rolle – Normen der Rollenerwartung noch nicht vollständig beschrieben. Dieses System soll ja innerhalb der Gesellschaft im zeitlichen Ablauf funktionieren; es bedarf daher der Dauer, der Stabilität. Bei Cicero, der aus der Perspektive des seine Rolle suchenden und ergreifenden Einzelnen schreibt, bringt sich dieses Moment als Identität, als Identitätspflicht des Einzelnen zur Geltung. Die Identitätspflicht erwächst unmittelbar aus der Charakter- und Berufsrolle eines jeden; sie ist daher ebenfalls ein Gebot des decorum (1, 111): Omnino si quicquam est decorum, nihil est profecto magis quam aequabilitas universae vitae, tum singularum actionum, quam conservare non possis, si aliorum naturam imitans omittas tuam. Ut enim sermone eo debemus uti, qui natus est nobis, ne ut quidam Graeca verba inculcantes iure optimo rideamur, sic in actiones omnemque vitam nullam discrepantiam conferre debemus – „Überhaupt, wenn etwas angemessen ist, dann wahrhaftig nichts so sehr wie die Gleichförmigkeit der gesamten Lebensführung, weiterhin der einzelnen Handlungen, und die kann man nicht einhalten, wenn man sich das Wesen anderer zum Vorbild nimmt und darüber das eigene verleugnet. Denn wie wir uns der Sprache bedienen müssen, in die wir hineingeboren sind, damit man uns nicht mit gutem Grunde auslacht, wenn wir, wie einige das tun, griechische Wendungen einflicken, so dürfen wir in unseren Handlungen und der ganzen Lebensführung keinen Widerspruch aufkommen lassen."

In den Erläuterungen zur vierten Maske schärft Cicero abermals ein, daß nichts so wichtig sei wie die Wahrung der Identität, die Übereinstimmung mit sich selbst während des ganzen Lebens – sonst ‚hinke‘ man bei der Wahrnehmung seiner Pflichten. Wenn man freilich erkenne, daß man sich in der Wahl des genus vitae geirrt habe, dann müsse man seine mores und instituta – modern ausgedrückt: sein Rollenverhalten und seine Rollenattribute – ändern; bei der Ausübung der neuen Rolle sei man darauf bedacht, den Eindruck zu erwecken, daß man den Rollenwechsel mit gutem Grunde vorgenommen habe (1, 119 f.). Die Identität, um die es hier geht, ist, wie ersichtlich, keine subjektive Kategorie, kein aus dem eigenen Inneren gesehenes Ich, keine Einheit des Erlebens und Bewußtseins – sie ist eine vom ‚Stellenplan‘ der Gesellschaft aus betrachtete Größe, eine konventionelle Gegebenheit, ein ‚pattern‘, kurz: die perpetuierte soziale Rolle. Auch die einzelnen Empfehlungen für den Rollenwechsel – ‚taktische‘ Empfehlungen par excellence – zeigen ein ganz und gar auf die Umwelt bezogenes Individuum: man gehe behutsam zu Werke; man erwecke den Eindruck, daß man die Rolle zu Recht gewechselt habe (1, 120).

Die panaitisch-ciceronische Rollentheorie war offensichtlich eine Rollentheorie mit gutem Gewissen [60]. So wenig oder so viel die Römer vom Persönlichen, das für die Rolle geopfert, vom Selbst, das sich durch die Rolle entfremdet werde, gewußt haben mögen: dieses Persönliche ist ihnen anscheinend ziemlich gleichgültig gewesen, und jedenfalls hat ihnen das hierarchisch gegliederte Gefüge ihrer ständisch bedingten Rollen weit mehr bedeutet. Allerdings meldet sich in den panaitisch-ciceronischen Reflexionen allein die führende Schicht zu Wort; der Text befaßt sich vor allem mit den Karriereproblemen heranwachsender Adliger. Daher kommen in den Darlegungen über die vierte Maske nur die imperialen Gestaltungsrollen zur Sprache, die dem Individuum einen großen Spielraum gewährten, nicht aber die weniger dankbaren Vollzugsrollen des einfachen Mannes, des Handwerkers, des Sklaven. Überhaupt sind die Interessen der führenden Schicht der Schlüssel für das Verständnis der panaitisch-ciceronischen Rollentheorie: der Wille zur Selbstbehauptung der Schicht als Schicht gebot, daß das in langen Jahrhunderten eingeübte Spiel immer weiter gespielt wurde – und hierzu gehörte, daß eine hinlängliche Anzahl konventionalisierter Rollenträger für den Rollenplan der aristokratischen Schaubühne zu Gebote stand, daß die Rollen „angemessen" (d. h. den überkommenen Rollenerwartungen gemäß) und daß sie von einem jeden so lange in möglichst vollkommener Übereinstimmung mit sich selbst gespielt wurden, wie seine zähe, knorrige Römervitalität dies zulassen mochte.

7

In die christliche Tradition fand der Ausdruck persona durch die Trinitätsformel Eingang. Boethius zeigt sich noch über die ursprüngliche Bedeutung unterrichtet. Er bringt zunächst seine berühmte Definition (*Contra Eutychen et Nestorium* = *De duabus naturis* 3): naturae rationabilis individua substantia – „die unteilbare Substanz eines vernünftigen Wesens"; er knüpft hieran die Bemerkung, daß persona aus einem anderen Bereich entlehnt sei; das Wort habe die personae bezeichnet, die in den Komödien und Tragödien irgendwelche Menschen darstellten, und hiernach habe man allgemein die Menschen, die man ja an spezifischen äußeren Merkmalen erkennen könne, personae genannt. Die Griechen hätten für denselben Begriff den viel eindeutigeren Ausdruck ὑπόστασις; die lateinisch sprechende Welt müsse sich aus Mangel an treffenden Worten mit einer bildlichen Bezeichnung begnügen. Boethius kennt somit – als Lesefrucht – die Bedeutung ‚Maske', und er leitet hieraus unmittelbar die farblose und abstrakte Bedeutung ‚Person' ab, wie sie der Rhetorik und der Sprache des Rechts seit langem geläufig war; außerdem kündigt sich in den Worten (homines,) quorum certa pro sui forma esset agnitio – „(Menschen,) die man an bestimmten Merkmalen erkennen kann" so etwas wie Individualität an. Von dem einst vorherrschenden Begriff ‚Rolle' hingegen scheint sich bei ihm keine Spur mehr zu finden.

Die ausführlichen Darlegungen, die Augustin dem persona-Begriff der Trinitätsformel gewidmet hat, führen zu demselben Resultat[61]. Die Bedeutung ‚Rolle' ist gänzlich erloschen; persona dient als Lückenbüßer, als möglichst inhaltsleere Verlegenheitslösung. Die Bibel weiß von einer Dreiheit, vom Vater, vom Sohne und vom heiligen Geist; da man diese drei mit irgendeinem ihnen gemeinsamen Appellativum benennen muß, hat man sich in der lateinisch sprechenden Christenheit für persona entschieden. Dieses Wort vermeidet einerseits den Tritheismus, d. h. es behauptet nicht, daß Vater, Sohn und heiliger Geist je für sich ein Gott seien; es hebt andererseits die Gleichrangigkeit der drei göttlichen ‚Personen' hervor und schließt so monarchianistische (die göttliche ‚Monarchie', die Priorität Gottvaters lehrende) Irrtümer aus. Augustin hätte die Bedeutung persona = Rolle, wäre sie ihm bekannt gewesen, gut in sein Gedankengebäude einfügen können. Denn die drei göttlichen Personen sind ja bei aller Wesensgleichheit nicht miteinander identisch; die Unterschiede wurden von Augustin (der hierin griechischen Vorbildern folgte) als Relationen klassifiziert[62]: der Begriff Vater erfordert das Korrelat Sohn und umgekehrt; der Geist ist der Geist sowohl des Vaters als auch des Sohnes. Augustin fragt ausdrücklich, ob der Begriff Person das Merkmal der Relativität enthalte (*De trinitate* 7, 11): „Wenn das Sein absolut ausgesagt wird, das Personsein jedoch relativ, dann können wir den Vater, den Sohn und den heiligen Geist in dem Sinne als Personen bezeichnen, wie man von drei Freunden, drei Verwandten oder drei Nachbarn redet, weil sie zueinander in einer Beziehung stehen, nicht weil jeder von ihnen etwas Absolutes ist." Augustin kommt zu dem Ergebnis, daß das Wort Person keine Relation ausdrücke: man könne nicht – wie man jemanden als Freund, Verwandten oder Nachbarn eines anderen bezeichne – den Vater die Person des Sohnes und des heiligen Geistes, den Sohn die Person des Vaters und des heiligen Geistes usw. nennen. Augustin sucht also nach einer bestimmten Relation mit gleichartigen Gliedern (wie Freund, Verwandter, Nachbar) und schließt folgerichtig, daß mit ‚Person' etwas derartiges nicht gemeint sein könne; er hätte anders gefragt und wäre zu einem anderen Resultat gelangt, wenn er mit der Bedeutung ‚Rolle' (= Teil oder Funktion eines Ganzen, das aus ungleichen Elementen besteht) gerechnet hätte.

Wenn man nun noch weiter zurückgeht und die Anfänge der Trinitätsformel prüft, dann scheint sich ein etwas anderes Bild zu ergeben. Tertullian, einer der frühesten Kirchenschriftsteller, die sich des Lateinischen bedienten (etwa 160–220 n. Chr.), hat wohl als erster auch den heiligen Geist als persona bezeichnet und daraufhin die Formel una substantia tres personae geprägt[63]. Die Schrift *Adversus Praxean*, in der Tertullian diese Schritte vollzogen hat, richtet sich gegen einen Monarchianer; sie ist daher bestrebt, die Dreiheit der göttlichen Personen zu betonen, und sucht darzutun, daß die Annahme einer solchen Dreiheit den Monotheismus, die göttliche ‚Monarchie', nicht gefährde. Sie veranschaulicht diesen Grundgedanken am Modell einer wirklichen Monarchie (etwa des römischen Reiches); hier fällt zum ersten Male das Wort persona (3, 2 f.) [64]: ‚Monarchiam', inquit, ‚tenemus', et ita sonum ipsum vocaliter exprimunt etiam Latini et tam opifice, ut putes illos tam bene intellegere monarchiam quam exprimunt ... At ego, si quid utriusque linguae praecerpsi, monarchiam nihil aliud significare scio quam singulare et unicum imperium; non tamen praescribere monarchiam ideo, quia unius sit, eum cuius sit aut filium non habere aut ipsum se sibi filium fecisse aut monarchiam suam non per quos velit administrare. Atquin nullam dico dominationem ita unius sui esse, ita singularem, ita monarchiam, ut non etiam per alias proximas personas administretur, quas ipsa prospexerit officiales sibi. Si vero et filius fuerit ei cuius monarchia sit, non statim dividi eam et monarchiam esse desinere, si particeps eius adsumatur et filius, sed proinde illius esse principaliter, a quo communicatur in filium, et dum illius est proinde monarchiam esse, quae a duobus tam unitis continetur − „ ‚An der Monarchie', sagen sie (die Monarchianer), ‚halten wir fest', und auch die Lateiner sprechen das Wort so wohltönend und kunstvoll aus, daß man glauben möchte, daß sie das Wesen der Monarchie genauso gut begreifen, wie sie das Wort aussprechen ... Doch ich weiß, wenn ich auch nur die geringste Ahnung von den beiden Sprachen habe, daß ‚Monarchie' nichts anderes bedeutet als Einzel- und Alleinherrschaft; die Monarchie schreibt indes nicht schon deshalb, weil sie einem einzigen zukommt, vor, daß er, dem sie zukommt, keinen Sohn haben darf oder daß er sich selbst zu seinem eigenen Sohne machen muß (so die Monarchianer über das Verhältnis des göttlichen Vaters und Sohnes) oder daß er seine Monarchie nicht durch beliebige Leute verwalten lassen kann. Ich behaupte vielmehr: keine Herrschaft kommt in dem Maße einem einzigen zu, ist so ausschließlich, so sehr Monarchie, daß sie nicht auch durch andere ihr nahestehende Personen verwaltet werden könnte, die sie selbst zu ihren Beamten bestimmt. Hat nun derjenige, der die Monarchie innehat, einen Sohn, dann wird sie nicht sofort geteilt und hört auf, eine Monarchie zu sein, wenn der Sohn als Teilhaber hinzugezogen wird; sie gehört vielmehr nach wie vor hauptsächlich demjenigen, der seinen

Sohn daran teilhaben läßt, und ist, solange sie ihm zukommt, nach wie vor Monarchie, wenn zwei, die so eng miteinander verbunden sind, sie ausüben." Der Staat war, wie dargetan [65], eines der Systeme, für dessen Rollen und Rollenträger (Repräsentanten, Funktionäre) die Römer vorzugsweise den Ausdruck persona verwendeten; eben dieser Staat und mit ihm persona dient nunmehr, bei Tertullian, als Modell für die trinitarischen Verhältnisse – das Modell im Ganzen sowie einzelne Ausdrücke (administrare, officialis, particeps) legen die Annahme nahe, daß der Kirchenschriftsteller mit persona auf den römischen Rollenbegriff hat hinweisen wollen [66].

8

Wie dem auch sei, schon während der Spätantike ging es mit diesem Rollenbegriff – wie mit der Einrichtung, aus der er erwachsen war, dem Theater – allmählich zu Ende: persona im Sinne von Rolle, der lebendigen Sprache offenbar fremd geworden, überdauerte nur noch als gelehrte Reminiszenz [67]. Als dann im Mittelalter neue Arten von theatralischen Darbietungen aufkamen, entstand auch ein großenteils neues theatralisches Vokabular. Persona blieb damals gänzlich von der Sphäre der Bühne ausgeschlossen: für die Bedeutung ‚Maske‘ gab es keine Verwendung mehr, weil die Sache selbst verschwunden war (wo sie sich wieder hervortat, bezeichnete man sie mit einem arabischen Wort, eben als ‚Maske‘); für die Bedeutung ‚Rolle‘ erfand man ein Derivat von persona: personaticum/personagium – personnage – personnaggio. Zu Beginn der Neuzeit, seit dem 16. Jahrhundert, bürgerte sich außerdem das Wort (rotulus) – rôle – Rolle ein: von Hause aus der Papierstreifen, auf dem der Anteil des einzelnen Schauspielers, seine ‚Rolle‘, niedergeschrieben war. Schließlich lebte damals, während des Humanismus, persona = Rolle wieder auf und wurde auch im Englischen und Deutschen in dieser Bedeutung verwendet. Ay, or also one must come in with a bush of thorns and a lantern and say, he comes to disfigure or to present the person of moonshine – „Ja, oder es könnte auch einer mit einem Dornbusch und einer Laterne herauskommen und sagen, er komme, die Person des Mondscheins zu traktieren oder zu präsentieren", heißt es in Shakespeares *Sommernachtstraum* (3. Akt, 1. Szene), und Goethe bezeichnet eine der Figuren des Vorspiels zum *Faust* als „Lustige Person" [68]. Im Deutschen ging freilich diese

45

Bedeutung während des 19. Jahrhunderts wieder unter – vielleicht deshalb, weil die ‚Person' der Philosophie, nunmehr Gemeingut der Gebildeten, eine derartige Konkurrenz nicht litt.

Das Wort persona und seine Entsprechungen in den romanischen Sprachen, die, wie erwähnt, im Mittelalter von der theatralischen Sphäre ausgeschlossen waren, dienten damals als allgemein verbreitete Ausdrücke für den einzelnen Menschen; sie konnten weiterhin im prägnanten Sinne den geistlichen Würdenträger, den Pfarrer bezeichnen [69]. Das größte Ansehen genoß das Wort in der Fachsprache der Theologen; die Scholastik reflektierte auf der Grundlage der boethianischen Definition über die persona der trinitarischen und der christologischen Formel, und außerdem umfaßte der Personbegriff für sie alles, was den Menschen mit Gott, seinem Schöpfer und Erlöser, verband [70]. Als die Aufklärung sich anschickte, die christliche Kategorie ihrer Christlichkeit, ihrer Bindungen zur Transzendenz zu entkleiden und die menschliche Person auf sich selbst zu stellen, behielt sie gleichwohl das Wort in seiner alten Würde und als Inbegriff alles dessen, was sie über den Menschen und seine Bestimmung zu sagen wußte, bei; diese Entwicklung erreichte mit den Definitionen Kants – der Mensch als Person, d. h. als seiner selbst bewußtes und freies Wesen, als „Zweck an sich selbst" [71] – ihren Höhepunkt, und seither vollzieht sich alle philosophische Reflexion über die Person im Horizont des Idealismus [72].

Die lateinische Literatur der Spätantike

Ein Beitrag zum Kontinuitätsproblem

I: Die ‚Spätantike‘ und das Kontinuitätsproblem – II: 1. Die Spätantike als Epoche der lateinischen Literatur. 2. Die lateinische Philologie und die Literatur der Spätantike – III: Das Ende der römischen Literatur – IV: 1. Die Anfänge der lateinischen Literatur der Spätantike (200–350 n. Chr.). 2. Die Blütezeit (350–430 n. Chr.). 3. Beharren und Untergang (430–650 n. Chr.). 4. Zusammenfassung.

I

Seit einiger Zeit ist auch in der lateinischen Philologie der Ausdruck ‚Spätantike‘ eine gängige Münze. Man pflegt ihn dort als äußerliche Orientierungsmarke zu verwenden, die einen Inbegriff literarischer Erzeugnisse einerseits von den Werken der römischen Antike, andererseits von der lateinischen Literatur des Mittelalters unterscheiden soll. Da man sich indes noch nicht der Mühe unterzogen hat, die Bedeutung dieses Begriffes zu diskutieren, fehlt es an jeglicher Verständigung über die zeitlichen Grenzen, und erst recht gibt es keine communis opinio hinsichtlich der Frage, ob die lateinische Literatur der Spätantike eine Epoche im Sinne einer historischen Individualiät ausmacht, der bestimmte Wesensmerkmale eignen und die sich als ein Ganzes begreifen läßt. Diese Studie stellt sich daher die Aufgabe, der literaturhistorischen Verwendung des Terminus ‚Spätantike‘ etwas schärfere Konturen zu verleihen. Es ist wohl evident, daß sie hierbei auf die Sache rekurrieren muß; es gilt also zu prüfen, ob man der sei es diffusen, sei es amorphen Masse lateinischer Literaturwerke, die in spätantiker Zeit entstanden sind, mit formalen literaturwissenschaftlichen Kategorien beikommen, ob man sie ordnen und als eine gegliederte Einheit konstituieren kann. Daß ein derartiger Versuch nicht im ersten Anlauf sämtlicher Schwierigkeiten Herr zu werden vermag, daß es unmöglich ist, in einer kurzen Skizze alle hierfür relevanten Gesichtspunkte zu beachten, bedarf gewiß keiner Begründung; nach Lage der Dinge ist es wohl auch wichtiger, das Problem zur Debatte zu stellen als sofort eine in jeder Hinsicht fundierte Lösung vorzuschlagen.

Nun ist freilich der Begriff ‚Spätantike' auch in der Geschichtswissenschaft alles andere als eine feste Größe. Immerhin pflegt man dort seit geraumer Zeit intensiv über seine Bedeutung zu reflektieren; hierbei durfte man sich der Mitwirkung benachbarter Disziplinen, vor allem der Kirchen-, der Kunst- und der Wirtschaftsgeschichte, erfreuen. Aus der ungemein lebhaften Diskussion ergab sich ein ziemlich kompliziertes Geflecht von Argumenten, die sich während der letzten Dezennien zum sogenannten Kontinuitätsproblem, d. h. zu der Frage verdichteten, in welcher Zeit sich der Übergang von der Antike zum Mittelalter vollzogen hat und welchen Faktoren hierbei besonderes Gewicht zukommt. Für die Geschichtswissenschaft stellt dieses Thema ein notwendiges Element jedes Versuchs dar, der zu einer sachgerechten Periodisierung der gesamten abendländischen Kultur beitragen möchte. Es leuchtet ein, daß der Literarhistoriker, der seine Aufmerksamkeit auf die lateinische Literatur der Spätantike richtet, von einer derart umfassenden Kontroverse Notiz nehmen muß: ihr lassen sich wichtige Kriterien für das hier zur Erörterung stehende Problem entnehmen; andererseits ist es nicht unmöglich, daß ein für den literarischen Bereich wie immer formuliertes Resultat auf den allgemeinen Stand der Streitfrage zurückwirkt. Diese Erwartung mag als vermessen erscheinen; sie entbehrt aber wohl deshalb nicht jeder Berechtigung, weil sich nicht verkennen läßt, daß die literarhistorischen Zusammenhänge wie überhaupt das Geistesleben der Spätantike auch bei den von der Geschichtswissenschaft ausgehenden Bemühungen, die Grenzen der Epochen so überzeugend wie möglich zu fixieren, relativ wenig beachtet wurden.

Es ist für den Zweck dieser Betrachtung nicht erforderlich, das Kontinuitätsproblem und seine Ursprünge in extenso zu erörtern. Man darf sich eines derartigen Versuchs desto eher überhoben glauben, als in jüngster Zeit zwei einander ergänzende Abhandlungen erschienen sind, die sich eigens diesem Thema widmen: der Forschungsbericht Strohekers und die methodenkritische Studie Hübingers[1]. Das Terrain ist also hinlänglich bereitet; die literarhistorische Untersuchung kann sich mit einer kurzen Rekapitulation der wichtigsten Gegebenheiten begnügen. Hierbei sollen vor allem diejenigen Tendenzen der bisherigen geschichtswissenschaftlichen Kontroverse hervorgehoben werden, die sich der Literarhistoriker, veranlaßt durch die Beschaffenheit seines Forschungsobjektes, in besonderem Maße zu eigen machen kann.

Das Kontinuitätsproblem ist das Resultat vielfältiger Prämissen; es setzt die zu Beginn der Neuzeit inaugurierte Dreiteilung der abendländischen Geschichte voraus und knüpft in einer der modernen historischen Wissenschaft angemessenen Form an eine ältere Streitfrage an, die den Ursachen des Untergangs der Antike gegolten hatte. Die übliche Dreiteilung der abendländischen Geschichte geht, wie genugsam bekannt, auf den Selbstentwurf der italienischen Humanisten zurück: das Bestreben, die antike Bildung zu erneuern, ergab zwangsläufig den Dreischritt ,einstige Größe – Niedergang – Wiederherstellung der einstigen Größe'. Die Hauptepochen der europäischen Kultur beruhen somit auf einem Anwendungsfall eines der Menschheit seit eh und je geläufigen Schemas, des Schemas, das allen Renaissancen, Reformationen und Klassizismen mit Notwendigkeit inhäriert. Der Erfolg der von den Humanisten propagierten Optik ist dadurch bedingt, daß sich im Jahrhundert ihrer Entstehung, während des präsumptiven Übergangs vom Mittelalter zur Neuzeit, die welthistorischen Wendepunkte häuften[2]. Immerhin hat sie erst gegen Ende des 17. Jahrhunderts das mit der christlichen Eschatologie verknüpfte Schema der vier Weltmonarchien allgemein abgelöst[3].

Mit jener von Eschatologie und Kirche absehenden Dreiteilung war die Frage nach dem Untergang der Antike und seinen Ursachen unmittelbar gegeben. Die dem Historismus des frühen 19. Jahrhunderts vorausgehenden Erklärungsversuche bevorzugten monistische Theorien, d. h. man rechnete mit einer relativ simplen Mechanik von Ursache und Wirkung und maß hierbei jeweils *einem* Vorgang entscheidende Bedeutung zu. Das Schema der von außen hereinbrechenden Katastrophe dominierte, zumal bei den Italienern und Franzosen; hingegen hielten es die Engländer und Deutschen, die sich als die Nachfahren der einstigen Wandervölker betrachteten, oft für richtiger, mit dem Modell der Dekadenz zu operieren und nachdrücklich auf den der Katastrophe vorausgehenden inneren Verfall hinzuweisen. In jedem Falle zeigte man eine große Vorliebe für bestimmte Epochenjahre, und noch das 19. Jahrhundert war oft geneigt, sich unter Daten wie 325, 375, 395 oder 476 n. Chr. etwas anderes vorzustellen als unvermeidliche Organisationsprinzipien für Lehrpläne und Geschichtskompendien.

Das moderne Kontinuitätsproblem ging aus verfeinerten Methoden und aus vergrößerter Faktenkenntnis, also aus den Errungenschaften von Historismus und Positivismus, hervor. Die Fähigkeit, komplizierte und aus einem Gewebe mannigfacher Ursachen und Wirkungen resultierende Entwicklungen zu erfassen, führte nun freilich, auf den hier zur Erörterung stehenden Fall angewandt, durchaus nicht mit einem Schlage zu befriedigenden Resultaten. Im Gegenteil: eine allgemeine Konfusion schien an die Stelle gesicherten Wissens zu treten. Noch wirkte sich die Lehre vom Verfall der Antike, die Dekadenztheorie der vorausgehenden Jahrhunderte, nicht selten nachteilig aus; diese Lehre erhielt sogar durch den Neuhumanismus des 19. Jahrhunderts abermals kräftige Nahrung. Andererseits waren in einem Zeitalter der Entdeckung neuer Methoden und Gegenstände manche Forscher allzu geneigt, die Resultate zu verallgemeinern, die sie auf beschränktem Felde erzielt zu haben glaubten, und schließlich meldeten sich auch skeptische Stimmen zu Wort, die schlechthin die Möglichkeit und den Erkenntniswert einer Grenzziehung zwischen Antike und Mittelalter bezweifelten[4]. Während der letzten Jahrzehnte hat man sich indes in zunehmendem Maße bemüht, die traditionsbedingten Prämissen, die einer gerechten Würdigung der Übergangszeit im Wege standen, zu eliminieren; Sprache und Literatur, Staat und Religiosität der Spätantike, diese dem humanistisch gebildeten, liberalen Bürgertum des 19. Jahrhunderts schwer zugänglichen Gegebenheiten, wurden in einer Atmosphäre neuer Aufgeschlossenheit betrachtet[5]. Zugleich gelang es, extreme Thesen, die aus der Entdeckerfreude zumal über wirtschaftsgeschichtliche Zusammenhänge erwachsen waren, auf die ihnen zukommende Bedeutung zurückzustutzen[6].

Das etwas konfuse Bild von der Diskussion des Kontinuitätsproblems läßt seit dem ausgehenden 19. Jahrhundert einige miteinander korrespondierende Tendenzen erkennen, die in besonderem Maße die Aufmerksamkeit des Literarhistorikers beanspruchen. Gewiß fanden manche Forscher noch immer mit den herkömmlichen Epochejahren ihr Genüge[7]. Anderen aber, die nach einer befriedigenderen Lösung suchten, schienen sich vor allem zwei Möglichkeiten zu eröffnen: man war entweder bestrebt, das Ende der Antike erheblich herabzudatieren, oder man rechnete mit einem sich über Jahrhunderte erstreckenden Zwischenstadium des allmählichen Übergangs. Gewiß setzten sich hiermit die Katastrophen- und Dekadenztheorien älterer Geschichtsbetrachtung fort; sie waren indes nunmehr einigermaßen von wertender Emphase befreit. Unter den For-

schern, die von der konventionellen Verknüpfung der Epochen-
grenze mit der Zeit der sogenannten Völkerwanderung beträchtlich
abwichen, verdient besonders A. v. Gutschmid genannt zu werden;
er plädierte bereits im Jahre 1863 dafür, daß man sein Augenmerk
vor allem auf die Begründung der Langobardenherrschaft in Italien,
auf Papst Gregor den Großen und den oströmischen Kaiser Hera-
klius richten möge, d. h. nach seiner Meinung haben erst die letzten
Dezennien des 6. und der Beginn des 7. Jahrhunderts die entscheidende Kluft zwischen Antike und Mittelalter bewirkt[8]. Diese These
fand gerade in jüngster Zeit manchen Nachfolger; sie wurde sogar
von dem belgischen Wirtschaftshistoriker H. Pirenne erheblich über-
boten, dessen Buch *Mahomet et Charlemagne*[9] die kühne Auffassung verfocht, daß erst der Islam, das Vordringen der Araber in
Afrika und Spanien, die welthistorische Wende herbeigeführt habe.
Gewiß hat sich die vorherrschende Meinung der Theorie Pirennes
mit guten Gründen versagt. Aber daß die ostgermanischen Staaten-
gründungen ebenso wie Justinian und sein gigantischer Restaura-
tionsversuch im wesentlichen aus spätantiken Zusammenhängen
gedeutet werden müssen, daß die genannten Erscheinungen eher
etwas Altes abschließen als etwas Neues einleiten, diese Ansicht
wird, vorsichtig formuliert, nach wie vor von nicht wenigen gewichtigen Stimmen befürwortet[10]. Es sei schon jetzt bemerkt, daß auch die
literarhistorischen Gegebenheiten eine derartige Begrenzung der
Zeitalter empfehlen; hier kommt am ehesten dem Todesjahr Isidors
von Sevilla (636 n. Chr.) epochale Bedeutung zu.
   Die Verteidiger einer langwährenden Phase des Übergangs haben
in dem französischen Gelehrten Casaubonus einen Vorläufer; dieser
ließ sich die Periodisierung der Kirchengeschichte angelegen sein und
hob hier eine ‚Blütezeit' hervor, die etwa vom Jahre 300 bis zum
Jahre 600 n. Chr. gedauert habe. Für das moderne Kontinuitätsproblem hat vor allem die Stimme des Kunsthistorikers A. Riegl Bedeutung, der als erster einen neuen Epochenbegriff, den jetzt allgemein geläufigen Begriff der Spätantike, ins Spiel gebracht zu haben
scheint. Riegl wollte diese Phase, deren Berechtigung er vornehmlich
auf seine Interpretation kunstindustrieller Erzeugnisse zu gründen
suchte, von der Zeit des Mailänder Edikts (313 n. Chr.) bis zum Regierungsantritt Karls des Großen (786 n. Chr.) erstreckt wissen[11].
Seine Theorie hat nun nicht nur bei anderen Kunsthistorikern, wie
bei Rodenwaldt, sondern auch bei den Historikern, z. B. bei Korne-

mann, Schule gemacht[12]. Abermals darf schon jetzt festgestellt werden, daß auch die literarhistorischen Fakten die Annahme einer besonderen Epoche zwischen der eigentlichen Antike und dem Mittelalter fordern; für ihre Begrenzung eignet sich am ehesten der Vorschlag Rodenwaldts, der sie bereits mit der Regierung Diokletians einsetzen lassen wollte.

Nun scheint jedoch der von Riegl geprägte Epochenbegriff, sofern man geneigt ist, ihn zu akzeptieren, noch ein besonderes Problem aufzugeben. Denn mit ihm treten an die Stelle des einen Übergangs von der Antike zum Mittelalter zwei Zäsuren: der Einschnitt zwischen der eigentlichen Antike und der Spätantike sowie der Beginn des Mittelalters. Da weder Stroheker noch Hübinger sich mit der Bedeutung des Übergangs von der Antike zur Spätantike befassen[13], ist es wohl angezeigt, hierauf mit einigen Worten einzugehen. Die zeitliche Fixierung bereitet allerdings in diesem Falle keine Schwierigkeit. Denn in der Unterscheidung von Antike und Spätantike setzt sich die Theorie Mommsens, die Gliederung der Kaiserzeit in Prinzipat und Dominat, fort, und es läßt sich nicht ernstlich bestreiten, daß sich die entscheidende Phase des Übergangs während der großen, einer Anarchie ähnlichen Reichskrise vollzogen hat, die in die Dezennien zwischen den Severern und Diokletian fällt[14]. Ein Problem aber zeigt sich, sobald man versucht, das Gewicht zu bestimmen, das diesem Einschnitt zukommen soll. An sich scheint der Ausdruck ‚Spätantike' anzudeuten, daß es sich hierbei um eine Zäsur minderen Ranges handelt: offensichtlich sollen die Merkmale, die Staat und Kultur der Spätantike mit der vorausgehenden Kaiserzeit verbinden, für wichtiger und wesentlicher gelten als alles Trennende. Dieser von der Bezeichnung ausgehenden Suggestion widerstreiten indes Urteile wie jenes, das man in der *Römischen Geschichte* von Heuss findet[15]: „Die Spätantike ist eine Epoche, welche sich nahezu vollständig von den Grundlagen der römischen Geschichte, wie sie in der vorausgehenden Zeit noch immer bestimmend waren, gelöst hat. Die Spätantike hat sich mehr ihre eigenen Voraussetzungen geschaffen, als dieselben von der Vergangenheit übernommen. Infolgedessen sind auch die Beziehungen, welche sie mit der Folgezeit verknüpfen, inniger als diejenigen, welche rückwärts weisen."

Man könnte vermuten, daß die hieraus resultierende Diskrepanz von Sache und Bezeichnung auf eine noch nicht ausgetragene Problematik deutet: die Frage nach der die Kontinuität gliedernden

Diskontinuität scheint nicht allein dem Übergang von der Spätantike zum Mittelalter zu gelten, sondern auch dem vorausgehenden Einschnitt. Es ist möglich, daß die Materie noch stets durch das
von den italienischen Humanisten überkommene Erbstück, durch
die Dreiteilung ‚Antike – Mittelalter – Neuzeit', belastet wird. Vielleicht lassen sich die Schwierigkeiten dadurch beheben, daß man sich
entschließt, die sogenannte Spätantike als Epoche eigenen Rechts
und gleichen Ranges neben Antike und Mittelalter anzuerkennen.
Hierzu wird sich freilich die Geschichtswissenschaft im allgemeinen
nicht gern bereit finden, und zwar deshalb nicht, weil ihr vornehm-
stes Kriterium, das staatlich-politische Geschehen, eine derartige Abgrenzung nicht unbedingt befürwortet. Blickt man indes auf die literarhistorischen und geistesgeschichtlichen Gegebenheiten, so wird
man die Elemente, durch die sich die Spätantike von der Antike
unterscheidet, für bedeutsamer halten als alles Verbindende; aus
der Sicht des Literarhistorikers empfiehlt sich somit eine Gliederung der abendländischen Geschichte, welche die Zeit von Diokletian bis zu Gregor dem Großen als erste, grundlegende Phase dem
Mittelalter zuweist.

Unter den Resultaten, welche die dem Kontinuitätsproblem gewidmete Forschung erbracht hat, bedarf schließlich noch ein Gesichtspunkt einer kurzen Erwähnung. Es hat sich gezeigt, daß sich
die Frage nach dem Übergang von der Spätantike zum Mittelalter
gerade in dem kritischen Jahrhundert nach der Herrschaft Justinians
nicht pauschal beantworten läßt. Vielmehr empfehlen die unterschiedlichen Schicksale der einzelnen Gebiete, die zuvor das römische Reich ausgemacht hatten, eine territoriale Auffächerung des
Übergangs; der auf eine Zeitgrenze erpichte Historiker muß somit,
so paradox es klingt, in bestimmtem Ausmaß seine Zuflucht zum
Raume nehmen[16]. Auch bei diesem Problem untersteht der Literarhistoriker einem analogen Gesetz der Sache: vom beginnenden 6.
Jahrhundert an widerfahren der lateinischen Literatur in den einzelnen Teilen des Reiches je verschiedene Geschicke; es geht daher
nicht an, das Ende der spätantiken Phase durch ein für alle Gebiete
gültiges Datum zu fixieren. Hierbei ergeben sich, da es fast überall
nur das sukzessive Erlöschen der literarischen Produktion zu konstatieren gilt, kaum ernstliche Schwierigkeiten. Die Epochen über-
schneiden sich lediglich bei dem Verhältnisse Spaniens zu den irisch-
angelsächsischen Klöstern; man wird sich indes um der jeweiligen

Traditionszusammenhänge willen gern damit abfinden, daß eine Erscheinung wie Julian von Toledo (†690) noch der Spätantike zugerechnet werden muß, während sein Zeitgenosse Aldhelm von Malmesbury (†709) sicherlich bereits dem frühen Mittelalter angehört.

II

1. Die bisherigen Darlegungen nannten einige Tendenzen, die sich bisher in der geschichtswissenschaftlichen Erörterung des Kontinuitätsproblems gezeigt haben: 1. die zunehmende Neigung, das Mittelalter erst im ausgehenden 6. oder im 7. Jahrhundert beginnen zu lassen, 2. die Annahme einer sich über Jahrhunderte erstreckenden Übergangszeit, 3. die zumindest sporadisch begegnende Betonung des in das 3. Jahrhundert fallenden Einschnitts, 4. die These, daß man während der entscheidenden Übergangsphase auf die räumlichen Unterschiede Bedacht nehmen müsse. Die Auswahl aus der Vielfalt der Vorschläge und Theorien, die hier getroffen wurde, deutet bereits auf das Bild von der lateinischen Literatur der Spätantike, das diese Skizze wenigstens mit einigen groben Strichen vermitteln möchte: sie soll dartun, daß die lateinische Literatur der Spätantike in Wahrheit durchaus keine diffuse oder amorphe Masse ausmacht, daß man vielmehr sämtliche lateinischen Literaturwerke der in Betracht kommenden Zeit als Repräsentanten einer literarhistorischen Epoche auffassen kann, die sich durch bestimmte Merkmale wesentlich von der vorausgehenden und von der folgenden Epoche unterscheidet. Diese Epoche reicht, eine geringfügige chronologische Verzahnung nicht eingerechnet (sie ist durch das Einsetzen der christlichen Literatur bereits gegen Ende des 2. Jahrhunderts bedingt), von der Mitte des 3. Jahrhunderts bis zur Mitte des 7. Jahrhunderts. Als epochebegründende Merkmale verdienen vor allem drei genannt zu werden: die zeitlichen Verhältnisse, die leitenden Ideen und die das literarische Leben tragenden Kräfte.

Was die zeitlichen Verhältnisse angeht, so hat die literarische Produktion vom Ausgang des 3. bis zur Mitte des 7. Jahrhunderts niemals eine Unterbrechung erlitten, und die Werke dieser Periode stehen im Sukzessionszusammenhang spezifischer Stil- und Gattungstraditionen. Andererseits geht der Epoche ein nahezu gänzlich literaturloses Intervall von zwei Menschenaltern voraus, und es folgt ihr ein ebenso literaturarmes Intervall von etwa vier Menschenaltern. Diese Intervalle fallen in eben die Zeitabschnitte, die auch von der Geschichtswissenschaft als trennende Übergänge, als Brükken zwischen den Epochen diskutiert werden: in die Dezennien zwischen den Severern und Diokletian sowie in die Zeit zwischen den Jahren 650 und 750.

Hinsichtlich der leitenden Ideen verdient vor allem die Tatsache Aufmerksamkeit, daß nicht mehr Staat, Recht und Politik die erste Stelle einnehmen wie während der Republik und der frühen Kaiserzeit, sondern der Glaube. Die christliche Literatur dominiert; sie ist die treibende Kraft und provoziert im 4. Jahrhundert eine heidnische ‚Renaissance'. Dieser mit dem Namen des Symmachus verknüpften Bewegung kommt es kaum mehr als den Christen auf die Erneuerung einer bestimmten Staatsidee an; es geht ihr vielmehr hauptsächlich um geistige Werte, um eine kulturelle Tradition, um die Literatur der Vergangenheit, die man in neuplatonisch-mystischer Stimmung einer religiösen Offenbarung gleich verehrt. Aus dem Kampf der Christen und Heiden, aus den starren Fronten des 4. Jahrhunderts resultiert in der folgenden Zeit eine christlich-heidnische Mischliteratur; daß man somit zum ersten Male einen antik-christlichen Dualismus praktizierte, verleiht der Epoche ihre für die gesamte abendländische Kontinuität bedeutsame Signatur.

Was drittens die das literarische Leben tragenden Kräfte betrifft, so ist die Protektion des Kaisers und sonstiger Inhaber staatlicher Gewalt nur akzidentiell beteiligt; die literarischen Bestrebungen der Spätantike haben vielmehr offensichtlich zwei Zentren; sie gehen einerseits von der Schule sowie andererseits und hauptsächlich von der teils staatliche, teils kirchliche Ämter verwaltenden Aristokratie aus.

Schon diese grobe Charakteristik läßt erkennen, wie wenig es sich empfiehlt, die lateinische Literatur der Spätantike als eine wie immer modifizierte Fortsetzung dessen zu betrachten, was während der Republik und der Prinzipatszeit vorausgegangen war. Die Forschung des letzten Jahrhunderts hat den Begriff der ‚römischen' Literatur mit einem so spezifischen Inhalt erfüllt, daß man ihn verfälscht oder mißbraucht, wenn man ihn auf die literarischen Erzeugnisse der Spätantike anwendet[17]. Diese Feststellung wird durch die Romidee, die zumal während der Blütezeit, in den Dezennien vor und nach dem Jahre 400, eines der großen Themen der spätantiken Literatur ausmachte, nicht widerlegt. Jene Romidee, besonders die von heidnischer Seite propagierte Variante, gilt zwar seit einigen bekannten Studien Klingners[18] als Fortsetzung des augusteischen Romgedankens; in Wahrheit handelt es sich jedoch um eine komplizierte und von jeglichem nationalen Substrat gelöste Zivilisations-, Kultur-, Bildungs- und Glaubensidee, die sich in ihrer Vielfalt und Universalität eher mit den mittelalterlichen Vorstellungen vergleichen läßt als mit dem römischen Herrschaftsgedanken der Augusteer[19]. Aus alledem ergibt sich, daß die lateinische Literatur der Spätantike eine Epoche sui generis ausmacht. Es sei nochmals hervorgehoben, daß man diese Epoche, wenn sich die herkömmliche Dreiteilung der abendländischen Geschichte als unantastbar erzeigt, richtiger dem Mittelalter zuschlägt als der Antike[20].

2. Eigentlich bedürfte es, wollte man eine derartige Konzeption von der lateinischen Literatur der Spätantike glaubhaft machen, einer umfänglichen Gesamtdarstellung. Hier kann statt dessen nur ein Gerippe, eine Planskizze präsentiert werden: es gilt, am Faden der Chronologie die einzelnen Phasen, die leitenden Ideen und die tragenden Kräfte vorzuführen. Es ist jedoch angezeigt, zunächst in einigen Sätzen die Situation zu charakterisieren, die ein derartiger Versuch im literaturwissenschaftlichen Bereich vorfindet. Man braucht nämlich eigenartigerweise nicht zu besorgen, daß man etwas allgemein Bekanntes vorbringt, wenn man die lateinische Literatur der Spätantike als ein Ganzes, als eine historische Individualität, aufgefaßt wissen möchte. Diese Tatsache ist, jedenfalls im deutschen Sprachbereich, durch etwas bedingt, was man nur euphemistisch als den Stand oder richtiger als das allgemeine Bewußtsein der Forschung bezeichnen kann; sie ist auch die unmittelbare Ursache dafür, daß der Begriff ‚Spätantike' in literarhistorischer Beziehung bislang keine scharfen Konturen erhalten hat.

Was mit derlei Andeutungen gemeint ist, läßt sich hier nur durch einige kurze Hinweise erläutern: durch eine grobe Kennzeichnung der literarhistorischen Handbücher, durch Bemerkungen, die der Gesamtsituation des Faches ‚Lateinische Philologie' gelten, sowie durch eine summarische Würdigung der geistesgeschichtlichen Voraussetzungen, aus denen diese Situation erwachsen ist. Die literarhistorischen Gesamtdarstellungen vermitteln etwa folgendes Bild. Die mehrbändigen Handbücher, besonders die Werke von Schanz-Hosius-Krüger und von Manitius[21], bieten sich als geräumige Spei-

cher von Realien dar; hier wirkt, so möchte man meinen, die Tradition des barocken Thesaurus ungebrochen fort. Man findet dort die
Schriftsteller und ihre Werke in systematischer Ordnung arrangiert;
sie sind auf die überaus fragwürdigen Rubriken der ‚nationalen' und
der ‚christlichen' Literatur und weiterhin nach Gattungen verteilt.
Die zeitlichen Grenzen sind nicht ohne Willkür gezogen; das Werk
von Schanz-Hosius-Krüger z. B. endet abrupt mit dem Jahre 600,
so daß der im gleichen Jahre verstorbene Leander von Sevilla noch
berücksichtigt wurde, sein jüngerer und bedeutenderer Bruder Isidor
jedoch nicht mehr. Nun hat man sich daran gewöhnt, von Kompendien, die hauptsächlich als Nachschlagewerke dienen, nichts anderes
zu erwarten. Mit den kürzeren, für das zusammenhängende Studium
bestimmten Darstellungen ist es indes kaum besser bestellt. Die
Merkmale der großen Handbücher, d. h. der Mangel an entwicklungsgeschichtlichen Kategorien bei der Behandlung der Spätantike
und die Unsicherheit in der zeitlichen Abgrenzung[22], kehren hier
wieder; ihnen gesellt sich als dritte Fehlerquelle die Neigung hinzu,
die Spätantike als eine Art Appendix abzutun: man wählt aus, man
häuft chaotisch Namen und Titel und strebt in jedem Falle so rasch
wie möglich dem Ende zu. Mit anderen Worten: die immense literarische Hinterlassenschaft der Spätantike wird, wie der Vergleich
mit der sorgfältigen Behandlung zeigt, die der römischen Literatur
zu widerfahren pflegt, in ziemlich verzerrten Proportionen dargeboten[23]. Nun beruhen die „Nachblüte"-Kapitel der jetzt kursierenden
Literaturgeschichten (oder wie immer die Rubriken lauten, unter
denen die Literatur der Spätantike zusammengefaßt wird)[24] geradezu
auf fest eingewurzelter Übung; ihr Niveau charakterisiert also nicht
die einzelnen Verfasser, sondern die Situation des Faches. Es ist daher unerläßlich, auch hierauf mit einigen Worten einzugehen.

Dieses Thema bereitet allerdings dem Bestreben, ein die Sache
treffendes Urteil zu finden, erhebliche Schwierigkeiten. Denn die
lateinische Philologie pflegt weniger als manches andere Fach über
ihren Aufgabenbereich und ihre Forschungsziele, über ihre Grund-
begriffe und leitenden Prinzipien zu reflektieren. Es gibt gerade
hinsichtlich der zeitlichen Erstreckung keine expressis verbis fixierten Positionen, an die man sich halten, denen man zustimmen
oder die man modifizieren könnte. Eine derartige Offenheit zwingt
zu dem Versuch, aus dem praktischen Verhalten, das große Mannigfaltigkeit zeigt, bestimmende Tendenzen zu abstrahieren. Mit der

nach Maßgabe dieser Prämissen gebotenen Zurückhaltung darf behauptet werden, daß sich die lateinische Philologie oder richtiger die latinistische Abteilung der klassischen Philologie im allgemeinen mit der Literatur der Spätantike und des Mittelalters nicht um ihrer selbst willen befaßt. Man hat sich vielmehr daran gewöhnt, die literarische Hinterlassenschaft des Jahrtausends von Diokletian bis zum Beginn der Neuzeit vornehmlich unter zwei Aspekten zu betrachten: man würdigt sie entweder als Mittlerin antiker Werke, Gedanken oder Realien oder man registriert die ,Nachwirkungen' des heidnischantiken Substrats. Diese Einstellung hat nicht nur bewirkt, daß sich die jetzt kräftig erblühende mittellateinische Philologie in einer durch die sachlichen Gegebenheiten kaum gerechtfertigten Weise von ihrer älteren Schwester absonderte; sie ist auch eine wichtige Ursache der allgemeinen Unsicherheit, die sich hinsichtlich der lateinischen Literatur der Spätantike feststellen läßt. Eine spezifische Kompetenz für die Jahrhunderte von den Soldatenkaisern bis zur Auflösung des Merowingerreiches scheint nicht vorhanden zu sein; man kann diese Zeit geradezu als ein literarhistorisches Niemandsland bezeichnen. So erklären sich die genannten Merkmale der literarhistorischen Gesamtdarstellungen; so begreift sich, weshalb die an Zahl durchaus nicht geringfügigen monographischen Studien nicht selten durch eine eklektizistische Haltung gesteuert zu sein scheinen: man widmet sich erlesenen Einzelheiten, z. B. dem hervorragenden Individuum wie Augustin, dem besonders gelungenen Werk wie der *Consolatio* des Boethius, der großen Idee wie dem Romgedanken oder dem symbolhaften Ereignis wie dem Streit um den Victoria-Altar[25].

So könnte man etwa das Verhältnis zur Spätantike charakterisieren, wie es die Latinistik strenger Observanz zu praktizieren pflegt. Dieser Zustand ist durch vielfältige Ursachen bedingt. Hier muß zunächst der aus dem 19. Jahrhundert überkommenen Fächerorganisation gedacht werden. Die Spätantike erfreut sich zwar der Aufmerksamkeit nicht weniger Disziplinen: der Theologie und Jurisprudenz, der allgemeinen und der Wirtschaftsgeschichte, ferner der klassischen und der romanischen Philologie. Indes lassen sich, wie begreiflich, alle diese Fächer hierbei stets von je besonderen Absichten leiten; sie benutzen die überkommenen Literaturwerke als Quellen für bestimmte Sachbereiche oder bemühen sich um die Erkenntnis von Entwicklungszusammenhängen, die über die Grenzen der Epoche hinausreichen. Nirgends ist die gesamte Literatur der Spätantike um ihrer selbst willen Forschungsobjekt; keinem Fach kommt die Aufgabe zu, sämtliche literarische Erscheinungen jener Zeit aus ihrer eigenen Mitte zu deuten. Das System des 19. Jahrhunderts scheint hier gleichsam eine Leerstelle übriggelassen zu haben.

Man möchte freilich meinen, es habe im Zeitalter des Historismus und Positivismus nahegelegen, daß sich die klassische Philologie dieses benachbarten Gebietes bemächtige; immerhin ist es ihr damals, indem sie sich der Führung der alten Geschichte anvertraute, gelungen, Literatur, Kultur und Geistesleben des Hellenismus, eines bis dahin ebenfalls verkannten Zeitalters, zu erschließen. Indes dieselben Gründe, welche die historische Erhellung der Spätantike erschwerten, insbesondere der humanistische Bildungshorizont des liberalen Bürgertums, ließen es auch im Bereich der Literaturwissenschaft nur selten zu einer so eindrucksvollen Initiative kommen, wie sie etwa von Eduard Norden ausging[26]. Vielleicht darf man sogar behaupten, daß die Altertumswissenschaft noch stärker von einer aus der Goethezeit überkommenen Axiomatik[27] geprägt war als andere Disziplinen: der christlichen Literatur brachte man gewöhnlich nur geringes Verständnis entgegen und in ästhetischer Hinsicht war man teils auf klassizistische Normen eingeschworen, teils erschienen Kategorien wie ‚Erlebnis‘ und ‚Originalität‘, ‚Persönlichkeit‘ und ‚Entwicklung‘ als die einzigen fruchtbaren Prinzipien literaturwissenschaftlicher Forschung. Welch allgemeinen Ansehens sich derartige Vorstellungen noch zu Beginn dieses Jahrhunderts erfreuen durften, geht z. B. aus einer Äußerung des Historikers Matthias Gelzer hervor[28]. Ihm gebührt das Verdienst, die klassische Philologie bereits vor vierzig Jahren ernstlich zur Beschäftigung mit der Spätantike aufgefordert zu haben; er glaubte indes damals noch, seine Empfehlung durch den die Philologie gleichsam rechtfertigenden Hinweis einschränken zu sollen, das Fach sei keine rein historische Disziplin, sondern diene vor allem der humanistischen Erbauung. Die axiomatischen Grundlagen, auf die Gelzers Bemerkung zielte, waren, wie genugsam bekannt, zunächst der Gräzistik auf den Leib geschnitten worden; erst seit dem ausgehenden 19. Jahrhundert suchte sich auch die Latinistik hieran zu orientieren, gleichsam als eine Gräzistik in lateinischem Gewande. Es leuchtet ein, daß sich diese Prämissen erheblich auf die Forschungsgegenstände auswirkten; sie brachten schon für den genuinen Arbeitsbereich der Latinistik, für die Literatur der römischen Antike, einige unliebsame Konsequenzen mit sich. Denn das Recht, die wichtigste Leistung der Römer, lag meist außerhalb des Fachhorizontes; überdies hatten die landläufigen Maßstäbe einer klassizistischen Ästhetik Mühe, sich mit den Werken ins Einvernehmen zu setzen, zu deren wesentlichen Merkmalen Schwulst und grausighäßliche Szenen gehören[29]. Der Literatur der Spätantike vollends waren die Voraussetzungen des 19. Jahrhunderts noch weniger angemessen. Der theologische Gehalt konnte bei den Philologen kaum auf größeres Verständnis rechnen als die verachtete allegorische Spekulation; die Menschen, denen Originalität wenig und der Glaube an transpersonale Ordnungen alles bedeutet hatte, erschlossen sich der damaligen Einstellung nicht, und die Herrschaft der rhetorischen Konventionen stieß den humanistischen Betrachter ebenso ab wie das Gewicht, das den Gattungstraditionen während der Jahrhunderte der Spätantike zukam.

Diese grob simplifizierenden Bemerkungen sind, wie angedeutet, mehr aus dem praktischen Verhalten erschlossen als programmatischen Äußerungen entnommen, und sie beziehen sich vor allem auf die Latinistik strenger Observanz. Einzelne gingen indes schon immer eigene Wege, und etwa seit der Zeit des Zweiten Weltkrieges mehren sich die Impulse, die auf eine Revision des Überkommenen dringen; sie sind zumal in Frankreich, in Belgien und im westlichsten Deutschland erkennbar[30]. Das *Reallexikon für Antike und Christentum* gilt schon jetzt als eine der besten lexikographischen Leistungen der Gegenwart[31]. Neue Zeitschriften, die sich in besonderem Maße der Übergangsepoche zwischen Antike und Mittelalter widmen, wurden gegründet[32]; zahlreiche Editionen und Monographien, unter denen z. B. die Bemühungen hervorgehoben seien, die einem besseren Verständnis des Dichters Prudentius gelten[33], vervollständigen dieses Bild. Wichtige Anregungen gingen von der romanischen Philologie, besonders von E. R. Curtius aus; seinem gewiß in mancher Hinsicht anfechtbaren Werk *Europäische Literatur und lateinisches Mittelalter* [34] kommt jedenfalls das Verdienst zu, daß es zwei Positionen, die einander gegenseitig bedingt hatten, zugleich ins Wanken brachte: die romantische Doktrin von den Nationalliteraturen, die den neueren Philologien als axiomatische Basis gedient hatte, und das klassizistische Dogma von der paradigmatischen Gültigkeit antiker Schöpfungen. Schließlich zeigte man sich bemüht, den überspitzten Personalismus, den Originalitätsglauben und die Normen der klassizistischen Ästhetik auch theoretisch auf das ihnen zukommende Maß zu reduzieren; in diesem Zusammenhang muß vor allem das grundlegende Buch H. G. Gadamers [35] genannt werden.

III

Auf einen derartigen Hintergrund könnte man etwa die kleine Demonstration projizieren, die nunmehr durchgeführt werden soll. Man entfernt sich gewiß nicht allzusehr von der Wirklichkeit, wenn man konstatiert, daß es gegenwärtig im Bereich der Literatur der Spätantike vor allem an befriedigenden Synthesen fehlt; was die zusammenfassenden Darstellungen angeht, die von Latinisten verfaßt wurden, so pflegt ihnen der entwicklungsgeschichtliche Faden spätestens in der Zeit nach Tacitus und Juvenal, den letzten ‚Klassikern‘, oder nach dem Jahrhundert der archaistischen Strömung zu entgleiten. Die Beschreibung des literaturlosen Intervalls zwischen den Severern und Diokletian sowie des ihm vorausgehenden Zusammenbruchs gehört daher zu der hier beabsichtigten Skizze; es empfiehlt sich, den Überblick über die lateinische Literatur der Spätantike in der Zeit nach Tacitus einsetzen zu lassen.

Das Jahrhundert von Hadrian bis zu den Severern, eine Zeit, die sich, äußerlich betrachtet, noch durch Frieden und materielles Wohlbehagen auszeichnet, bietet sich der üblichen literarhistorischen Betrachtung als eine Phase sanfter Agonie dar. Hieran ist richtig, daß es nach den beiden Satirikern Martial und Juvenal gänzlich an bedeutenden dichterischen Begabungen fehlte und daß die großen poetischen Gattungen, Drama und Epos, überhaupt keine Repräsentanten mehr fanden[36]. Mit der Geschichtsschreibung ging es rapide bergab: auf Tacitus und Sueton folgten Florus, Granius Licinianus sowie die trüben Quellen der *Historia Augusta*[37]. Um nicht weiterer Einzelheiten zu gedenken: der Strom nationaler Dichtung, der sich im 1. nachchristlichen Jahrhundert breit ergossen hatte, versiegte fast völlig; ein dünnes Rinnsal lyrischen Spiels, die sogenannten poetae novelli, die sich in affektierter Simplizität und metrischen Kunststücken gefielen, blieb übrig[38]. In der Prosa begann der Archaismus zu dominieren, zunächst als stilistisches Phänomen, dessen Vorgeschichte sich seit der Republik verfolgen läßt (so bei Fronto, dem Lehrer Mark Aurels, der ein aus dem Museum hervorgeholtes Vokabular mit modernster rhetorischer Künstelei zu verbinden wußte), dann als Neigung, sich mit den Realien des Altertums zu befassen, als antiquarische Schriftstellerei (so bei Gellius, Frontos bedeutendstem Schüler, und bei einigen anderen). Schließlich gab es noch die eigentümliche Gestalt des Apuleius, des Romanschriftstellers und Sophisten, dessen *Goldener Esel* den einzigen lateinischen Beitrag ausmacht, den das 2. Jahrhundert für die Weltliteratur erbrachte.

Zu Beginn des 3. Jahrhunderts trocknete auch das Bächlein der neoterischen Verse und einiger didaktischer Poesie aus[39]; einzig etwas Grammatik und Historiographie sowie die sogenannte Buntschriftstellerei, eine der antiquarischen Literatur verwandte Gattung, behaupteten noch das Feld[40]. Dem Jahre 238 n. Chr. entstammt das letzte exakt datierbare Werk, das Büchlein *De die natali* des Censorinus, das mancherlei mit dem Geburtstag zusammenhängende Fragen behandelt. Die Literaturgeschichten pflegen nun zwar, offenbar von einer Art horror vacui geleitet, auch der Mitte des 3. Jahrhunderts das eine oder andere sei es erhaltene, sei es verlorene Werk zuzuteilen; hierbei handelt es sich jedoch durchweg um unbeweisbare Vermutungen[41].

Poetae novelli, Archaisten, Apuleius, ein paar Fachschriftsteller: so scheint also die dürftige literarische Bilanz des Altweibersommers der Antike zu lauten. Doch dieser Schein trügt; er ist z. T. durch die moderne Spezialisierung verursacht. Hier muß zunächst der übrigens im allgemeinen durchaus berücksichtigten Tatsache gedacht werden, daß sich damals das Griechische auf dem besten Wege befand, zur Literatursprache des Reiches zu werden; der hohe Stand des Schulwesens, die Bürgerrechtspolitik u. a. ließen die wechselseitige Anpassung der griechischen und lateinischen Reichshälfte ihren Höhepunkt erreichen, und eine kräftige philhellenische Strömung im Westen tat ein übriges. So schrieben denn die gebürtigen Römer Favorinus, Claudius Aelianus und Mark Aurel, weder durch technische noch durch nationale Rücksichten gebunden, in griechischer Sprache, anderer nicht zu gedenken, die sich wie Sueton, Fronto und Apuleius beider Idiome bedienten.

Vor allem aber fällt in die hier zur Erörterung stehende Zeit die Blüte der römischen Jurisprudenz[42]. Im Hinblick auf diese Leistung

erscheint es als überaus problematisch, das 2. Jahrhundert schlechtweg als eine Phase des Niedergangs und Verfalls, der Erschöpfung
oder wie immer die Vokabeln lauten mögen, zu charakterisieren.
Die Kräfte haben sich verlagert, oder richtiger, da es eine Rechtswissenschaft bereits seit Jahrhunderten gab und man mit guten
Gründen das 1. nachchristliche Jahrhundert für ihre frühklassische
Phase in Anspruch nimmt, die Kräfte haben sich in besonderem
Maße auf diesen einen Bereich konzentriert. Es läßt sich nicht ernstlich bezweifeln, daß es sich bei der juristischen Literatur nicht um
irgendeinen Zweig der sogenannten Fachschriftstellerei handelt – so
die Perspektive, aus der die literarhistorischen Darstellungen das
Phänomen betrachten; sie, und nicht etwa die Produkte der poetae
novelli und der Archaisten, ist wahrhaft repräsentativ für das hu-
manitäre Adoptivkaisertum; sie hat die letzte Phase der antiken
bürgerlichen Poliskultur ermöglicht, indem sie durch die Objektivität ihrer Maßstäbe zwischen kaiserlicher Macht und der Autonomie
der Gemeinden zu vermitteln wußte. Man könnte zugespitzt behaupten, daß die kaiserlich autorisierte, aber selbstverantwortliche
Rechtsgutachtertätigkeit die Form politischer und zugleich literarischer Wirksamkeit war, die der Prinzipat den Angehörigen der
oberen Stände einräumte. Somit ist der wichtigste Zweig der römischen Literatur während des 2. Jahrhunderts n. Chr. enger denn je
mit dem römischen Staat verbunden und von seinen Schicksalen abhängig[43].
Allein diese Tatsache erklärt den rapiden Niedergang, der sich,
einem Zusammenbruch ähnlich, nach dem Tode des letzten Seve-
rers (235 n. Chr.) vollzog, und dieser Zusammenbruch macht nach
dem Dargelegten nicht nur für die Rechtswissenschaft, sondern zugleich für die römische Literatur überhaupt Epoche. Denn die Annahme, daß die beginnende Krise des Reiches aus materiellen Gründen jede literarische Tätigkeit unterbunden habe, verbietet sich, sobald man auf die christliche Literatur in lateinischer Sprache blickt,
die um die Wende des 2. zum 3. Jahrhundert einsetzte und die sich
seither einer nahezu ungestörten Kontinuität erfreute; diese Annahme würde vor allem an dem Vergleich mit der griechischen Literatur scheitern, zumal an dem Vergleich mit der Philosophie, mit
Plotin und seiner in Rom begründeten und von Porphyrios fortge-
setzten Schule. Vielmehr war um das Jahr 235 die nationalrömische
Substanz erschöpft. Der von Augustus geschaffene Staat brach zusam-

men; seine Idee hatte keine Gültigkeit mehr, und so verschwand die hiervon abhängige römische Literatur.

Die Krise hatte sich bereits seit dem Beginn des Jahrhunderts angedeutet. Im Jahre 212 fiel der Kronjurist Papinian dem Wüten Caracallas zum Opfer; Kaiser Eliogabal schickte Paulus und wohl auch Ulpian, Papinians einstige Assessoren, in die Verbannung, und im Jahre 228 wurde Ulpian von meuternden Prätorianern erschlagen. Der letzte Jurist, dessen Lebenszeit sich ungefähr bestimmen läßt, war Modestinus, ein Schüler Ulpians; er hat sich wohl noch unter Maximinus Thrax, vielleicht bis in die Zeit der Gordiane, betätigt. Im rechtshistorischen Schrifttum gilt das Jahr 239, streng genommen ein terminus ante quem, als das späteste Datum, das sich über ihn, und hiermit über die Jurisprudenz der Prinzipatszeit überhaupt, ausmachen läßt[44].

Somit kann man die Zeit von Hadrian bis zu den Severern als eine Phase zunehmender Spezialisierung, der nahezu totalen Konzentration auf einen einzigen Zweig der Literatur charakterisieren. Ein qualitativer Verfall macht sich hierbei nur in geringem Ausmaße bemerkbar. Vielmehr brach die Literatur plötzlich zusammen; die Katastrophe ist durch äußere Ursachen, durch die politischen und gesellschaftlichen Verhältnisse, durch die große Krise des Reiches bedingt. Sowohl für die juristische als auch für die sonstige Literatur läßt sich jenseits der Jahre 238/239 kein bestimmtes Ereignis mehr namhaft machen.

Die Krise des Staates wurde erst durch Diokletian (284–305) endgültig überwunden. Seit dieser Zeit gibt es auch wieder zuverlässig datierbare Werke, zunächst das Jagdgedicht Nemesians, das nach dem Dezember 283 und vor dem September 284 geschrieben wurde, sodann panegyrische Reden aus den Jahren 289, 291 usw.[45]. Die literarische Flaute dauerte also nahezu ein halbes Jahrhundert. Nicht als ob man in jenen verworrenen Dezennien nichts mehr geschrieben hätte; was damals entstand, ging vielmehr entweder verloren, oder es hat die Zeiten als undefinierbares Strandgut der Geschichte überdauert, und Namen von Schriftstellern lassen sich dieser dunklen Phase der antiken Ära nur sehr approximativ zuweisen. Gleichwohl besteht begründeter Anlaß zu der Vermutung, daß bei zwei Gattungen, sozusagen bei den elementarsten Formen literarischer Betätigung, ein bescheidenes Maß an Kontinuität erhalten blieb: bei der Grammatik und bei der Historiographie[46]. Offensichtlich haben

Grammatiker- und Rhetorenschulen die Stürme der Zeiten überdauert; diese Schulen, die zuvor als Vehikel dienten, der jeweils
heranwachsenden Generation das Verständnis der literarischen und
intellektuellen Gegenwart zu ermöglichen, waren damals mit dem
literarischen und intellektuellen Leben identisch; sie waren die allei-
nigen Träger aller nichtchristlichen Geisteskultur in lateinischer
Zunge. Trotz dieser Einschränkungen hat die Flaute der Jahre 238
bis 284 innerhalb der neun Jahrhunderte vom ersten punischen
Kriege bis zum Ende der Merowingerzeit nicht ihresgleichen. Es bedarf nicht des Hinweises, daß ein so erheblicher Einschnitt zu Schlüs-
sen auffordert; er bezeichnet, wie der weitere Verlauf der Entwicklung beweist, das Ende der römischen Literatur.

IV

1. Es wurde bereits angedeutet, daß die christliche Literatur in lateinischer Sprache an dem soeben beschriebenen Zusammenbruch
nicht partizipierte [47]; sie habe sich seit der Zeit ihrer beiden ersten
großen Repräsentanten, seit Tertullian und Minucius Felix, einer
nahezu ungestörten Kontinuität erfreut. Innerhalb der Chronologie der Schriften klafft freilich auch hier eine Lücke von etwa vier
Dezennien. Sie reicht vom Tode Cyprians (258 n. Chr.) bis zur literarischen Tätigkeit des Victorinus von Pettau, Arnobius und Laktanz; während die Kommentare des Victorinus in den beiden letzten Jahrzehnten des 3. Jahrhunderts entstanden sein mögen, gehören die erhaltenen Werke der beiden anderen Väter bereits dem
4. Jahrhundert an. Dieses Intervall läßt sich indes offensichtlich
nicht mit dem Erlöschen der profanen Literatur vergleichen.

Denn erstens ist die christliche Literatur in lateinischer Sprache
während des 3. Jahrhunderts und noch auf Generationen hinaus
keine gänzlich selbständige Größe; sie ist im wesentlichen aus der
griechischen Patristik erwachsen und durch sie bedingt. Wie im Kult,
so hatte auch in der Literatur ursprünglich einzig das Griechische ge-
herrscht [48]. Irenäus, Bischof zu Lyon († 202), verfaßte seine Werke in
griechischer Sprache; ebenso hielt es noch Tertullian in seinen ersten
Abhandlungen. Mit diesem Manne jedoch begann eine neue Entwicklung; die zweite große Rezeption und Anverwandlung griechischen Geistes, die sich in der lateinischen Welt vollzogen hat, setzte
ein, und sie war der früheren, die in hellenistischer Zeit begonnen

hatte, an Bedeutung ebenbürtig. Die griechische Patristik aber, die Quelle der entsprechenden lateinischen Erzeugnisse, erfreute sich auch während der zweiten Hälfte des 3. Jahrhunderts ungestörter Kontinuität[49]. Zweitens lassen die Gattungen, die einerseits von den früheren, andererseits von den späteren lateinischen Vätern gepflegt wurden, keine merklichen Unterschiede erkennen. Christliche Poesie in lateinischer Sprache kam erst unter Diokletian und Konstantin auf[50]; bis dahin dominierten die Apologie sowie der moralische und der dogmatisch-antihäretische Traktat; außerdem kannte man den Brief und die Exegese biblischer Schriften. Drittens verdient die Tatsache Beachtung, daß die lateinische Literatur der Christen von Afrika ausging; Afrika aber blieb auch nach dem Intervall, das dem Tode Cyprians folgte, auf lange Zeit die Hochburg der lateinischen Patristik[51].

Kurz und gut: die christliche Literatur jener Zeit beruht, soweit nicht einige ihrer Repräsentanten, wie Minucius Felix und Laktanz, auch an römische Autoren anknüpften, auf gänzlich anderen Gegebenheiten als die heidnische Tradition, und ihre vornehmsten Ursprungsbedingungen, der Glaube, der Kult, die griechische Patristik, wurden von der Krise des Reiches nicht betroffen. Gewisse Schwankungen in der Intensität der Produktion sind durch Zufälle bedingt, wie sie für derartige Anfangsphasen geradezu als typisch gelten dürfen. Aufs ganze gesehen, nahm die christlich-lateinische Literatur vom Beginn des 3. Jahrhunderts bis zur zweiten Hälfte des 4. Jahrhunderts ständig an Bedeutung zu; damals erreichte sie mit Ambrosius, Hieronymus und Augustin ihren Höhepunkt. Vom Beginn des 5. Jahrhunderts an läßt sich die Unterscheidung ‚christlich-römisch' oder ‚christlich-heidnisch' nicht mehr als zwingendes Einteilungskriterium verwenden, da die Literatur von einer jedenfalls äußerlich fast völlig christianisierten Gesellschaft hervorgebracht wird.

Von dieser Folie des stets reicher und vielfältiger werdenden christlichen Schrifttums hebt sich die eigentümliche Entwicklung der übrigen Literatur deutlich ab. Diese Entwicklung verläuft nicht nur bis zu den Severern und bis zum Ende der Reichskrise andersartig und in völliger Unabhängigkeit; sie hat auch bis zum Beginn des 5. Jahrhunderts ein besonderes Schicksal. Denn seit es vom Beginn der Regierung Diokletians an wieder nichtchristliche Werke gab, lassen sich hinsichtlich der Intensität und Qualität literarischer Produktion zwei Phasen oder richtiger zwei Stufen unterscheiden. Die erste Stufe erstreckt sich etwa bis zur Regierung Julians (361–363), die zweite füllt die übrigen Dezennien des 4. Jahrhunderts aus.

Während der ersten Stufe, die noch keinerlei Dichtung von Rang hervorbrachte[52] und deren Prosa sich in Unterhaltungs-, Gebrauchs- und Fachliteratur sowie in etwas Historiographie erschöpfte[53], beruhte die literarische Kontinuität nach wie vor hauptsächlich auf der Schule. Eine Reihe von theoretischen Schriften grammatischen und rhetorischen Inhalts[54] sowie die aus diokletianischer und konstantinischer Zeit erhaltene Panegyrik[55] zeigen sogar, daß die Konsolidierung der staatlichen Verhältnisse den Bildungsinstitutionen wieder eine größere Wirksamkeit gestattete. Das Niveau der Geschichtsschreibung dagegen hat sich, wie die in der *Historia Augusta* zusammengestellten Produkte der damals tätigen Kaiserbiographen beweisen[56], noch nicht sonderlich gehoben. Die Kalendarien und sonstigen Verzeichnisse vollends, die gerade aus jener Zeit in ansehnlicher Zahl überliefert sind[57], bekunden das eifrige Bestreben, durch ein Gerüst von Daten und Fakten Abhilfe gegen krasse Unwissenheit zu schaffen. Wie sehr man der administrativen Tradition entfremdet war, läßt sich in gleicher Weise den juristischen Hervorbringungen jener Dezennien entnehmen: man sammelte Kaisererlasse, exzerpierte die Schriften der großen Klassiker und brachte pseudonyme Abrisse in Umlauf[58]. Die erste Hälfte des 4. Jahrhunderts gewährt somit im ganzen noch keinen besonders erfreulichen Eindruck; vergleicht man sie indes mit der Trostlosigkeit der vorausgehenden Zeit, so muß man ihr zubilligen, daß sie redlich darauf bedacht war, die Literatur in den Dienst der notdürftigen Wiederherstellung geordneter Zustände zu stellen. Andererseits läßt erst das damalige Schrifttum, zumal das juristische, vollauf die Kluft ermessen, durch die das 4. Jahrhundert vom Prinzipat getrennt war; es zeigt das Ausmaß der durch die Reichskrise bewirkten Diskontinuität.

2. Nicht ohne Absicht wurde wiederholt auf die Bedeutung der Schule hingewiesen. Sie bildete die wichtigste, nahezu die einzige Brücke, die zwischen den Zeiten vermittelte, und von ihr ging auch der enorme Aufschwung aus, den die heidnische Literatur während der zweiten der soeben erwähnten Stufen genommen hat. Hieronymus vermerkt in seiner Chronik zum Jahre 353: Victorinus rhetor et Donatus grammaticus, praeceptor meus, Romae insignes haben-

tur – „Der Rhetor Victorinus und der Philologe Donat, mein Lehrer, genießen in Rom hohes Ansehen." Diese beiden Männer, Marius Victorinus und Donat, leiteten eine literarische Bewegung ein, deren Impulse bis ins 6. und 7. Jahrhundert wirkten. Man beeiferte sich, die überkommene heidnische Literatur zu bewahren und sie dem Verständnis der Mitwelt zu erschließen. So kamen Unternehmungen zustande, die für das Bildungswesen des Mittelalters konstitutiv werden sollten, allen voran die *Ars grammatica* Donats. Die Anstrengungen richteten sich vornehmlich auf drei Dinge: einmal stellte man emendierte Texte her, zum anderen verfaßte man Kommentare zu den wichtigsten Literaturwerken, und schließlich suchte man durch systematische Lehrschriften grammatischen und rhetorischen Inhalts das erforderliche theoretische Rüstzeug bereitzustellen. So entstand ein Stratum von Textfassungen, Kommentaren und Handbüchern, das einerseits die ältere, der Prinzipatszeit entstammende Literatur dieser Art fast gänzlich verdrängte, dem jedoch andererseits in späteren Jahrhunderten keine ernstliche Konkurrenz mehr erwuchs, mit Ausnahme z. B. der logischen Schriften des Marius Victorinus, die das Unglück hatten, von den gleichartigen Werken des Boethius übertroffen zu werden, und somit untergingen [59].

Nun hätten freilich die Bildungsanstalten, zumal die führenden stadtrömischen Schulen, aus eigener Kraft niemals eine derart folgenreiche literarische Restauration durchzuführen vermocht. Sie gewannen aber Bundesgenossen in ihren Schülern, in den heidnischen Repräsentanten der Senatsaristokratie, die mit der Wahrnehmung höchster Ämter in der Reichsverwaltung betraut zu werden pflegten [60]. Hierdurch wurden die zunächst harmlos erscheinenden Bemühungen der Grammatiker zu einer politischen Angelegenheit, die das Grundthema der Zeit betraf, die Religion. Eine heidnische Front, geführt von den Symmachi und Nicomachi, formierte sich; man suchte den kultischen Status quo aufrechtzuerhalten oder wiederherzustellen, was etwa zur Zeit Julians gegolten hatte, und einmal ließ man sich sogar auf ein Unternehmen ein, das die radikale Repaganisierung zumindest der Hauptstadt Rom zum Ziele hatte [61].

Derartige politische Auseinandersetzungen mit dem Christentum blieben Episode; der kultische Ausdruck der heidnischen Überlieferung war unrettbar verloren. Indes standen damals nicht nur Kultbauten, Kulthandlungen und Kulttage zur Diskussion, sondern die gesamte nichtchristliche Überlieferung, die für die Repräsentanten des Heidentums in ein vom Neuplatonismus inspiriertes mystisches Licht getaucht war. So unterstützten sich Adel und Schule wechselseitig in ihrem Bemühen, Sprache und Literatur zu bewahren; man gab sich mit Eifer geographischen, antiquarischen und historischen Studien hin. Die Bewegung zog selbst Griechen in ihren Bann, und so entstanden als reifste Frucht der restaurativen Bestrebungen selbständige literarische Leistungen, die Werke des Ammianus Marcellinus und des Claudian. Lokaler Mittelpunkt und zugleich Symbol dieses Regenerationsversuches war Rom, und um die richtige Auffassung alles dessen, was mit dem Namen Rom verbunden war, um die Romidee, ging der Kampf mit den Christen [62]. Aus dem Bestreben, sich der Bedeutung Roms, des vergangenen wie des gegenwärtigen, zu vergewissern, ergaben sich auch Beziehungen zum Kaisertum. Kaiserliche Protektion hatte beim Zustandekommen der für die sechziger Jahre charakteristischen Geschichtskompendien mitgewirkt [63], die den großen historiographischen Werken um eine knappe Generation vorausgingen und die eine erste Phase bei der Wiedergewinnung eines Verhältnisses zur Geschichte dokumentieren, und kaiserlicher Gunst erfreute sich die einzige damals mögliche Form der Zeitgeschichte, die der Propaganda dienende, sei es in Prosa, sei es in Versen abgefaßte Panegyrik [64]. Derartige Berührungen mit den Interessen des Reichsregiments hatten jedoch für den weiteren Verlauf der Literatur- und Geistesgeschichte keine grundsätzliche Bedeutung. Träger der Bewegung war und blieb nicht der römische Staat, sondern eine gesellschaftliche Schicht, der Adel, der es verstand, sich je nach Lage der Dinge dem Reichsregiment, der Kirche oder den germanischen Stammeskönigtümern einzugliedern. Nur so erklärt sich das zunächst überraschende Faktum, daß Literatur und Bildung den Zusammenbruch der Zentralgewalt in der westlichen Reichshälfte ungeschmälert überdauerten.

Wie bereits angedeutet, erreichte die christliche Literatur in lateinischer Sprache während der zweiten Hälfte des 4. Jahrhunderts ihre höchste Blüte [65], in derselben Zeit also, da sich die Kräfte der heidnischen Schule und des heidnischen Adels zu fruchtbaren Restaurationsbestrebungen verbanden. Diese Phase der Entwicklung zeichnete sich auf christlicher Seite nicht nur durch eine erhebliche quantitative und qualitative Steigerung der Produktion auf den Gebieten aus, deren man sich seit dem 3. Jahrhundert angenommen hatte, also innerhalb der verschiedenen Gattungen theologischen Schrifttums;

bedeutsamer war noch der Versuch, neue Bereiche zu erschließen und nahezu sämtliche Formen der antiken literarischen Tradition mit christlichem Gehalt zu erfüllen und mit christlicher Glaubenskraft und Gesinnung zu durchdringen. Eine enorme Experimentierfreudigkeit griff um sich; sie zeitigte das Resultat, daß damals, nach ersten schüchternen Anfängen in diokletianisch-konstantinischer Zeit, die christliche Dichtung und überdies die christliche Geschichtsschreibung begründet wurden. Die Entstehung der christlichen Poesie in ihrer Vielfalt daktylischer, jambischer und lyrischer Formen ist vor allem mit den Namen des Ambrosius, des Paulinus von Nola und des Prudentius verknüpft; der Gattungen der Historiographie, der Chronik und der Biographie in ihren verschiedenen Spielarten, nahmen sich besonders Hieronymus, Rufin und Sulpicius Severus an, wobei sie sich teils durch das Vorbild griechischer Christen, teils durch römische Muster leiten ließen [66]. Vom Brief bis zum ethischen Traktat und zur Enzyklopädie, vom Epigramm bis zum Epos reicht das Repertoire einer Literatur, die offensichtlich bestrebt war, alles Heidnische durch Christliches zu ersetzen. In manchen Bereichen überschnitten sich die expansiven Bemühungen der Christen und die gleichzeitigen heidnischen Hervorbringungen; sowohl Heiden als auch Christen kultivierten die Epistolographie, das historische Kompendium, die Panegyrik; es gab heidnisch und christlich gefärbte Bildungsschriften [67], mythologische und biblische Epik, und selbst eine Spezialität wie das Epithalamium, das Hochzeitsgedicht [68], und andere Formen der Gelegenheitspoesie fanden in beiden Lagern Bearbeiter.

3. Aus diesem Gegeneinander wurde zu Beginn des 5. Jahrhunderts ein Neben- und Miteinander. Damals entstand eine aus antiken und christlichen Elementen zusammengesetzte Mischliteratur, für die offensichtlich sämtliche Schriftsteller und Dichter des 4. Jahrhunderts gleichsam kanonische Geltung hatten; d. h. man setzte nicht nur die christlichen, sondern auch die heidnischen Impulse und Bestrebungen jener Zeit fort. Der Versuch, diese eigentümliche Tatsache zu erklären, wird vor allem darauf hinweisen, daß damals, um die Wende des 4. zum 5. Jahrhundert, innerhalb des Reiches eine neue Phase der Christianisierung ihren Verlauf nahm: nachdem ein Gesetz des Jahres 391 dem Heidentum jede öffentliche Duldung entzogen hatte, drang das Christentum nunmehr auch in die private und persönliche Sphäre ein; man untersagte die häusliche Ausübung

paganer Kulte, man begann alle diejenigen zu benachteiligen, die sich noch nicht zum Christentum bekannten. Für die Aristokratie war gewiß vor allem ein Erlaß des Jahres 416 von Bedeutung, der jeden Anhänger einer heidnischen Religion vom Staatsdienste ausschloß [69]. Das Christentum bezahlte dieses äußere Vordringen mit dem Verlust der inneren Geschlossenheit; für viele wurde das christliche Bekenntnis zur taktischen Maßnahme, zur Formalität. Es ist, als hätten die beiden Fronten, die einander im Zeitalter des Theodosius so schroff gegenüberstanden, bald darauf ein Kompromiß geschlossen, als habe man wechselseitig den Verzicht auf den heidnischen Kult und die Fortdauer der antiken Literatur und Geistesbildung ausgehandelt. Dieses Kompromiß bewirkte, daß dem großen Experiment des 4. Jahrhunderts, der radikalen Christianisierung der Inhalte sämtlicher literarischer Gattungen, die Spitze abgebrochen wurde, daß sich auf manchen Gebieten, z. B. bei den Bildungsschriften, der Panegyrik und einigen Formen der Gelegenheitsdichtung, die heidnische Tradition ebenso oder gar in stärkerem Maße durchsetzte als die christliche. Vor allem verstand man sich dazu, innerhalb bestimmter poetischer Gattungen die antike Mythologie zu tolerieren.

Die politischen Ereignisse wirkten sich im großen und ganzen auf die literarische Produktivität des 5. und 6. Jahrhunderts nicht erkennbar aus, wiewohl sie einen viel stürmischeren Verlauf nahmen als während der Krise des 3. Jahrhunderts. Die Erklärung liegt auf der Hand: schon während des 4. Jahrhunderts hatten sich Literatur und Bildung in erheblichem Maße vom römischen Staate gelöst. Adel und Klerus, deren Repräsentanten oft identisch waren, wußten die Geisteskultur über den Zusammenbruch des Westreiches hinaus zu bewahren. Die Entwicklung zeigt im wesentlichen eine sanft abwärts geneigte Richtung, die von kurzen Intervallen des Aufstiegs, wie etwa im ostgotischen Italien, nur geringfügig modifiziert wurde. Innere Erschöpfung und Auflösung der tragenden Schicht, bisweilen durch äußere Katastrophen gefördert, brachten die literarische Produktion in den einzelnen Teilen der westlichen Welt bald früher, bald später zum Erliegen. Während des 5. Jahrhunderts beteiligten sich noch alle westlichen Länder und ebenso Byzanz; den geringsten Beitrag erbrachten Spanien und sonderbarerweise Italien, das indes unter ostgotischer Herrschaft einen merklichen Aufschwung erlebte [70]. Während des 6. Jahrhunderts erstarb die literari-

sche Tradition in den von der justinianischen Rückeroberung betroffenen Gebieten, zunächst in Afrika, dann in Italien außerhalb Roms; auch Byzanz brachte seit dem letzten Drittel des 6. Jahrhunderts keine in lateinischer Sprache verfaßte Werke mehr hervor [71]. In Gallien, dessen südliche Hälfte während des 5. und des beginnenden 6. Jahrhunderts größte geistige Regsamkeit gezeigt hatte, erlosch das literarische Leben um die Wende des 6. zum 7. Jahrhundert, mit dem Tode Gregors von Tours und des Venantius Fortunatus [72]. Spanien endlich, das sich im 5. und in der ersten Hälfte des 6. Jahrhunderts ziemlich still verhalten hatte, war in den Dezennien vor und nach 600 Schauplatz einer gewissen Blüte der Bildungsbeflissenheit [73]; als die Araber eindrangen, waren diese Studien bereits wieder verfallen [74].

Das Ende der Epoche bedarf keiner Erörterung. Nachdem während des 7. Jahrhunderts in Spanien die letzte Woge gelehrter Bestrebungen verebbt war, herrschte auf dem europäischen Kontinent eine schwer vorstellbare geistige Öde. Die abstruse Phantastik jenes Mannes, der sich Vergilius Maro nannte, die sogenannte Fredegarchronik, der *Liber historiae Francorum* u. a. bezeugen eindrucksvoll den sprachlichen und intellektuellen Verfall, der die Auflösung des Merowingerreiches begleitete. Es ist bekannt, daß die Wahrung der geistigen Kontinuität während des Jahrhunderts, das der Herrschaft der Karolinger vorausging, fast gänzlich auf der fruchtbaren und emsigen Tätigkeit der iroschottischen und angelsächsischen Klöster beruht hat [75].

4. Überblickt man das Ganze, so zeigt sich eine literarische Epoche von erheblicher Geschlossenheit. Ihre Wurzeln sind einerseits das spärliche Maß an Kontinuität, das die Grammatik- und Rhetorenschule über die Krise des 3. Jahrhunderts hinweg zu bewahren wußte, andererseits die Anfänge der christlichen Literatur in lateinischer Sprache. Ihre Blüte fällt in die zweite Hälfte des 4. Jahrhunderts. Das Hauptthema dieser Zeit ist die Auseinandersetzung zwischen Heiden und Christen, die hüben wie drüben die Richtung jeder Geistestätigkeit bestimmt. Die heidnische Seite läßt sich die Restauration der römischen Vergangenheit angelegen sein, die christliche vollendet die Rezeption und Anverwandlung der griechischen Väterliteratur. Beide Seiten aber geben den folgenden Jahrhunderten die entscheidenden Impulse; ihre literarischen Erzeugnisse haben die kanonische Geltung klassischer Paradigmen. Die ge-

samte Epoche hat ihre schriftstellerischen Bemühungen vier Haupt-
bereichen zugewandt. Ein wichtiger Teil bezieht sich auf die Religion: die theologische Literatur, die biblische Epik und die Hagio-
graphie. Ein zweiter Teil befaßt sich mit der Kirche und dem Staat;
hierzu gehören die verschiedenen Gattungen der Historiographie,
die Chronik, die Biographie, die Panegyrik. Ein dritter Teil ist der
Selbstdarstellung der das geistige Leben tragenden Schicht, ihren Lebensformen und Konventionen gewidmet: so die Briefsammlungen
und ein erheblicher Teil der Gelegenheitsdichtung. Ein vierter Teil
endlich sucht die Bildungsstoffe zu übermitteln; diesem Zweck dienen die Enzyklopädien und die Fachliteratur. Die Christen des
4. Jahrhunderts hatten versucht, alle diese Gattungen mit dem Geist
ihres Glaubens zu durchdringen. Vom 5. Jahrhundert an bildeten
sich gewisse Konventionen aus; zumal die Panegyrik, der Brief, das
Gelegenheitsgedicht, die Enzyklopädie beschränkten sich nicht auf
christliche Gegenstände, legten nicht mehr unbedingt und in allen
Teilen Zeugnis von christlicher Haltung ab. Hiermit war der Dualismus nicht aufgehoben; er konnte zum Gewissensproblem des einzelnen werden, und an der Frage des Verhältnisses zur antiken
Überlieferung schieden sich nicht selten die Geister: es gab Repräsentanten einer asketisch verneinenden [76] und einer tolerant be-
jahenden Richtung. Indes wurde der Streit niemals mehr in so geschlossenen Fronten ausgefochten wie während der zweiten Hälfte
des 4. Jahrhunderts. Aus alledem resultieren drei Hauptphasen der
lateinischen Literatur der Spätantike. Die erste, etwa bis zum Jahre
350 reichende Phase erhält dadurch ihre Signatur, daß sich die beiden künftigen Partner, die heidnische Überlieferung und der christliche Glaube, wechselseitig noch weithin ignorieren. Während der
zweiten, das theodosianische Zeitalter ausfüllenden Phase messen
diese beiden Richtungen einander in kompromißloser Härte, und
eine jede sucht mit expansivem Drang den von ihr propagierten
Absolutheitsanspruch durchzusetzen. Die dritte, im 5. Jahrhundert
einsetzende Phase pflegt in praktischer Toleranz nach bestimmten
Konventionen sowohl heidnische als auch christliche Stoffe und
Gattungen.

Die literarhistorische Betrachtung bestätigt somit den Status des
Kontinuitätsproblems, dem sich gewichtige Stimmen der Geschichtswissenschaft gegenwärtig zuneigen. Denn es ist evident, daß die
einst beliebten Epochenjahre des 4. und 5. Jahrhunderts für die lite-

rarhistorische Entwicklung und für die Entwicklung des Geistes-
lebens überhaupt keinerlei Bedeutung haben, daß vielmehr die
wichtigsten Einschnitte in das 3. und in das 7. Jahrhundert fallen.
Die literarhistorische Betrachtung scheint weiterhin zu ergeben, daß
man die sogenannte Spätantike entweder als selbständige Epoche
oder als früheste Phase des Mittelalters deuten sollte.

Die Romidee der Spätantike

I

1. Als im Jahre 1453 das byzantinische Kaisertum von der politischen Bühne verschwand, befand sich Rußland nach einer Epoche der Ohnmacht und Zersplitterung seit längerem in einer Phase stetigen Aufstiegs [1]. Das neue Zentrum war Moskau. Von dort aus hatte man der Mongolenherrschaft getrotzt und erfolgreich begonnen, die russischen Teilfürstentümer zu einigen. Iwan III., Rußlands bedeutendster Herrscher vor Peter dem Großen, nannte sich ,Herr von ganz Rußland' und ,Zar'; im Jahre 1472 heiratete er Zoë, die Nichte des letzten oströmischen Kaisers. Der Beginn des folgenden Jahrhunderts zog aus den politischen Tatsachen die ideologischen Konsequenzen; man ordnete Moskau als das ,Dritte Rom' in das System der Universalhistorie ein. So schrieb Philotheos von Pskov an den Großfürsten Vasilij III.: „Schau und habe acht, o frommer Zar: alle christlichen Reiche sind zusammen übergegangen in Dein eines Reich ... Denn zwei Rome sind gefallen, aber das dritte steht, und ein viertes wird es nicht geben." [2] Diese russische Selbstdeutung, die sich, verbunden mit dem Anspruch auf universale christliche Geltung, bis ins ausgehende 17. Jh. verfolgen läßt, weist selbst zurück auf ihren geistesgeschichtlichen Ursprung, sie weist auf Byzanz.

Konstantin hatte die Stadt am Bosporus im Jahre 330 zur zweiten Metropole des Reiches erhoben, und sie konnte seither als Δευτέρα Ῥώμη (Secunda Roma – „Zweites Rom") , in späterer Zeit auch als Νέα Ῥώμη (Nova Roma – „Neues Rom") bezeichnet werden [3]. Schon diese Namen, ferner die administrativen Einrichtungen, die man getreulich kopiert hatte, forderten zum Vergleich mit dem alten, dem eigentlichen Rom heraus; doch solange das Reich auch im Westen intakt war, wagte man nicht, der Stadt am Tiber ihren historisch legitimierten Vorrang streitig zu machen [4]. Erst der Erzbischof Andreas von Cäsarea folgerte zu Beginn des 7. Jh.s aus dem Zusammenbruch des Westreiches, die Herrschaft der christusliebenden Kaiser sei in das Neue Rom überführt worden, eine Herrschaft, die sich über den gesamten Erdkreis erstrecke [5]. Für das hohe Mittelalter darf der Chronist Konstantin Manasses als repräsentativ gelten, den die Plünderung Roms durch Geiserichs Vandalen im Jahre 455 zu folgender Reflexion aufforderte: „Und dies geschah mit dem alten Rom. Doch unser Rom blüht, wächst, ist stark und jung. Und möge es bis ans Weltende wachsen..." [6]

So viel über den östlichen Zweig der Romidee, zu dem man noch eine bulgarische Komponente hinzufügen könnte [7]. Es handelte sich stets um den ideologischen Ausdruck universaler Ansprüche, die sich ihrerseits durch die Behauptung der Rechtgläubigkeit auszuweisen suchten [8]. Im Hintergrund stand die christliche Heilsgeschichte, das Schema von Schöpfung, Erlösung und Weltgericht, und man bemühte sich, die historischen Ereignisse in dieses Schema einzuordnen, wobei man sich gern des Gedankens der Herrschaftsübertragung, der translatio imperii, wie der westliche Terminus lautete, bedient hat.

Vielfältiger und wohl auch historisch bedeutsamer war die Romidee der lateinischen Welt. Ihre Wurzeln reichen zurück bis in die späte römische Republik. Seit dem 2. Jh. v. Chr. wurde die Dea Roma kultisch verehrt [9]; in ciceronisch-augusteischer Zeit verdichteten sich allerlei Prophetien und Symbole zu der Vorstellung von der Roma aeterna [10]. Ihren ersten Höhepunkt erlebte die Romidee während der Herrschaft des Augustus. Die literarischen Zeugnisse jener Zeit präsentieren sie als eine nationale Angelegenheit. Rom und das Reich stehen dort einander gegenüber; sie verhalten sich zueinander wie Subjekt und Objekt. Rom ist das Zentrum einer durch physische Gewalt, durch die Überlegenheit der Waffen, errungenen Macht. Man schildert gern den Prozeß, der die urbs zur Herrin des orbis machte, und man sucht das Resultat zu rechtfertigen, indem man sich auf einen göttlichen Auftrag beruft; man verweist auf die Folgen des Weltregiments: auf den Frieden, die Sicherheit, die Wohlfahrt, auf das gerechte Gebot der römischen Gesetze, auf die Schonung und Milde, wie man sie denjenigen gegenüber obwalten lasse, die sich fügen. Diese imperialistische Romidee beruht somit auf dem Prinzip der Herrschaft, der übergeordneten Römer und der untergeordneten Reichsbevölkerung. Der Kaiser steht im Mittelpunkt; er repräsentiert das Römische, und dieses Römische wiederum ist an die Bewohner Italiens, d. h. an Rom im staatsrechtlichen Sinne, gebunden [11]. Einige Griechen zeigen sich von der römischen Macht beeindruckt, doch im allgemeinen verhalten sich sowohl die hellenistische als auch die jüdisch-christliche Welt bis zum 2. Jh. n. Chr. gleichgültig oder strikt ablehnend [12].

Der zweite Höhepunkt der Romidee fällt in das ausgehende 4. und beginnende 5. Jh., in die Zeit des Theodosius und seiner Söhne [13]. Jetzt beteiligen sich Angehörige des ganzen Reiches, Heiden wie Christen, an der Debatte; die Romidee ist eine ökumenische Angelegenheit. Die literarischen Zeugnisse behandeln den Gegensatz von Rom und Reich als überwundene Phase der Vergangenheit; der Gegensatz ist aufgehoben, und urbs und orbis gelten als identisch. Die Rechtfertigungsmotive der einstigen imperialistischen Romidee haben sich verselbständigt: Einheit, Frieden, Wohlfahrt und gleiches Recht werden ohne apologetische Zwecke gepriesen. Das Kaisertum hat in dieser zivilisatorischen Romidee keine beherrschende Rolle mehr. Die konkrete Stadt beginnt sich von ihrer Funktion als Inbegriff des Reiches zu lösen; man bewundert ihre Bauten, zumal ihre Kultstätten, die in das mystische Licht einer bedeutenden Vergangenheit getaucht sind. Die christliche Seite fügt zu diesem gemeinsamen Stratum der einander heftig bekämpfenden Parteien einige weitere Komponenten hinzu: sie überhöht den ersten Prozeß, die Ausbreitung der römischen Macht, durch einen zweiten, durch die Ausbreitung des Christentums, und verknüpft den Gedanken der Bekehrung mit dem Gedanken des Fortschritts; sie sucht Kirche und Reich einander anzunähern oder gar miteinander zu identifizieren.

Die dritte bedeutende Phase der Romidee erstreckt sich über eine ganze Epoche; ihre Motive sind unlöslich mit den Grundüberzeugungen dieser Epoche, des hohen Mittelalters, verwoben. Der Kulminationspunkt der Karolingerzeit bringt ein kurzes Vorspiel [14]; hernach, vom ausgehenden 10. bis zum 12. Jh., ergießen sich die Zeugnisse in einem breiten, ununterbrochenen Strome [15]. Die Polyphonie der mittelalterlichen Romidee zeigt zwei Konstanten, die sich schon im theodosianischen Zeitalter angekündigt hatten: einerseits das Bewußtsein, daß Idee und Wirklichkeit, das symbolische Rom und das konkrete Rom der jeweiligen Gegenwart durch eine enorme Kluft voneinander getrennt sind, andererseits ein ständiges Schwanken und Hinüber- und Herüberwechseln von imperialistisch-politischen zu zivilisatorisch-kulturellen, von christlichen zu paganen Vorstellungen. Der Versuch, diese flexible, vom jeweiligen Standort und von der jeweiligen Situation abhängige Vielfalt zu schematisieren, wird von den beiden miteinander korrespondierenden universalen Konzeptionen ausgehen, von der päpstlichen und der kaiserlichen Romidee. Für das päpstliche Rom hatte schon im 5. Jh. Leo der Große ältere Vorstellungen zu der Devise zusammengefaßt: Rom sei die Stadt der Apostel und Märtyrer, und der heilige Stuhl Petri habe sie zum Haupt der Welt gemacht [16]. Diese durch die Jahrhunderte sich fortpflanzende Formel gehörte zum ideologischen Fundament päpstlicher Politik, der hierokratischen Ziele, wie sie zumal von Gregor VII. und Innozenz III. verfolgt wurden. Die kaiserliche Romidee rekurrierte in ihren Parolen und Titulaturen bald auf das augusteische, bald auf das konstantinische Kaisertum; sie berief sich auf die Macht, die Gesetze und den christlichen Glauben des antiken Reiches. Diese Programmatik verdichtete sich vor allem im 10. Jh. zum Gedanken der Wiederherstellung, der Erneuerung, der renovatio imperii. Später bevorzugte man die Translationstheorie, d. h. man behauptete, das römische Kaisertum sei mit Karl dem Großen auf die Franken übergegangen; dieses Motiv nimmt z. B. in der Chronik Ottos von Freising eine beherrschende Stelle ein [17]. Auch bei den universalistischen Rom-Konzeptionen des Westens machte der Heilsplan mit Schöpfung, Erlösung und Weltgericht die stets mehr oder minder deutlich gegenwärtige Folie aus; die Translationstheorie zumal war mit der Prophetie Daniels verknüpft, mit der Lehre von den vier Weltreichen, deren letztes man seit frühchristlicher Zeit mit Rom zu identifizieren pflegte [18].

Mit dem Hinweis auf den Universalismus ist indes noch nicht erschöpfend umschrieben, was der Name Roms im Mittelalter zu bedeuten vermochte. So gab es etwa seit dem 10. Jh. eine Art nationalen Romgedankens, der mit Vorliebe auf die republikanische Verfassung zurückgriff. Diese Strömung ging von der stadtrömischen Bevölkerung selbst aus; sie verursachte mancherlei Unruhen, die im 14. Jh. mit dem phantastischen Volkstribunat des Cola di Rienzo einen ihrer bekanntesten Höhepunkte erreichten. Sie setzte sich in den Diskussionen der italienischen Humanisten fort, denen die Geschichte Roms als Modell für die politischen Probleme ihrer Zeit diente [19]. Und schließlich gab es seit der ausgehenden Antike Rom als die heilige Stätte der Christenheit, von wo man Reliquien zu erlangen suchte, wohin man pilgerte, um dort zu beten und das Grab der Apostel zu verehren. Dieses Rom war nicht nur kleinen Gruppen, der politisch oder geistig führenden Schicht oder der ortsansässigen Bevölkerung bekannt; aus ganz Europa kamen die Scharen, und unter ihnen befanden sich seit dem 12. Jh. einzelne, die nicht nur den christlichen Kultstätten, sondern auch den heidnischen Ruinen ihre Aufmerksamkeit zuwandten. So gaben die mittelalterlichen Pilgerfahrten zu elegischen Meditationen über die Vergänglichkeit alles Irdischen und zur Bewunderung der einstigen Größe Anlaß; aus dieser Wurzel wiederum und überdies aus dem nationalen Romgedanken erwuchsen die ästhetisch-historische Rombegeisterung der Humanisten, die Archäologie und die Altertumswissenschaft [20].

Dieser Überblick über die Epochen der Romidee und die Vielfalt ihrer Inhalte bedarf der Ergänzung, des Hinweises auf zwei formale Grundmotive, die sich immer wieder mit ihr verbanden: Rom war wie kein anderer historischer Gegenstand geeignet, sowohl das Prinzip der Erneuerung als auch die Vorstellung der Dekadenz zu dokumentieren [21]. Die Topik, in der sich diese Motive ausdrückten, macht den gleichförmigen Zettel aus, der den entwicklungsgeschichtlichen Einschlag der Romidee und ihres Wandels durchzieht. Abermals beginnt die Reihe der Zeugnisse in spätrepublikanisch-augusteischer Zeit. Die schwere Krise des Bürgerkriegs rief düstere Untergangsprognosen hervor; desto inbrünstiger feierte man Augustus als den Wiederhersteller des Staates. Die Bilder, mit denen man diesen paradoxen Verlauf in Worte kleidete, entstammten den verschiedensten Bereichen: der religiösen und mythischen, der kosmischen und astronomischen Sphäre, der geschichtlichen Erfahrung und der Beobachtung der Natur und ihrer Vitalität. Die Wiederkehr der goldenen Zeit, der Beginn eines großen Weltjahres, der wunderbare Vogel Phönix, der Vergleich mit anderen Völkern, zumal mit den Monarchien der Assyrer, Babylonier, Meder, Perser und Makedonen, das Motiv des crescere posse malis, d. h. der Kräftigung durch Einbußen, die Analogie des renasci, d. h. ursprünglich des Nachwachsens oder Wiederaustreibens, etwa von beschnittenen oder bis auf den Stumpf abgehackten Bäumen, und schließlich das Paradox der sich wieder verjüngenden Greisin Roma: ein gut Teil dieser Vorstellungen ist bereits in augusteischer Zeit aufgekommen, und die Dichtung, Geschichtsschreibung, Publizistik und politische Propaganda während der folgenden Jahrhunderte der Antike und des Mittelalters haben sie in mannigfachen Variationen und Verbindungen unzählige Male wiederholt [22]. So bietet sich dem Betrachter ein kontinuierliches Geflecht von Verfallsstimmungen und Regenerationsbereitschaft dar, in dem bald die pessimistischen, bald die hoffnungsvollen Komponenten überwogen; Rom und die Frage seines Bestandes oder Untergangs machen eines der großen Themen aus, welche die Antike und das Mittelalter schier ohne Einschnitt miteinander verbinden.

2. Die italienische Renaissance ist nicht nur der berühmteste Anwendungsfall der zumal mit der Romidee verknüpften Dekadenz- und Erneuerungstopik; die Impulse, die von ihr ausgingen, haben auch die Romidee selbst in eine gänzlich andere Dimension gerückt. Die theologischen Prämissen, die alle bisherige Reflexion über Geschichte bestimmt hatten, wurden mit zunehmender Intensität preisgegeben; man verzichtete mehr und mehr darauf, alles Ereignishafte dem großen christlichen Heilsplan einzuordnen, und bemühte sich schließlich, die Geschichte nach geschichtsimmanenten Kriterien zu deuten [23]. Die von den Humanisten propagierte Dreiteilung der antik-europäischen Kultur setzte sich seit Beginn der Aufklärung allgemein durch; das Verdikt über das Mittelalter und weiterhin das Paradox, daß sich die ursprünglich als Wiederherstellung der Antike konzipierte Neuzeit in zunehmendem Maße als Epoche sui generis begriff, schufen eine bis dahin unbekannte Distanz zum antiken Rom. Nunmehr, während der ersten Jahrhunderte der ihrer Mündigkeit innewerdenden Neuzeit, gewöhnte man sich daran, den Untergang des römischen Reiches als vollzogene Tatsache zu betrachten, und die Geschichtsschreibung war bestrebt, die Ursachen dieses welthistorischen Ereignisses zu ermitteln [24]. Zugleich büßten die aus dem Mittelalter überkommenen universalistischen Kategorien konsequent an Wirksamkeit ein. Das Papsttum vermochte die Geschicke der durch Machiavelli und Bodin säkularisierten staatlichen Wirklichkeit je länger, desto weniger unmittelbar zu beeinflussen. Das römische Reich deutscher Nation bestand zwar dem Namen nach bis zum Beginn des 19. Jh.s fort. Doch den universalen Ansprüchen, die sich hieran knüpfen konnten, war in Westeuropa schon während des hohen Mittelalters mit Entschiedenheit wider-

sprochen worden, z. B. von dem Gelehrten und Staatsdenker Johannes von Salisbury; vom Beginn der Neuzeit bis zum Ersten Weltkrieg war die Konzeption des Gleichgewichts der Mächte das die Praxis beherrschende Gesetz, nach dem in Europa Politik getrieben wurde [25]. Der nationale Romgedanke des späten Mittelalters, den einige Humanisten zur italienischen Freiheitsidee erweiterten, vermochte über Jahrhunderte nichts gegen die politischen Realitäten auszurichten; er fand schließlich in der Einigung Italiens eine späte Erfüllung [26]. Einzig das konkrete Rom zog nach wie vor die Aufmerksamkeit unzähliger Reisender auf sich, wobei die ursprünglichen religiösen Motive mehr und mehr durch den Sinn für das Geschichtliche und den Glauben an die Kunst aufgefangen wurden; auch die deutsche Klassik hat mit ihrer Hinwendung zur griechischen Kultur den europäischen Rom-Enthusiasmus eher gefördert als behindert.

Rom als Sitz des Hauptes der katholischen Kirche, als Kapitale eines europäischen Staates, als bevorzugtes Reiseziel des Bildungsbürgertums und des Massentourismus: so etwa könnte die Bilanz dessen lauten, was die Entwicklungen des jüngsten halben Jahrtausends von dem Glanz und der Größe der antik-mittelalterlichen Romidee übrig ließen. Diese Bilanz vergäße indes ein Phänomen, das gerade in Mitteleuropa einige Aufmerksamkeit beanspruchen darf, weil es die politischen Vorstellungen, wie sie dortselbst während der letzten anderthalb Jahrhunderte herrschten, nicht unerheblich beeinflußt zu haben scheint [27]. Als sich Kaiser Franz II. im Jahre 1806 zur juristischen Liquidation des Heiligen Römischen Reiches Deutscher Nation entschloß, hatten Romantik und Historismus bereits begonnen, dieses Reich und sein antikes Urbild in der geschichtlichen Reflexion zu erneuern. Eine angeblich voraussetzungslose und noch jetzt oft für unpolitisch geltende Geschichtswissenschaft, aber auch die klassische Philologie, jene zweite Großmacht im Bildungskosmos des deutschen Bürgertums, wandten alle Mittel wissenschaftlicher Forschung und stilistischer Meisterschaft auf, Andacht und Bewunderung für die Größe alles dessen zu erzeugen, was historisch mit dem Namen Roms verbunden war, und das Wort ‚Reich‘ erhielt in Deutschland einen mystischen Klang. Die ‚großdeutsche‘ Geschichtsschreibung Süddeutschlands und Österreichs machte sich in ihren Maßstäben universalistische Vorstellungen katholisch-habsburgischen Gepräges unmittelbar zu eigen, und ihr Widerpart, die ‚kleindeutsche' Richtung des nationalen Preußen, pflegte die Italienpolitik der mittelalterlichen deutschen Kaiser nur deshalb zu verwerfen, weil sie glaubte, daß darüber die sogenannte Ostkolonisation vernachlässigt worden sei [28]. Gewiß war der vom Sendungsglauben genährte Imperialismus des 19. Jh.s eine gemeineuropäische Erscheinung; doch gerade in Mitteleuropa hatte man Anlaß, sich hierbei direkt am mittelalterlichen Universalismus und indirekt am Imperium Romanum der Antike zu orientieren [29].

Daß sich auch die Romidee und die mit ihr verknüpfte Dekadenz- und Erneuerungstopik im Bannkreis des deutschen Reichsgedankens befunden hat, hierfür gewährt die wissenschaftliche Literatur ein kaum trügendes Indiz: weitaus die meisten Schriften, die sich der Romidee, ihren geschichtlichen Phasen, der vielfältigen Verästelung ihrer Motive, widmen, sind in deutscher Sprache verfaßt. Man darf also annehmen, daß gerade im deutschsprachigen Bereich eine besondere Faszination von dieser Thematik ausgegangen ist. Die Verfasser aller dieser Untersuchungen waren, wie nicht eigens hervorgehoben zu werden braucht, von jeder outrierten Nutzanwendung ihrer Ergebnisse auf ihre politische Gegenwart weit entfernt; andererseits läßt sich schwerlich bestreiten, daß ihre Schriften eine Atmosphäre widerspiegeln, deren teils romantische, teils idealistische Voraussetzungen aus heutiger Perspektive für widerlegt gelten sollten [30]. Die Geschichtswissenschaft, die mit gutem Grund empfindlicher auf politische Entwicklungen reagiert als andere Disziplinen, hat wohl auch im allgemeinen die unausweichlichen Konsequenzen gezogen; jedenfalls ist es um die Romidee, einen noch in den zwanziger Jahren mit Eifer erforschten Bereich, ziemlich still geworden.

Wer sich anschickt, sich unter den völlig veränderten Voraussetzungen der zweiten Jahrhunderthälfte abermals mit diesem Thema zu befassen, der sollte davon ausgehen, daß die jüngste Vergangenheit auch die sublimsten Formen der Reichsmystik oder eines zentralistischen Europadenkens rettungslos kompromittiert hat. Er wird auch deutlicher erkennen als frühere Generationen, daß selbst ein scheinbar harmloser Ästhetizismus im Bunde mit idealistischem Höhenflug leicht in militante Macht- und Herrschaftsansprüche umschlagen kann, und zu derartigen Tendenzen vermögen auch die erbaulichen Darstellungen pietätvoller Altertumsbetrachter beizutragen, ohne daß die Verfasser sich dessen bewußt wären. Gerade die lateinische Philologie ist durch ihren Gegenstand, die Literatur der Römer, dieser Gefahr ausgesetzt, und offenbar haben sich dort ältere Betrachtungsweisen klassizistisch-idealistischer Provenienz merkwürdig unbeirrt bis in die Gegenwart fortgepflanzt. Zumal die Untersuchungen, die sich Phänomenen der Begriffs- und Ideengeschichte, also einem Grenzbereich von Philologie und Geschichtswissenschaft, widmen, sind nicht selten auf einen etwas naiv anmutenden panegyrischen Ton gestimmt. So pflegt die deutsche Latinistik auch heute noch ein sogenanntes ‚römisches Wesen' oder ‚Römertum' als absolute Größen zu preisen, das es in Wirklichkeit allenfalls als Wunschbild einer kurzen Phase der geschichtlichen Entwicklung gegeben hat. So wird auch die Romidee etwa der augusteischen Zeit in einer Weise dargestellt, daß man meinen könnte, die Voraussetzungen und Maßstäbe von damals seien auch die der Gegenwart [31].

Es gilt also, zumal bei heiklen, durch die jüngste Vergangenheit kompromittierten Themen und Haltungen, was fremd ist, auch als fremd erscheinen zu lassen und das Mißverständnis auszuschließen, daß man sich uneingestandenermaßen mit seinem einer fernen Vergangenheit angehörenden Gegenstand identifiziere. Dann fragt sich allerdings, wozu es, wenn die Romidee zu diesen Themen gehört, dienlich sei, sich überhaupt noch mit ihr zu befassen. Eine Antwort könnte etwa so lauten: 1. Es sollte auch bei mißbrauchten oder jedenfalls durch das Denken einer vergangenen Ära geprägten Gegenständen stets legitim sein, das bisherige Wissen zu berichtigen und zu ergänzen [32]; 2. es sollte ebenfalls legitim sein, historische Erscheinungen, die durch spätere Deutungen dem berechtigten Argwohn der Gegenwart ausgesetzt sind, daraufhin zu prüfen, ob sie wirklich so beschaffen waren, wie jene Deutungen sie darstellen. Eine abermalige Beschäftigung mit dem Thema ‚Romidee' scheint in beiderlei Hinsicht Resultate zu versprechen; paradoxerweise zeigen sich hierbei zugleich Komponenten, deren Gehalt sich auch die Gegenwart zu eigen machen kann und die daher die Fremdheit des Gegenstandes, wie sie soeben vorausgesetzt wurde, wieder ein wenig verringern [33]. Offenbar eignet sich gerade die theodosianische Phase, die heidnisch-christliche Rom-Debatte der Spätantike, für eine derartige Betrachtung: die bisherige Forschung hat sie teils weniger gründlich berücksichtigt als andere Phasen, teils nach einseitigen Maßstäben beurteilt [34].

II

1. Der Beginn dieser Ausführungen versuchte, einen Überblick über die wichtigsten Epochen der Romidee und ihre hervorstechendsten Merkmale zu vermitteln. Hierbei wurde im allgemeinen der gegenwärtige Stand der Forschung resümiert. Anders steht es mit den Bemerkungen über die Spätantike; sie sind großenteils These, und die folgenden Darlegungen haben den Zweck, diese These so gut es gehen mag plausibel zu machen [35]. Hierzu bedarf es freilich auch jetzt noch einiger Präliminarien; wie bei allen historischen Gegenständen, so muß man auch hier zunächst darauf bedacht sein, daß man die richtigen Fäden in die Hand bekommt. Diese Fäden scheinen in die griechische Literatur der Adoptivkaiserzeit, des 2. Jh.s n. Chr. also, zurückzuführen; was damals die griechische Seite zum Thema ‚Rom' beizusteuern wußte, hat offenbar die lateinischen Verlautbarungen der Spätantike erheblich beeinflußt oder gar entscheidend geprägt. Man hat diese Zusammenhänge bisher noch kaum bemerkt, was sich ohne Schwierigkeit daraus erklärt, daß wohl kein Gebiet der klassischen Philologie so stiefmütterlich behandelt wurde wie die kaiserzeitliche Literatur der Griechen [36].

Um die Mitte des 2. Jh.s verfaßte Aelius Aristides einen Preis auf Rom, den Panegyricus Εἰς Ῥώμην [37]. Dieses Dokument steht innerhalb der Tradition der antiken Rom-Verherrlichung ziemlich einzig da. Die Römer selbst pflegten ihre Weltherrschaft moralisch zu rechtfertigen, durch den Rekurs auf ihre überlegenen Fähigkeiten. Die Griechen wiederum, denen die römische Eroberung eine traditionsreiche politische Selbständigkeit nahm, hatten sich bisher begnügt, wenn sie ihrer Bewunderung für Rom literarischen Ausdruck verliehen, die räumliche und zeitliche Ausdehnung der römischen Herrschaft sowie die Stärke und Macht der Römer zu preisen [38]. Beide Positionen, die Hervorhebung der psychischen Innen- und der physischen Außenseite, bekunden nicht zufällig dieselbe Verlegenheit: die Antike hatte keine Form der politischen Organisation ausreifen lassen, die über den Rahmen der Polis, des autonomen Stadtstaates, hinausging, und als die römische Macht im Zeitalter der punischen Kriege diese Grenze endgültig überschritt, stieß sie in ein staats- und verfassungsrechtliches Vakuum. Das Verdienst des Aelius Aristides besteht nun darin, daß er sich von den herkömmlichen Kategorien des Staatsrechts, die für die Wirklichkeit des römischen

Reiches untauglich waren, gelöst hat; er versucht vielmehr, eben diese Wirklichkeit, wie er sie vorfand, auf Begriffe zu bringen. Er geht davon aus, daß er und seine Landsleute mit zwei überlegenen Positionen konfrontiert sind: mit dem privilegierten römischen Bürgerrecht und mit der Herrschaftsgewalt des Prinzipats. Er legt jedoch dar, daß die Weisheit des römischen Regiments beide Positionen zu neutralisieren verstehe: die Institution des Bürgerrechts durch eine großzügige Praxis der Verleihung an Nichtbürger, die nach dem Prinzip der Leistung verfahre, den Prinzipat durch einen perfekten Verwaltungsapparat, der jedem Reichsbewohner gleiches Recht gewähre[39]. Dieses Räsonnement läuft darauf hinaus, daß der Begriff des Römers entnationalisiert, das Faktum der kaiserlichen Macht entpersönlicht, also versachlicht wird; der politische Titel des römischen Bürgerrechts verwandelt sich in eine jedermann offenstehende Chance des sozialen Aufstiegs, die unbeschränkte Gewalt des Kaisers in ein sorgfältig kontrolliertes, nach objektiven Grundsätzen verfahrendes System, das die allgemeine Gleichheit vor dem Gesetz garantiert. Aelius Aristides hat somit die überkommenen institutionellen Kategorien durch eine funktionelle Betrachtungsweise ersetzt, und er ist von diesem seinem Standpunkte aus vollauf berechtigt, den zu seiner Zeit bestehenden Zustand durch die ehrwürdigen Begriffe Freiheit und Demokratie zu charakterisieren[40].

Seinem Konzept einer übernationalen Weltdemokratie, die auf den Prinzipien der sozialen Sicherheit und der Gleichheit vor dem Gesetz beruht, fehlt es nicht an farbigem Detail. Der durch keinerlei Kriegsdrohung gefährdete Erdkreis, so heißt es am Schluß des Rompreises[41], gleiche einem Paradies; alles sei von Festesfreude erfüllt, und allerorten blühten die Städte, die durch schöne Bauten verziert seien; ein jeder könne sicher und ungehindert mit seiner Habe ziehen, wohin er wolle, da das ganze Reich durch Straßen und Brükken erschlossen sei und allgemeine Freizügigkeit herrsche; alles biete einen geordneten und friedlichen Anblick dar, und die Götter schauten mit Wohlgefallen auf diesen Kosmos herab. Die Rede hat diese poetische Schilderung sorgfältig vorbereitet; ihre leitenden Motive sind die Einheit des Reiches, die auf dem allgemein zugänglichen römischen Bürgerrecht beruhe, die von der Verwaltung verbürgte Rechtsgleichheit[42] sowie die Früchte dieser Grundsätze: die allgemeine Prosperität, der Frieden und die Freizügigkeit. Man darf dieses Lob aus griechischem Munde wohl trotz des gedrechselten Stils und trotz mancher bombastischen Übertreibung für ein ehrlich gemeintes und einigermaßen realistisches Erzeugnis ansehen; der fortschrittsgläubige Optimismus, der dem Dokument anhaftet, beruht offensichtlich auf dem Erlebnis der Zivilisation und der Sicherheit, wie sie unter dem Regiment der Adoptivkaiser im römischen Reiche herrschten.

Vom 2. Jh. an gelang es sogar den Christen, ein positives Verhältnis zum römischen Reiche zu gewinnen [43], und wenn sie sich auch nicht zu einer so geschlossenen und wohldurchdachten Konzeption verstanden wie Aelius Aristides (dergleichen lag gar nicht in ihrer Absicht), so bekunden die spärlichen Zeugnisse doch dieselbe optimistische Stimmung, dasselbe rationalistische, auf ähnlichen Gegebenheiten beruhende Kalkül. Der Apologet Meliton von Sardes operiert lediglich mit dem Synchronismus der augusteischen Herrschaft und der Geburt Christi; diese Gleichzeitigkeit, so führt er aus, habe sich für die Römer als glückbringend erwiesen; denn seither sei ihnen kein Mißgeschick mehr zugestoßen, und ihre Macht habe sich zu Größe und Herrlichkeit gesteigert [44]. Ergiebiger als dieses von Eusebios bewahrte Fragment ist eine bekannte Argumentation des Origenes [45]: die Koinzidenz der augusteischen Herrschaft und der Geburt Christi zeige, so heißt es dort, daß Gott das römische Reich eingerichtet habe, um die Völker für die christliche Lehre vorzubereiten; die Einheit, das Ausgleichende und Einebnende der römischen Macht habe die Kriege beseitigt und eine allgemeine Kommunikation unter den Völkern ermöglicht; hätte sich nicht eine fortschreitende Zivilisation über die gesamte Ökumene verbreitet, so wäre es für die Apostel schwierig gewesen, den Missionsauftrag zu erfüllen, und die christliche Friedensbotschaft hätte sich niemals allgemein durchsetzen können.

So viel über die griechische Romdeutung der Adoptivkaiserzeit. Es ist wohl evident, daß sie sich fundamental von den älteren römischen Vorstellungen unterscheidet. Denn die Römer hatten in nationalen Kategorien gedacht und versucht, sich und den Griechen je verschiedene Bereiche zuzuweisen: sie betrachteten die Herrschaft und deren Instrumente als ihre eigene Domäne, Kultur, Kunst und Wissenschaft hingegen als Angelegenheit der Griechen [46]. Als sich nun etwa anderthalb bis zwei Jahrhunderte später auch Griechen mit dem Reich zu identifizieren begannen, wurde die nationale Betrachtungsweise von selbst hinfällig, und die Unterscheidung zweier

Bereiche wich der Unterscheidung von Form und Inhalt. Das Reich wurde als die Form, gleichsam als das Gehäuse einer Weltzivilisation angesehen; es war nicht mehr Selbstzweck, sondern Voraussetzung und Mittel. Der Zweck bestand für den Heiden Aelius Aristides in dem durch Sicherheit und Recht garantierten Spielraum, der jedem einzelnen eingeräumt war, sowie in der allgemeinen Wohlfahrt; er bestand für den Christen Origenes in der Ausbreitung des christlichen Glaubens.

2. Die lateinische Literatur der Spätantike, d. h. im wesentlichen des 4. bis 6. Jh.s [47], beruht allenthalben auf einem zwiefachen Rezeptionsprozeß: man knüpfte einerseits an die Hinterlassenschaft der römischen Antike, des 1. Jh.s vor und nach Christi Geburt an, und machte sich andererseits die griechischen Hervorbringungen der Kaiserzeit zu eigen, vor allem den Neuplatonismus sowie die Formen und Inhalte der christlichen Literatur. Auch die Romidee der Spätantike dokumentiert diese doppelte Blickrichtung, und wie sich die Literatur im ganzen nicht mit bloßer Hinnahme begnügte, so fügte man auch hier den teils augusteischen, teils griechisch-kaiserzeitlichen Komponenten Eigenes hinzu, worin sich die historischen Entwicklungen der jüngsten Jahrhunderte reflektierten [48]. Die heidnisch-christliche Rom-Debatte der theodosianischen Zeit wurde in lateinischer Sprache ausgetragen, obwohl sich auch gebürtige Griechen an ihr beteiligten [49]; sie entfaltete sich in politischen Gelegenheitsschriften, Geschichtswerken und panegyrischen Dichtungen. Als Vorstufen kann man die panegyrische Prosa der diokletianisch-konstantinischen Zeit auf heidnischer und die Schriften des Eusebios auf christlicher Seite ansehen [50]; unmittelbare Wirkungen lassen sich vor allem in Gallien, während der Dezennien von 450 bis 470, und im ostgotischen Italien, während der ersten Hälfte des 6. Jh.s, konstatieren [51]. Die Diskussion der theodosianischen Zeit wurde durch ein bekanntes Dokument ausgelöst, durch eine Eingabe, mit der sich Symmachus, Stadtpräfekt von Rom und überzeugter Heide, im Jahre 384 an den kaiserlichen Hof zu Mailand wandte. Die wichtigsten Verlautbarungen der Christen sind eine reale und eine fingierte Erwiderung auf diese Eingabe; jene stammt aus der Feder des Mailänder Bischofs Ambrosius, diese wurde von dem Dichter Prudentius verfaßt. Diesen christlichen Dokumenten stehen die Rom-Enkomien der heidnischen Dichter Claudian und Rutilius Namatianus gegenüber; sie sind ebensowenig wie das Rombild des heidnischen Histo-

rikers Ammianus Marcellinus durch einen konkreten Anlaß bedingt.

Die Eingabe des Symmachus (um mit den heidnischen Zeugnissen zu beginnen) fordert die Aufhebung eines kaiserlichen Erlasses, der den heidnischen Kult in seiner Hochburg Rom zu bekämpfen suchte; sie fordert insbesondere, daß der kurz zuvor beseitigte Altar der Victoria, der sich seit augusteischer Zeit im Sitzungssaal des Senates befunden hatte, wieder dort aufgestellt werde[52]. Das Dokument weiß wenig oder nichts von den Vorstellungen, zu denen man sich während des 2. und 3. Jh.s im griechischen Osten bekannt hatte; diese Tatsache ist wohl teils durch den konkreten Zweck der Schrift, teils durch die traditionalistische Gesinnung des Verfassers bedingt, die starr an der nationalrömischen Überlieferung festhält[53]. Die Eingabe verdient hier vornehmlich aus zwei Gründen einige Aufmerksamkeit: einmal läßt Symmachus dort die greise Göttin Roma vor die Kaiser treten und sie um die Wiederherstellung des überkommenen Kultes bitten; mit dieser Personifikation war für Prudenz und Ambrosius ein Köder ausgeworfen, der sich vorzüglich zu wirkungsvollen Repliken eignete[54]. Zum anderen enthält die Schrift das Eingeständnis, daß die Staatsgewalt nicht mehr von der Stadt Rom ausgeht; Rom, die dortselbst ansässige heidnische Aristokratie, will sich vornehmlich als Kultmittelpunkt, als sakrales Zentrum verstanden wissen[55].

Das Geschichtswerk des Ammian[56] erzeigt sich als weitaus ergiebiger, wie sich denn überhaupt in der mehr und mehr mit literarischen Ansprüchen propagierten Rom-Ideologie eine stetige Zunahme und Steigerung der Motive beobachten läßt. Das Rombild Ammians enthält vor allem drei Elemente. Erstens sieht Ammian ebenso wie Symmachus Rom und das Reich als gesonderte Gegebenheiten an; er weist der Stadt die Rolle eines von sakraler Weihe umgebenen Kultmittelpunktes zu. Zweitens dokumentiert sich in seinem Werk die für die theodosianische Ära charakteristische Verknüpfung des imperialistischen, von den Augusteern übernommenen Romgedankens mit der zivilisatorischen Idee der Adoptivkaiserzeit. Drittens findet sich dort das Motiv der Erneuerung in einer Weise verwendet, wie sie in jener Zeit für die heidnische Seite typisch ist; man könnte diese Vorstellung als ,punktuelle Erneuerungsprogrammatik' bezeichnen. Die Trennung von Rom und Reich zeigt sich vor allem in einem Kapitel[57], das man wohl für das älteste Dokument der sich den Baudenkmälern zuwendenden antiquarischen Rombegeisterung halten darf; Ammian bringt dort einen von Unsagbarkeitstopoi erfüllten Mirabilien-Katalog, in dem sich die Mystik des Musealen eigentümlich mit der Mystik der religiösen Weihe vermischt [58]. Die Verbindung von imperialistischer und zivilisatorischer Romidee bekundet sich zu Beginn eines bekannten Exkurses, worin Ammian in heftiger, bisweilen sarkastischer Weise die Sitten der aus der Art geschlagenen stadtrömischen Bevölkerung schildert (auch hiermit antizipiert sein Werk ein wichtiges Motiv mittelalterlichen Rom-Erlebens) [59]; er skizziert dort zunächst die Entstehung des Reiches und wendet sich dann den Gesetzen zu, die für alle Zeit die Freiheit begründet und fixiert hätten. Das Motiv der punktuellen Erneuerung schließlich wird auf eine zeitgenössische Katastrophe angewendet, auf die Kämpfe, die seit dem Jahre 376 im unteren Donauraum mit den Westgoten entbrannt waren; ein Katalog von Niederlagen veranschaulicht das historische Gesetz, wonach stets auf katastrophale Verluste die baldige Wiederherstellung gefolgt sei [60].

Eine Partie im 3. Buch von Claudians *Laudes Stilichonis* gehört zu den wichtigsten Zeugnissen der heidnischen Romidee. Der Text läßt sich etwa folgendermaßen wiedergeben [61]:

130 Den Göttern stehst du ganz nahe, Konsul, der du über einer solchen Stadt wachst, dem Höchsten, was auf Erden der Äther umfängt! Ihrer Ausdehnung ist das Auge nicht gewachsen noch das Herz ihrer Pracht noch irgendeine Stimme ihrem Preise. Zu den benachbarten Sternen reckt sie in goldenem Glanz ihre

135 wetteifernden Zinnen empor; sie ahmt mit ihren sieben Hügeln die Himmelszonen nach, sie, Mutter der Waffen und Gesetze, die ihre Herrschaft über alle ausbreitete und dem jungen Recht die Wiege gewährte.

Sie ist's, die, in engen Grenzen entsprungen, sich ausdehnte zu beiden Polen und, von geringer Stätte aufbrechend, so weit

140 die Sonne reicht, ihre Heere entsandte, sie, die dem Schicksal trotzend, da sie gleichzeitig ungezählte Schlachten lieferte, Spanien eroberte, sizilische Städte belagerte und den Gallier zu Lande niederwarf und zu Wasser den Punier, niemals den Ver-

145 lusten erlag und, von keiner Wunde eingeschüchtert, größer nur nach Cannae und dem Trebia, schnaubenden Mut bekundete und, als schon Flammen sie bedrängten und der Feind ihren Mauern zusetzte, ein Heer in die äußerste Ferne Spaniens

entsandte. Der Ozean vermochte sie nicht aufzuhalten, und mit Rudern über das Meer dringend suchte sie die Britannier auf, sie unter anderem Himmel zu besiegen.

150 Sie ist's, die als einzige die Besiegten in ihrem Schoße aufnahm und das Menschengeschlecht mit einem gemeinsamen Namen umfing, nach Art einer Mutter, nicht einer Herrin, und sie nannte die Mitbürger, die sie bezwang, und verknüpfte durch liebende Bande das weit Auseinanderliegende. Ihren friedestif-
155 tenden Sitten verdanken wir es alle, daß sich der Fremde wie in der Heimat befindet, daß es frei steht, den Wohnsitz zu wechseln, daß es ein Spiel ist, Thule zu sehen und in einst grausige Entlegenheit einzudringen, daß es keinen Unterschied macht, ob wir aus der Rhone oder dem Orontes trinken, daß wir alle ein einziges Volk sind.

160 Die römische Macht wird niemals enden. Die anderen Reiche jedoch haben Schwelgerei durch Laster und Stolz durch Haß gestürzt. So zerbrach der Spartaner das unselig hochfahrende Athen, und er selbst beugte sich Theben; so entriß der Meder dem Assyrer die Vorherrschaft, und dem Meder nahm sie der
165 Perser ab; der Mazedonier bezwang den Perser und unterlag seinerseits den Römern. Roma jedoch ist gefeit durch die Sprüche der Sibylle; sie empfängt Lebenskraft durch Numas Götterdienst; für sie schleudert Juppiter seine Blitze; sie beschirmt Minerva mit ganzer Ägis. Hierhin hat Vesta ihre geheimen Fackeln, hierhin die turmbekränzte Göttermutter ihren
170 Dienst und die phrygischen Löwen mitgebracht; hierhin wand sich in sanftem Gleiten, Krankheiten abzuwehren, der Fremdling aus Epidaurus, und die Tiberinsel barg die heilbringende Schlange, die über das Meer hinweg gekommen war.

Der erste Abschnitt dieses vierteiligen Gebildes enthält eine allgemeine Rom-Prädikation mit Unsagbarkeitstopoi und Kosmos-Analogie; er gipfelt in der lapidaren Formel armorum legumque parens – „Mutter der Waffen und Gesetze". Die beiden folgenden Teile bieten eine ausführliche Erläuterung dieser Formel dar. Der letzte Abschnitt konfrontiert den Roma-aeterna-Gedanken mit dem für die vorrömische Zeit charakteristischen Wechsel der Vorherrschaft; göttliche Schutzmächte, Beglaubigungen der ewigen Dauer, beschließen das Enkomion. Die Verbindung von imperialistischer und zivilisatorischer Romidee nimmt die beherrschende Mitte ein.

Das motivische Repertoire gemahnt deutlich an die Rede des Aelius Aristides (dort finden sich ebenso die Unsagbarkeitstopoi und der zweifache Vergleich mit fremden Völkern); man darf somit vermuten, daß sich Claudian durch verwandte Erzeugnisse der Prinzipatszeit hat inspirieren lassen [62]. Der Dichter teilt sich indes nicht nur durch den Wortlaut, sondern auch durch die Art der Darbietung mit. So scheint die Behandlung des Raumes einige Auskunft darüber zu geben, wie er sich das Verhältnis Roms zum Reiche vorstellt: er geht von der Stadt aus und endet mit ihr; der zweite Abschnitt ist von den zentrifugalen Bewegungen der in alle Richtungen strebenden Truppen beherrscht, und hiermit korrespondieren die zentripetalen Bewegungen der Gottheiten am Schluß des Ganzen. Man darf also wohl folgern: die römische Macht hat sich von Rom aus verbreitet; sie wird jedoch nunmehr von der gesamten Reichsbevölkerung ausgeübt [63]; die Stadt aber fungiert als sakraler Mittelpunkt.

Rutilius Namatianus überbietet den Preis Claudians [64]; sein Gedicht enthält die vollständigste Entfaltung der Romidee, wie sie von den Heiden propagiert wurde. Es feiert Rom als heilige Stätte und preist seine Bauten; es läßt auf einen die Entstehung des Reiches skizzierenden Teil den Gedanken folgen, daß Rom die Welt unterworfen habe, um ihr Gesetz und Freiheit zu bringen; es verknüpft das Ewigkeitsdogma mit der punktuellen Erneuerungsidee, d. h. mit der Gewißheit, daß Rom fähig sei, katastrophale Erschütterungen alsbald zu überwinden [65].

3. Die beiden wichtigsten Dokumente der christlichen Romidee wurden, wie schon angedeutet, durch die Eingabe des Symmachus hervorgerufen. Ambrosius protestierte unverzüglich; er suchte die Argumente des Gegners in einem ausführlichen Schreiben zu widerlegen [66]. Symmachus hatte die greise Göttin Roma auftreten lassen und ihr, um die Beibehaltung des althergebrachten Kultes zu motivieren, die Worte in den Mund gelegt: „Allzu spät und schmachvoll ist's, das Alter zu bessern." [67] Ambrosius übernimmt die Personifikation; sie erklärt bei ihm, daß sie ihren Irrtum bereue, daß sie nicht erröte, sich in hohem Alter mitsamt dem ganzen Erdkreis zu bekehren, daß es keine Schmach sei, sich Besserem zuzuwenden [68]. Ambrosius macht sich also das Stichwort ‚Besserung' zu eigen; er deutet es in die christlichen Kategorien der Pönitenz und Konversion um und knüpft daran eine bestimmte Geschichtsauffassung, die Idee des Fortschritts. So der Kerngedanke des Briefes; er wird einerseits ein-

geschränkt und andererseits für zwei historische Gegenstände nutzbar gemacht. Die Einschränkung gilt dem irdischen Geschick der einzelnen Person; in diesem Bereich will Ambrosius an der zyklischen Auffassung der Antike, am Auf und Ab, am Wechsel, an der Evidenz der Hinfälligkeit festgehalten wissen [69]. Das antizyklisch-teleologische Prinzip aber wird nicht nur auf die büßende und sich bekehrende Roma, sondern ebenso, in einer anderen Partie des Briefes, auf die christliche Kirche, auf die Ausbreitung des Glaubens, angewandt [70]. Mit anderen Worten: die Christianisierung des römischen Reiches stellt sich dem Bischof als der Kreuzungspunkt zweier aufeinander zustrebender Entwicklungslinien dar; das Reich ist nicht, wie einst bei Origenes, die Voraussetzung, sondern das Ziel der gottgewollten Ausbreitung des christlichen Glaubens. Rom geht in der Kirche oder die Kirche in Rom auf; das dominierende Motiv dieser teleologischen Romauffassung ist das Prinzip der Bekehrung, also der Gedanke einer epochemachenden Erneuerung [71].

Knapp zwei Jahrzehnte später, im Jahre 402 oder 403, machte Prudenz den Streit um den Victoria-Altar zum Gegenstand seines Lehrgedichts *Contra Symmachum* [72]. Er knüpfte hierbei an die ambrosianische Epistel an; zugleich zog er von überallher traditionelle Motive an sich und fügte sie zu einem neuen, durchaus eigenartigen Rombilde zusammen [73]. Darin tun sich zwei Konstituenten besonders auffällig hervor: erstens die Radikalisierung des von Ambrosius eingeführten teleologischen Prinzips, zweitens eine weitere Stufe der Annäherung von Rom und Christentum. Die Idee des Fortschritts läßt nirgends mehr für zyklische Abläufe Raum; Prudenz hat versucht, die gesamte römische Vergangenheit als einen einzigen Zusammenhang zu begreifen, der profan- und kirchengeschichtliche Ereignisse schier fugenlos ineinander übergehen läßt. Als die Triebfedern des Prozesses galten ihm einerseits die römische Tüchtigkeit, andererseits die Vorsehung Gottes; die Epoche von den Anfängen bis zur Zeit des Augustus wird als Suche nach der richtigen Form des Regiments, des Kaisertums, gedeutet, und die folgenden Jahrhunderte stehen unter dem Zeichen der Suche nach dem richtigen Glauben. Die Schrift gegen Symmachus aktualisiert in starkem Maße Vorstellungen der römischen Klassik, das augusteische Sendungsbewußtsein und den imperialistischen Romgedanken; Prudenz hat diese Motive nur notdürftig in ein christliches Gewand zu kleiden gewußt [74]. Zwar findet in dem Gedicht auch das Bild der sich bekehrenden Roma eine Stelle; es ist sogar zu der kühnen Vorstellung der sich verjüngenden Gestalt, der sich wieder blond färbenden Haare gesteigert[75]. Indes nimmt der alles beherrschende Generalnenner Rom mit seinem optimistischen Schema der Zielstrebigkeit dem epochalen Erneuerungsgedanken vieles von seiner Überzeugungskraft. Das zweite Grundmotiv, die Annäherung von Rom und Christentum, gibt Gelegenheit zum Preis der zivilisatorischen Errungenschaften; der Dichter verherrlicht in claudianischen Tönen die Rechtseinheit, die Freizügigkeit und Aufhebung aller Distanz, kurz, die Identifikation von urbs und orbis. Diese Hinweise dienen jedoch bei ihm als Prämissen für eine überaus kühne Folgerung: er will das Reich nicht allein als die äußere Voraussetzung oder das äußere Ziel des christlichen Glaubens und seiner Ausbreitung verstanden wissen; er behauptet vielmehr, daß Rom einen Wesenszug des Christentums vorweggenommen habe, daß es ihm im Wesen gleiche. Denn Rom habe, so argumentiert der Dichter, wohin es auch vordrang, seine Gesetzgebung und seinen Frieden gebracht; hierdurch sei der Menschheit eine Gesittung auferlegt worden, die sie überhaupt erst für die Religion der Liebe empfänglich gemacht habe[76].

Mit dieser Deutung Roms als Praeparatio evangelica erreichte die Identifikation von Heidnischem und Christlichem, zugleich die Verquickung von irdischer Geschichte und christlichem Heilsplan, einstweilen ihren Höhepunkt. Rasch folgte die Ernüchterung derer, die ähnlich denken mochten wie Prudenz. Im Jahre 410 wurde Rom von den westgotischen Horden Alarichs verwüstet. Dieses Ereignis rief auf heidnischer wie auf christlicher Seite eine Betroffenheit hervor, die seine historische Bedeutung erheblich übertraf. Es erlangte dadurch eine fast epochale Dignität, daß es die Stimme Augustins provozierte, der sich bis dahin so gut wie gar nicht zum Thema Rom geäußert hatte. Augustin erkannte, daß der Romglaube, wie ein Prudenz ihn formuliert hatte, ein für die christliche Lehre gefährliches Bündnis von politischer und religiöser Heilserwartung ausmachte. Einige seiner Predigten und zumal sein Hauptwerk, die *Civitas Dei*, stellten sich die Aufgabe, die geheimen Positionen heidnischen Immanenzdenkens freizulegen, die sich in christlicher Hülle der Christen bemächtigt hatten, und Rom rigoros in den profanen Bereich zurückzuverweisen[77]. Rom wurde als Machtstaat, als Produkt unsittlicher Ruhm- und Herrschsucht entlarvt und die Gültigkeit des Ewigkeitsdogmas bestritten; selbst die Verehrung für die Apostel- und Märtyrerstadt unterlag der relativierenden Kritik [78]. Vielleicht hätte die lateinische Kirche das Schicksal des weströmischen Reiches geteilt, hätte nicht Augustin jenseits aller irdischen Wohlfahrt eine Auffangsposition für sie geschaffen, die ihr den Fortbestand inmitten einer zerfallenden Welt ermöglichte; paradoxerweise hätte er dann wider seinen Willen dazu beigetragen, daß auch die von ihm bekämpften Ideen weiterlebten und einen bestimmenden Einfluß auf die politischen Vorstellungen des Mittelalters ausübten.

Überblickt man das Ganze der spätantiken Romidee, so bewährt sich der Erfahrungssatz, daß die weltanschaulichen Antagonisten einer Epoche einander näher stehen, als ihnen selbst bewußt ist. Die christliche wie die heidnische Seite operierte mit einer Vielfalt überkommener Motive, und man suchte einander fast hektisch in der Pracht der Rom-Entwürfe zu überbieten. Mißt man diese Panegyrik an der staatlich-politischen Realität, so tut sich freilich eine beträchtliche Diskrepanz auf. Der augusteische Herrschaftsgedanke hatte einst ebenso die bestehenden Verhältnisse reflektiert wie die Zivilisationsidee eines Aelius Aristides; die Wunschbilder des theodosianischen Zeitalters hingegen entbehrten geradezu jeglichen realen Fundaments, und die schier mystische Inbrunst, die aus allen Dokumenten spricht, steht in krassem Widerspruch zum Elend des spätantiken Zwangsstaates, dessen Kräfte erschöpft waren und der, weit entfernt, so etwas wie Freiheit zu garantieren, fast allen Gruppen der Reichsbevölkerung die härtesten Beschränkungen auferlegte [79].

Eine Idee wird indes nicht schon dadurch widerlegt, daß sie vor der gleichzeitigen Realität nicht zu bestehen vermag. Dieser Gesichtspunkt fordert gerade beim Romgedanken und seiner sich bis in die Neuzeit erstreckenden Macht Beachtung. Andererseits hat die Gegenwart das Recht, nach ihrer Beziehung zu der komplexen Vorstellung ‚Rom‘ zu fragen. Die Antwort ergibt sich aus dem Dargelegten: wichtige Komponenten der Romidee sind für die heutige Zeit unannehmbar, und man sollte sich davor hüten, durch eine teils illusionistische, teils erbauliche Darstellungsweise über diese Fremdheit hinwegzutäuschen. Doch hat sich wohl auch gezeigt, daß die ältere Forschung geneigt war, gerade die Elemente zu übersehen, die auch gegenwärtig noch einige Aufmerksamkeit beanspruchen dürfen. Hierzu gehört das Faktum, daß der nationale und imperialistische Romgedanke der Augusteer bereits anderthalb Jahrhunderte später durch eine übernationale Zivilisationsidee ersetzt wurde und daß gerade diese Vorstellung in der Rom-Panegyrik der Spätantike eine vielfältige Resonanz gefunden hat; hierzu gehören überhaupt die rationalen und demokratischen Komponenten des Rombildes: das Ideal der Freiheit, Rechtsgleichheit und sozialen Sicherheit, kurz, Rom als Inbegriff einer humanen Kultur.

Die Brücke zwischen den Zeitaltern

Zur Blüte der Bodenseeklöster im 9. und 10. Jahrhundert

1

Um die Wende des 5. zum 4. vorchristlichen Jahrhundert zogen wandernde Keltenstämme von Süddeutschland aus über die Alpen nach Italien. Ein Haufe drang bis nach Rom vor. Er schlug die Römer im Jahre 387 v. Chr. an der Allia, einem Nebenfluß des Tiber. Die Stadt konnte nicht behauptet werden. Die wehrhafte Mannschaft verschanzte sich auf dem Kapitol; die Frauen und Kinder suchten Schutz in den benachbarten Orten; die heiligen Gerätschaften wurden nach Caere gebracht. Einzig ein paar Greise – so berichtet Livius, der römische Historiker aus der Zeit des Augustus [1] – ehrwürdige Aristokraten, ehemalige Konsuln und Feldherren, beteiligten sich nicht an der allgemeinen Flucht. Sie wollten zugleich mit der Stadt untergehen. Sie begaben sich in ihre Häuser, legten ihr Festgewand an und nahmen, ihr Elfenbeinzepter in der Hand haltend, auf ihren Amtssesseln Platz. So erwarteten sie regungslos den Tod.

Im Jahre 926 n. Chr. zog wieder einmal, wie schon so oft in den Jahren zuvor, ein Reiterschwarm der Ungarn von der Theißebene aus durch Bayern plündernd und sengend ins Schwabenland. Abt Engilbert von St. Gallen traf seine Vorkehrungen, als er vom Nahen der Feinde erfuhr. Man stellte Waffen her, man errichtete auf einem steilen Hügel an der Sitter eine Fluchtburg, in die man die heiligen Gerätschaften brachte. Die Greise und Kinder wurden zu Schiff nach Wasserburg gefahren und die kostbare Bibliothek ins Nachbarkloster auf der Reichenau. Als auch die wehrhaften Mönche das Kloster räumten, sich in der Fluchtburg zu verschanzen, da – so berichtet Ekkehard IV., der Fortsetzer der St. Galler Chronik aus der Zeit König Heinrichs III. [2] – da weigerte sich einer der Brüder mitzuziehen. Er hieß Heribald und war ein wenig schwachsinnig. „Mag fliehen, wer will", erklärte er, „mir hat der Kämmerer in diesem Jahre noch kein Leder für Schuhe gegeben; ich will nicht fliehen." Alles Zureden half nichts: Heribald blieb allein im Kloster zurück und wartete unerschrocken – imperterritus, schreibt Ekkehard – auf die Ungarn.

Im Jahre 1855 verfaßte Joseph Victor von Scheffel den historischen Roman *Ekkehard*. Als wichtigste Quelle diente die St. Galler Chronik. Ausgangspunkt für die fingierte Haupthandlung, für die Geschichte von der unglücklichen Liebe zwischen der Schwabenherzogin und dem Titelhelden, war der Bericht, die Herzogin sei auf ihren Wunsch von Ekkehard – es handelt sich um Ekkehard II., mit dem Beinamen „der Höfling" – in den Wissenschaften unterwiesen worden. Den Ungarnsturm hat der Schriftsteller des 19. Jahrhunderts auf die Reichenau verlegt; im übrigen hält er sich ziemlich genau an die Darstellung der St. Galler Chronik. Die Episode von Heribald wird breit ausgemalt [3]. „Fliehe, wer will", erklärt der Schwachsinnige auch bei Scheffel, und es folgt das Motiv von den Schuhen. Heribald bleibt also zurück und treibt – so will es der Verfasser des Romans – in dem öden Kloster allerlei Unfug. Als aber drüben am weißsandigen Ufer eine Staubwolke aufwirbelte, Gestalten von Roß und Reitern sichtbar wurden, da – fährt Scheffel fort – sei ein neuer Einfall durch Heribalds Gemüt geflogen: „Bin ich nicht in der Klosterschule" (läßt Scheffel den Schwachsinnigen zu sich sagen) „über den Geschichten des Altertums gesessen und hab' gehört, wie die römischen Senatoren der senonischen Gallier Einbruch erwartet? Den Mantel umgeschlagen, das Elfenbeinzepter in der Faust, saßen die Greise in ihren Stühlen, unbewegten Auges, wie eherne Götzenbilder; der lateinische Lehrer soll uns nicht umsonst vorgepredigt haben, das sei ein würdiger Empfang gewesen! Heribald kann's auch!"

Nicht nur der Narr hat in Scheffels Ekkehard so eifrig die lateinischen Klassiker gelesen, nicht nur er weiß die Lehren, die er daraus empfing, so trefflich anzuwenden. Ziemlich zu Beginn des Romans spricht der Titelheld zu seiner künftigen Schülerin die programmatischen Sätze [4]: „Glaubt mir, Herrin, es tut in allen Lebenslagen wohl, sich bei den Klassikern Rats zu erholen; lehrt uns nicht Cicero auf den verschlungenen Pfaden weltlicher Klugheit den rechten Steg wandeln? Schöpfen wir nicht aus Sallust und Livius Anweisung zu Mannesmut und Stärke, aus Virgils Gesängen die Ahnung unvergänglicher Schönheit? Die Schrift ist uns Leitstern des Glaubens, die Alten aber leuchten zu uns herüber wie das Spätrot einer Sonne..." usw.

Scheffels Roman enthält nicht nur Fakten, die der St. Galler Chronik und anderen Quellen entstammen, nicht nur Fiktionen, die als Fiktionen gemeint sind und als Fiktionen verstanden werden wollen, er enthält auch Perspektiven, Tendenzen, deutende Klammern, die der vom Autor behandelten Zeit, dem frühen Mittelalter, fremd, jedoch der Zeit und der Schicht, für die der Autor schrieb, dem humanistisch gebildeten Bürgertum des 19. Jahrhunderts, um so vertrauter waren. Hier ist eine derartige Tendenz: Heribalds von livianischer Römertugend genährter Heroismus stimmt nicht zu einem Mönch des 10. Jahrhunderts, wohl aber zu einem Gymnasiasten und Freiwilligen des Ersten Weltkrieges; Ekkehards Bekenntnis zu den Klassikern klingt, als sei es von einem Gymnasialprofessor der wilhelminischen Ära gesprochen worden. Was ein Victor von Scheffel am humanistischen Gymnasium traktieren mußte, war nicht selten durch einige wenige oder – wie Tacitus – nur durch eine einzige Handschrift bewahrt geblieben: der Leseplan der mittelalterlichen Klosterschule sah anders aus; Livius und Cicero spielten dort keine Rolle, und Vergil wurde nicht um seiner unvergänglichen Schönheit willen genossen, sondern als Prophet und Künder verborgenen Tiefsinns auf die wunderlichste Weise allegorisch ausgelegt.

Die Rückprojektion des eigenen Bildungshorizontes ist nicht die einzige Tendenz, die Scheffels historischer Roman erkennen läßt. „Ein Stück nationaler Geschichte" solle erzählt werden, verkündet der Autor im Vorwort; demgemäß stellt er dem Leser die Szenerie seines Romans als „südwestliches Deutschland" vor, als „ein schönes Stück deutscher Erde" [5], und aus diesem Grunde verlegt er den Ungarnsturm vom schweizerischen St. Gallen auf die deutsche Reichenau. Dort aber – in Deutschland – huldigt man bereits im 10. Jahrhundert denselben politischen Vorstellungen wie im neunzehnten: Kaiser Karl der Dicke, jener Karolinger, der zum letzten Male auf kurze Zeit das gesamte Frankenreich unter seinem Zepter vereinigt hatte (in den Jahren 885–887), der abgesetzte Kaiser Karl haust – so will es die Phantasie des Dichters – in der Heidenhöhle bei Überlingen als eine Art nationalen Orakels, und dieses Orakel kündet von der Verderbnis der gegenwärtigen Zwietracht und von der Größe und Herrlichkeit des einst unter einem starken Kaiser geeinten Reiches [6]. In der Ungarnschlacht – sie ist ganz und gar Fiktion, denn die historischen St. Galler Mönche dachten nur an Flucht und Notwehr – in dieser Schlacht bewährt sich der Deutschen heldisches Kämpfertum, ihre ungefüge Kraft behauptet sich siegreich im Streit gegen die Behendigkeit und List einer rohen Nation, deren häßliche Gestalten eine ununterscheidbare Masse ausmachen und deren Gesang wie Eulenschrei und Unkenruf klingt [7].

Man könnte den Katalog der Rückprojektionen fortsetzen: auch der Vorgang des Dichtens (Scheffel läßt ja gleichsam unter den Augen des Lesers das Walthariuslied entstehen) wird mit den Kategorien der Romantik, nicht mit denen des Mittelalters geschildert [8]. Einer solchen Fortsetzung bedarf es nicht. Das Angedeutete genügt für die Feststellung: Scheffels Roman bietet ein ‚Bild deutscher Vergangenheit' dar; dieses Bild enthält allerlei Motive, welche dem Leser jene Vergangenheit schmackhaft machen sollten und bis vor kurzem – jedenfalls im heutigen Deutschland – wohl auch schmackhaft gemacht haben. Aber die Wirklichkeit war anders, sie war fremder und bot kaum Handhaben für alle die Identifikationen, zu denen die Schmeichelkunst des Romanschriftstellers den Leser einlädt. Diese Bemerkung gilt besonders für den nationalen Aspekt. Das frühe Mittelalter wußte noch nichts von deutschem Wesen; ihm war weder die *Germania* des Tacitus bekannt noch hatte es Fichtes *Reden an die deutsche Nation* vernommen [9]. Es wußte auch wenig oder nichts von dem politischen Begriff ‚Deutsches Reich'. Gewiß, man kannte die Vokabel theodiscus, „volkstümlich", „deutsch" – sie erscheint im Jahre 786 zum ersten Male in den Quellen. Sie bezeichnete aber lediglich die Volkssprache, im Gegensatz zum Lateinischen, zur Sprache der Kirche und des Staates. So verwendet noch Ekkehard IV. in seiner Chronik das Wort teutonicus. Man kannte weiterhin schon im 10. Jahrhundert den Begriff regnum Teutonicorum; man verwendete aber ebensogut die Bezeichnung regnum Francorum orientalium, „Reich der Ostfranken" – die Karolingische Epoche hat bis ins hohe Mittelalter nachgewirkt. Meist aber redete man schlicht vom rex und von den Herzogtümern; so vermeldet z. B. Ekkehard IV. die Wahl König Heinrichs I. (im Jahre 919) mit den Worten: „Heinrich wird nach gemeinschaftlichem Beschluß der Sachsen und Franken zum König erhoben." [10]

Es gab im Mittelalter auch Mönche, die klassische Autoren lasen, und das mittelalterliche Leben im deutschen Kulturbereich hatte seit Anbeginn oder nahm im Laufe der Zeit auch Züge an, die sich als spezifisch deutsch bezeichnen lassen. Indes, das Mittelalter war zuallererst und hauptsächlich Mittelalter, und das bedeutet: es war christlich, wenn man auf die heute kaum noch verständliche Omnipotenz blickt, die der christliche Glaube auf jegliches Denken und Trachten ausübte; es war lateinisch, wenn man das allen denen, die Schreibwerk verrichteten, gemeinsame Idiom in Betracht zieht; es war feudalistisch, wenn man sich der allenthalben fraglos hingenommenen Sozialstruktur zuwendet.

Die folgenden Bemerkungen gelten den Bodenseeklöstern St. Gallen und Reichenau, sie gelten ihrer Blüte in karolingischer und ottonischer Zeit, im 9. und 10. Jahrhundert. Sie sollen indes nicht oft Geschildertes wiederholen und weder bei den erhaltenen Baudenkmälern oder Handschriften verweilen noch einzelne Gelehrte oder Dichter, wie Walahfrid, Notker oder die Ekkeharde porträtieren. Die folgenden Bemerkungen gelten also den Bodenseeklöstern vor allem mittelbar: sie wollen ein paar allgemeine Züge des frühmittelalterlichen Klosters andeuten sowie die epochebedingten Voraussetzungen und Ziele skizzieren, denen alles Tun und Treiben im frühmittelalterlichen Kloster verhaftet war. Hierbei sollen nicht die Scheffelschen Kategorien (klassische Bildung und deutsches Empfinden), sondern die soeben angedeuteten als Bezugspunkt dienen, also – da es um Klöster geht, und nicht um das Funktionieren weltlicher Herrschaft – der christliche Glaube und die lateinische Literatur, oder in einem Begriffe: die Bildung des frühmittelalterlichen Klosters. Erst wenn ein paar allgemeine Prämissen und Zusammenhänge genannt sind, erst dann kann legitimerweise der Versuch unternommen werden, die beiden freund- und mitunter auch feindnachbarlichen Klöster in ihrer Besonderheit zu würdigen, gleichsam die Summe ihrer geschichtlichen Leistung zu ziehen und darzutun, weshalb man gerade sie mit einigem Recht als Glied in der Kette europäischer Kontinuität, als Mittler und Brücke zwischen den Zeitaltern bezeichnen könnte.

Die Klosterschule ist über ein halbes Jahrtausend – vom 6. bis zum 12. Jahrhundert – wenn nicht die einzige, so doch die wichtigste

Bildungsinstitution Europas gewesen. Allerdings gab es auch an den Sitzen der Bischöfe Schulen, die Dom- oder Kathedralschulen, und an einem Orte, in Paris, ging hieraus um die Wende vom 12. zum 13. Jahrhundert die erste Universität hervor – womit eine neue Epoche in der europäischen Bildungs- und Wissenschaftsgeschichte begann. Gleichwohl war die Klosterschule die eigentliche Säule der frühmittelalterlichen Bildung, zumal im ostfränkischen Gebiet, das noch keine städtischen Mittelpunkte hatte. Gerade die Klöster traten mit ihren Schulen in einen fruchtbaren wechselseitigen Wettbewerb, und gerade an Klöstern konnten sich – wie im Falle St. Gallens und der Reichenau – besondere und besonders anspruchsvolle Schultraditionen von jahrhundertelanger Dauer einstellen.

Es ist nun gar nicht leicht, diese Einrichtung – die Klosterschule – freundlich zu beurteilen. Gewiß, man kann das Auge an den einzelnen schönen Dingen erquicken, die sie hinterlassen hat: an den Handschriften, Miniaturen, Elfenbeinschnitzereien usw. Aber damit täuscht man sich nur ästhetisch über die eigentliche Schwierigkeit hinweg. Allzu gleichförmig – so will es jedenfalls dem rückblickenden Betrachter erscheinen – ging es an der Klosterschule zu; man pflegte dort die Tradition und nichts als die Tradition; man war einzig und allein darauf erpicht, einer vorgegebenen Norm, einem unveränderlichen Standard zu genügen, und was darüber hinausging, gleichsam die Zufallsprodukte einzelner origineller Köpfe, blieb resonanz- und folgenlos. Kurz, der Klosterschule fehlte es an Elan und an Dynamik, fehlte der Wille zu bessern oder doch zu ändern – fehlten die Züge, durch die sich nicht erst der Humanismus der beginnenden Neuzeit, sondern schon die Scholastik des hohen und späten Mittelalters auszeichneten. Vielleicht wird man der Klosterschule, ihrem – gemessen an dem, was vorausging, und an dem, was folgte – reduzierten Standard, am ehesten gerecht, wenn man sie als das Instrument einer großen Lernzeit Europas betrachtet, einer Zeit, deren die jungen Völker bedurften, sich wenigstens mit den elementaren Grundlagen des aus der Antike Überkommenen vertraut zu machen, ehe sie – vom hohen Mittelalter, von der Scholastik an – versuchen konnten, darüber hinauszuwachsen.

Und zu einem Teil war die Klosterschule gleichsam das Puppenstadium antik-europäischer Kontinuität. Sinnfällig wird dieses Merkmal durch das formale Gebot des Abschreibens von Handschriften, dadurch, daß man, diesem Gebote der Mönchsregel folgend, Werke

kopierte, die man gar nicht verstand – zu Nutz und Frommen einer
unbekannten Zukunft, die sie vielleicht einmal verstehen würde.
Für die humanistisch-klassizistische Phase der europäischen Neuzeit
war dieser merkwürdige Dienst am Wort, den die Klosterschule
verrichtet hat, Grund genug zu ihrer Rechtfertigung; die der Auseinandersetzung mit der Antike vielleicht endgültig entwachsene
Moderne aber darf daran erinnert werden, daß sich jenes von der
Klosterschule nicht benutzte, sondern einfach weitergegebene Kapi-
tal nicht nur auf Literatur und Philosophie, sondern auch auf die
Wissenschaften erstreckte; die Medizin z. B. hat erst vor etwa hun-
dertfünfzig Jahren den antiken Höchststand (wie er in den einschlägigen Werken fixiert war) erreicht und überschritten.

Wenn man nun die frühmittelalterliche Klosterschule, jenes Pup-
pen- und Lernstadium Europas, sowie die von ihr vermittelten Inhalte und die von ihr erstrebten Ziele verstehen will, so darf man
einen weiten Umweg nicht scheuen: man muß den Blick rückwärts
wenden bis zur sogenannten Spätantike. Hier aber darf man sich
durch die seit den Tagen der italienischen Humanisten gängige Auffassung nicht täuschen lassen – durch jene Auffassung, die da lehrt,
die Spätantike sei eine Zeit des Verfalls gewesen. Diese Auffassung
ist falsch oder zumindest einseitig. Wahrscheinlich tut man der
Spätantike schon darin Unrecht, daß man sie überhaupt zur Antike
zählt. Wenn auch der römische Staat noch fortbestand, so war es
doch ein Staat, der mit seinem antiken Vorgänger außer seinem Ter-
ritorium so gut wie nichts gemeinsam hatte [11]. Vor allem aber erfuhr damals, im 3. nachchristlichen Jahrhundert, zu Beginn der sogenannten Spätantike, die menschliche Mentalität einen tiefen
Wandel, den tiefsten, den sie im Okzident wohl je erfahren hat: ein
radikales Ungenügen an der greifbaren Wirklichkeit, ein ungeheurer
Hunger nach Transzendenz bemächtigte sich der Gemüter; die
orientalischen Erlösungsreligionen, allen voran das Christentum, sowie – unter den Gebildeten – die denselben Ansprüchen genügende
Philosophie des Neuplatonismus breiteten sich sprunghaft aus.

Das Mittelalter wußte nicht, daß es Mittelalter sei; es wußte nur,
daß die Menschen einst Heiden waren und dann Christen wurden,
daß die christliche Ära die heidnische abgelöst habe. Diese Optik
wird den Tatsachen eher gerecht als die von den italienischen Humanisten etablierte, und so sei auch hier angenommen, daß die
Spätantike zum Mittelalter gehört, daß sie geradezu das Fundament

des Mittelalters gelegt hat. Die Spätantike begann im 3. und endete im 7. Jahrhundert [12]. Ihren Höhepunkt erreichte sie zur Zeit der großen Kirchenlehrer Ambrosius, Hieronymus und Augustin, also in der zweiten Hälfte des 4. Jahrhunderts. Was folgte, wurde durch die sogenannte Völkerwanderung und den Zusammenbruch der westlichen Reichshälfte wenig beeinflußt; man kann das 5. und 6. Jahrhundert mit einer sanft abwärts geneigten Ebene vergleichen, die erst zu Beginn des 7. Jahrhunderts einem jähen Abgrund Raum gab.

Diese Epoche nun hat ziemlich alles hervorgebracht, wovon das Mittelalter – jedenfalls das frühe – zehrte. Sie war erstens die Schöpferin der christlichen Theologie (oder Philosophie, wie sie sich damals nannte), genauer: sie hat dem Okzident die griechische Theologie vermittelt und ihr hierbei, wie zumal das Beispiel Augustins zeigt, eigene Züge aufgeprägt. Sie war zweitens die Schöpferin der christlichen Dichtung, der liturgischen sowohl als auch der außerliturgischen, der für die Lektüre bestimmten; hier war sie es sogar im strengen Sinne, denn der griechische Osten kannte kaum Ähnliches, und der Reichtum an poetischen Formen und Stoffen sollte stets ein unterscheidendes Merkmal der lateinischen Christenheit bleiben. Die Spätantike hat drittens die Kirche, ihre Organisation und ihre Einrichtungen geschaffen; sie hat ferner (was gerade in diesem Zusammenhang von Belang ist) die vom Osten ausgehende asketische Bewegung und mit ihr das Kloster übernommen – das Kloster, dem Benedikt von Nursia im 6. Jahrhundert die bleibende Form verlieh. Die Spätantike hat sich schließlich intensiv mit der heidnischen Tradition auseinandergesetzt; sie hat einen aus heidnischen und christlichen Elementen gemischten Kanon christlicher Bildung konstituiert und alle Kompendien, alle Lehrbücher verfaßt, deren man zur Weitergabe dieses Kanons von einer Generation auf die andere bedurfte.

Gott habe die Weisheit dieser Welt zur Torheit gemacht, lehrte Paulus [13], und hieran hielt sich auch das früheste Christentum: es lehnte die heidnische Bildung auf das Entschiedenste ab; es vermied jeden Umgang mit der heidnischen Philosophie und Literatur. Von diesen Anfängen ist stets einiges lebendig geblieben: die Ängste und Zweifel, die Skrupel und Gewissensbisse, ob man sich nicht zu viel mit heidnischer Wissenschaft abgebe, durchziehen als ein ständig wiederkehrendes Motiv die gesamte spätantike und mittelalterliche

Tradition. Gleichwohl erzwangen die Verhältnisse in der Sache erhebliche Konzessionen. Vom ausgehenden 2. Jahrhundert an erkannten die Christen, daß sie ohne die philosophischen Begriffe und ohne die literarischen Formen der Heiden ihren Glauben nicht darzustellen, nicht mitzuteilen und nicht auszubreiten vermochten, und sie begannen, sich von der heidnischen Bildung anzueignen, was immer ihnen für ihre Zwecke dienlich schien. So entstand die christliche Bildung. Ihr heidnisches Fundament waren vor allem die sogenannten Künste des freien Mannes, die Artes liberales, deren erst in der Spätantike (zumal von Augustin) kanonisierte Siebenzahl sich in das sprachliche Trivium (Grammatik, Rhetorik, Logik – auch Dialektik genannt) und das mathematische Quadrivium (Geometrie, Arithmetik, Astronomie und Musiktheorie) gliederte. Das christliche Ziel der christlichen Bildung war das Verständnis der heiligen Schrift. Nach diesem Ziel bemaß sich der Umfang heidnischer Bildungsgegenstände: man bedürfe der Artes, und zumal der mathematischen Disziplinen, um der Seele den Aufstieg vom Sinnlichen zum Unsinnlichen, vom Zeitlichen zum Ewigen zu ermöglichen – so lautete die weitherzigere, dem Platonismus verpflichtete Rechtfertigung; man müsse sich in den Artes, und zumal in den sprachlichen Disziplinen auskennen, da die Bibel vielerlei literarische, rhetorische und logische Phänomene sowie eine Fülle von Realien aus den Bereichen der Geographie, Geschichte, Botanik usw. enthalte – so klang eine engere und hausbackenere Legitimation.

Im lateinischen Westen hat Augustin das meiste für die Theorie der christlichen Bildung und Boethius das meiste für geeignete Lehrbücher getan; Cassiodor aber war der bedeutendste Organisator. Dieser Mann hatte dem Ostgotenherrscher Theoderich als Minister gedient; um das Jahr 540, während des furchtbaren Krieges, den Kaiser Justinian gegen die Ostgoten entfesselt hatte, zog er sich auf seine Güter im südlichen Italien zurück. Er gründete dort ein Kloster, Vivarium geheißen (was eigentlich „Fischteich" oder „Tiergarten" bedeutet). Sein wichtigstes Verdienst besteht darin, daß er zwei Dinge, die bislang nebeneinander existierten, miteinander verbunden hat: die christliche Bildung und das Kloster – er verschaffte dieser Bildung ein Gehäuse, das sie für sechs Jahrhunderte behalten sollte. Das Vivarium wurde bald nach dem Tode Cassiodors zerstört; die dort zum ersten Male realisierte Konzeption aber konnte überleben und weiterwirken, da ihr Schöpfer sie auch literarisch festgehalten hatte: in den *Institutiones,* einem Studienführer, der einerseits die für die „Gotteswissenschaft" erforderlichen Hilfsmittel (die Kommentare zu den biblischen Schriften) aufzählt und andererseits einen Überblick über die propädeutischen „weltlichen Wissenschaften" (die sieben Künste) vermittelt.

Während des 7. Jahrhunderts herrschten chaotische Zustände auf dem europäischen Kontinent. Man weiß wenig von dieser Zeit, weniger noch als von der zweiten schweren Krise, die das junge Europa erlebt hat: dem Hiat zwischen den Karolingern und den Ottonen. Man weiß immerhin so viel vom 7. Jahrhundert, daß sich das Merowingerreich, seine staatliche und kirchliche Organisation in völliger Auflösung befand, daß man einer totalen Anarchie zusteuerte. Und ebenso wie draußen in der staatlichen Wirklichkeit sah es drinnen in den Köpfen der Menschen aus: die wenigen Schriften, die damals verfaßt wurden, enthalten allerlei abstruse Phantastik; sie bekunden eine geistige Wirrnis, die man, wäre sie aus einem anderen Milieu hervorgegangen, mit psychiatrischen Kategorien deuten müßte [14].

In diesem trüben Jahrhundert war ein Randgebiet wenn nicht die einzige, so doch die wichtigste Brücke zwischen den Zeitaltern: Irland und Schottland. Hier hatte sich im 5. und 6. Jahrhundert ein blühendes Klosterwesen etabliert, das sich im Jahrhundert darauf auch über die angelsächsischen Lande ausbreitete. Abseits von aller Zerstörung und Auflösung verwaltete man dort das Erbe Benedikts und Cassiodors: man versah den Gottesdienst, man kopierte die Werke der christlichen und heidnischen Autoren und widmete sich emsig den göttlichen und weltlichen Wissenschaften.

Irischer Glaubens- und Bildungseifer, die irische Achtung vor dem Buch (dem man, wie manche Legende beweist, eine geradezu charismatische Kraft zuschrieb) griffen schließlich auf den Kontinent über. Eine erste Phase des Missionierens und des Klostergründens – um das Jahr 600 – war verfrüht: damals fehlte den Iren der Schutz der weltlichen Macht. So versuchte Columban, zu Luxeuil in Burgund ein Kloster einzurichten; er scheiterte, da der verwilderte fränkische Klerus die Konkurrenz nicht litt. So erbaute Gallus, der Begleiter Columbans, in der Nähe des später nach ihm benannten Ortes eine Einsiedelei; auch er brachte keine wirkungskräftige Einrichtung hervor: das eigentliche Kloster St. Gallen wurde erst im Jahre 720 von Othmar gegründet. Einzig Bobbio, das Kloster im Langobardenreiche, Columbans letzte Tat, war ein voller Erfolg; Bobbio nahm später in Italien denselben Rang ein wie zunächst Fulda, dann die Reichenau, St. Gallen und Korvei im östlichen Frankenreiche.

Um so bedeutsamer wurde die zweite Phase der iroschottischen und angelsächsischen Mission. Sie setzte zu Beginn des 8. Jahrhunderts ein; sie ging Hand in Hand mit dem Erstarken der fränkischen, nunmehr von den Karolingern repräsentierten Staatsgewalt; sie erreichte ihren ersten Höhepunkt unter Winfrid, genannt Bonifaz; sie gipfelte in der Kirchen- und Bildungsreform Karls des Großen. Dieser Prozeß – die Rezeption der christlichen Bildung durch das karolingische Frankenreich – ist nach der Grundlegung durch die Kirchenväter und nach der Vermittlung durch die iroschottischen Mönche der dritte und letzte, der hier kurz betrachtet werden soll: er hat dem gesamten Frühmittelalter die Konturen verliehen und ermöglicht somit eine historische Standortbestimmung der Bodenseeklöster.

Die Klöster der britischen Inseln brachten zwei Typen von Männern hervor: Gelehrte und Missionare. Der Angelsachse Winfrid begann als Gelehrter. Er leitete die Schule seines Heimatklosters; er verfaßte Schriften über Gegenstände der freien Künste. Dann entdeckte er, etwa vierzigjährig, seinen wahren Beruf. Der erste Versuch, die Bekehrung der Friesen, scheiterte; doch bald darauf, im Jahre 719, begann die Kette der Erfolge. Winfrid gewann den noch heidnischen Nordosten des Frankenreiches, Hessen und Thüringen, für die christliche Lehre; er gründete dort zahlreiche Klöster, insbesondere Fulda; die Leute und die Bücher, deren er hierzu bedurfte, kamen aus Britannien. Die weltlichen Gewalten, zuerst der Bayernherzog, dann die fränkischen Hausmeier (Pippin der Jüngere, der Vater Karls des Großen, sowie Pippins Bruder Karlmann) wurden auf ihn aufmerksam: so ging aus der Heidenmission die fränkische Kirchenreform hervor.

Winfrid hatte wacker zu tun; seine Briefe an den Papst entwerfen ein düsteres, vielleicht allzu düsteres Bild von den Zuständen, die er in den fränkischen Kernlanden antraf. Es gebe dort keine Synoden mehr und kein kanonisches Recht und keine aufsichtsführenden Metropoliten (Erzbischöfe), statt dessen gebe es, klagt Winfrid, einen habgierigen, unsittlichen, gänzlich verwilderten Klerus (concubinas quattuor vel quinque vel plures noctu in lecto habentes – „mit vier oder fünf oder noch mehr Konkubinen des Nachts im

106

Bette", meint Winfrid drastisch), gebe es einen Klerus, der in den Krieg ziehe und auf die Jagd gehe, der seine Tage mit Trinken und Prassen verbringe [15]. Und wie der intellektuelle Habitus dieses Klerus beschaffen war, das zeigt ein anderer Brief aus der Korrespondenz Winfrids; dort wird von dem Fall eines Priesters berichtet, der in Unkenntnis der lateinischen Sprache eine völlig unsinnige Taufformel verwendet hatte [16].

Winfrid hat die von ihm gerügten Mißstände, zumal die organisatorischen, beseitigt; an sein Werk knüpfte einige Jahrzehnte später Karl der Große an. Karl verstand seine Herrschaft, das regnum Europae, wie es mitunter genannt wurde [17], als Heilsanstalt: das Volk Gottes solle zu den Weidegründen des ewigen Lebens geführt werden [18]. Karl brauchte Helfer, die imstande waren, dieses Ziel zu verwirklichen, die den Glauben zu vermitteln, die die Kirche zu verwalten, die Urkunden anzufertigen vermochten. Für all dies kam einzig der Klerus und kam als Instrument lediglich die lateinische Sprache in Betracht. So erklärt sich der wichtige Schritt, mit dem Karl über Winfrid hinausging: jene Folge von Gesetzen, die man als karolingische Bildungsreform zusammenzufassen pflegt. Karl suchte die Ursachen des von Winfrid noch nicht gänzlich überwundenen Verfalls an der Wurzel zu treffen: Er konzipierte ein System von Schulen und machte die richtige Handhabung der lateinischen Sprache (nicht des ciceronischen, sondern des augustinischen Lateins) zu deren wichtigstem Gegenstand. An der Spitze stand die von Karl selbst beaufsichtigte Hofschule, allen als lebendiges Muster; dort lehrten die besten Köpfe nicht allein des Frankenlandes, sondern ganz Europas. Dann folgten die Kloster- und Domschulen, die eigentlichen Bildungszentren, die vor allem von Zöglingen der Hofschule geleitet wurden, und schließlich die Pfarrschulen, die es freilich nicht zu besonderer Blüte brachten.

In dem von Karl errichteten Bau haben die folgenden Jahrhunderte gelebt. Karl sorgte überall für die Grundlagen: zunächst für eine einheitliche Schrift, die mit Recht so viel gerühmte Karolingische Minuskel, dann für verläßliche Texte der Bibel, des Meßbuchs, der Regel Benedikts und des kanonischen Rechts, weiterhin für gut ausgestattete Bibliotheken und für funktionierende Schulen. Mit der die Verständlichkeit gefährdenden Sprachverwilderung war es am Ende seines Regiments vorbei; man beherrschte das Lateinische; man pflegte die freien Künste, zumal die Grammatik und die Dialektik; man vernahm und begriff wieder die Theologie der großen Kirchenväter.

3

Der große Umweg, der von Augustin und Cassiodor über Winfrid zu Karl dem Großen geführt hat, ist nunmehr beendet. In das hiermit gegebene Bezugssystem sollen jetzt noch ein paar Anmerkungen über die Bodenseeklöster eingetragen werden. Abermals müssen einige grundsätzliche Hinweise genügen. Alles Detail, insbesondere die äußere Entwicklung St. Gallens und der Reichenau, findet man ausführlich in der einschlägigen Spezialliteratur dargestellt.

Hadwig, Herzogin von Schwaben – nicht die von ihren Gefühlen beherrschte Hadwig Scheffels, sondern die historische oder, vorsichtiger ausgedrückt, die Hadwig des sankt-gallischen Chronisten – schenkte ihrem Lehrer Ekkehard, wie es damals üblich war, allerlei von ihr selbst verfertigte Gewänder, darunter eine Alba, ein mäßig weites, bis zu den Füßen reichendes Unterkleid. Diese Alba, berichtet der Chronist, sei mit der Hochzeit der Philologie bestickt gewesen [19]. Das Mittelalter sprach gern in Bildern. Die Hochzeit der Philologie: dieses Sujet verweist auf ein im Mittelalter allbekanntes Schulbuch, das einst Martianus Capella, ein Zeitgenosse Augustins, verfaßt hatte. Es schildert in einer allegorischen Rahmenhandlung die Hochzeit Merkurs, des Gottes der Beredsamkeit, mit Philologia; Merkur schenkt seiner Braut die sieben Künste; diese aber stellen sich vor, sie zeigen, wer sie sind und was sie können – hierin, d. h. in einer kompendiarischen Einführung in das Trivium und Quadrivium, besteht der eigentliche Inhalt des Werkes. Hadwig setzte also in Goldstickerei um, was Ekkehard, genannt der Höfling, sie gelehrt hatte – man darf übrigens annehmen, daß sie eine eifrige, um der Sache willen sich bemühende Schülerin gewesen ist. Sie gehörte zu den bedeutenden gelehrten Frauen des 10. Jahrhunderts, wie sie sich zumal in der Umgebung der sächsischen Kaiserinnen zeigen; sie selbst war eine Nichte Ottos I., und ihre Schwester, die Äbtissin von Gandersheim, hatte Roswitha, die vielgerühmte Dichterin des ottonischen Zeitalters, in den Wissenschaften unterwiesen.

Zurück an den Bodensee. Die Geschichte von der goldbestickten Alba soll eine fundamentale Tatsache illustrieren: das Lehrprogramm St. Gallens und der Reichenau, die Gegenstände und Ziele zeigen nicht die mindeste Abweichung von dem, was zwei Jahrhunderte zuvor die Iren und Angelsachsen auf den Kontinent gebracht und die Gesetze Karls des Großen sanktioniert hatten. Diese Geschichte soll weiterhin die folgende These plausibel machen helfen: die wichtigste Leistung der Bodenseeklöster, ihr eigentliches historisches Verdienst besteht nicht in den Literaturwerken, welche die Mönche St. Gallens und der Reichenau hinterlassen haben, nicht in den Gedichten Walahfrids, nicht in der geistlichen Lyrik Tutilos und Notkers des Stammlers, auch nicht im Walthariuslied des ersten Ekkehard und nicht einmal in der einzigartigen Übersetzungstätigkeit Notkers des Lippigen – sie besteht zuallererst in der Wahrung der Schulkontinuität. Diese nüchterne, vielleicht ernüchternde Feststellung gewinnt an Relief, wenn man die allgemeinen Zeitläufte mit den Geschicken der Bodenseeklöster vergleicht.

Das Jahrhundert vom Tode Karls des Großen bis zum Regierungsantritt Konrad I. (von 814 bis 911) ist ein Übergangszeitalter par excellence. Das Resultat der dieses Jahrhundert ausfüllenden Entwicklung läßt sich auf die Formel bringen, daß das fränkische Gesamtreich, das Werk der Karolinger, unterging und das ostfränkische, das deutsche Teilreich entstand. Dieser Prozeß vollzog sich vor dem düsteren Hintergrund einer allenthalben wirksamen, zunehmenden Destruktion, die ihren Höhepunkt um die Wende vom 9. zum 10. Jahrhundert erreicht hat. Die damalige, durch das Christentum geeinte Kulturwelt war noch klein; weder Skandinavien noch die slawischen Völker gehörten dazu, und Spanien befand sich großenteils in arabischer Hand. Diese Welt wurde schwer von außen her heimgesucht, von Raub- und Piratenvölkern, die noch nicht zu Seßhaftigkeit und staatlicher Ordnung gefunden hatten. In England begannen die Normanneneinfälle, und die dänisch-angelsächsischen Auseinandersetzungen bestimmten von nun an für Jahrhunderte die englische Geschichte. Das starke Regiment Alfreds des Großen vermochte zwar im letzten Viertel des 9. Jahrhunderts die Piraten abzuweisen – dieser Erfolg bewirkte indes, daß sie damals zur schlimmsten Plage des Kontinents, zumal der Rheingegend und Westfrankens, wurden. In Ostfranken aber setzten die nahezu alljährlichen Beutezüge der Ungarn ein; erst Heinrich I. machte den Verheerungen ein Ende, zunächst durch Tributzahlungen, dann durch wohlvorbereiteten Widerstand. Im südlichen Italien endlich hinterließen die Raubfahrten der Sarazenen furchtbare Spuren. Ebenso schlimm stand es mit den inneren Verhältnissen im Frankenreich. Italien verfiel der tollsten Anarchie; hier hat erst Otto I. wieder einige Ordnung hergestellt. In Westfranken etablierten sich gegen Ende des 9. Jahrhunderts die Königreiche Hoch- und Niederburgund, und das übrige Land litt bis ins 11. Jahrhundert unter feudaler Zersplitterung und einem ohnmächtigen Königtum. Einzig in Ostfranken blieben trotz des Erstarkens partikularer Gewalten, der neuen Stammesherzogtümer, leidliche Zustände gewahrt; daher ging es dort schon in den ersten Dezennien des 10. Jahrhunderts, unter Heinrich I., wieder aufwärts.

Die Geschicke der Bildungseinrichtungen spiegeln diesen Prozeß ziemlich genau wider. Mit dem Tode Karls hörte der Hof auf, die beherrschende Mitte zu sein; die Hofschule verlor rasch an Bedeutung, und die Gesetzgebung wurde nicht mehr für eine planmäßige Kulturpolitik verwendet. Gleichwohl erreichten oder übertrafen die Leistungen zunächst noch auf allen Gebieten das Beste, was unter dem Regiment Karls entstanden war: das Zentrum fehlte, aber zahlreiche Zentren zweiten Grades taten sich hervor; tüchtige Äbte zeigten mancherlei Initiativen, und im ganzen eignete dem Bildungs- und Wissenschaftsbetrieb unter Ludwig dem Frommen und dessen Söhnen eine größere Spontaneität und Mannigfaltigkeit als zuvor. Soweit es erlaubt ist zu generalisieren, kann man feststellen, daß in der westlichen Reichshälfte die besten wissenschaftlichen Köpfe – Theologen und Philologen – tätig waren; in Ostfranken hingegen herrschte eine etwas lederne Schulzucht – zumal in Fulda, unter Rhabanus Maurus –, dafür verstand man sich dort besonders gut auf Dichtung und Historiographie. Im letzten Drittel des 9. Jahrhunderts indes ging es mit dieser Spätphase rasch zu Ende. In Westfranken erlosch um das Jahr 900 jegliche literarische Produktivität, ja die Kontinuität der Schule war stark gefährdet, da sich die gesamte Kirche aufzulösen drohte. In den Bischofslisten zahlreicher Bistümer klaffen jahrzehntelange Lücken, und die Klöster wurden zum Spielball feudaler Machtinteressen. Diese Zustände provozierten zu Beginn des 10. Jahrhunderts die Reformbewegung von Cluny. Ostfranken bot ein weniger trübes Bild dar. Zwar hatte Fulda nicht mehr viel zu bedeuten. Doch inmitten des sich allenthalben bemerkbar machenden Zerfalls wahrten zwei Zentren einsam aufragenden Säulen gleich die Kontinuität: Korvei, dessen große Zeit damals begann, ein Vorzeichen des Aufstiegs von Sachsen, und vor allem die Bodenseeklöster.

Diese Klöster waren fast gleichzeitig in frühkarolingischer Zeit gegründet worden, St. Gallen – wie schon bemerkt – im Jahre 720, die Reichenau vier Jahre darauf. Während des 8. Jahrhunderts taten sie sich noch nicht besonders hervor, dann aber, unter Karl dem Großen und erst recht unter Ludwig dem Frommen, entfalteten sie eine Blüte, die zweieinhalb Jahrhunderte – bis in die Mitte des 11. Jahrhunderts – andauern sollte. Äußeres Zeichen war die Pflege der Dichtkunst, wie sie Abt Walahfrid der Schielende, zuvor Prinzenerzieher am Kaiserhof in Aachen, um 840 auf der Reichenau begründet hatte. In der zweiten Jahrhunderthälfte stand St. Gallen an der Spitze. Was dieses Kloster in seiner damaligen Umwelt bedeutet hat, das zeigt beispielhaft der Anlaß, der Notker den Stammler dazu bestimmte, Sequenzen zu dichten und hiermit eine der schönsten Gattungen mittelalterlicher Lyrik, die bald auch auf weltliche Gegenstände übertragen wurde, zu begründen. Ein Mönch, so läßt sich Notker selbst in der Einleitung seines Hymnenbuches vernehmen, sei aus seinem von den Normannen zerstörten Heimatkloster Jumièges (am Unterlauf der Seine) nach St. Gallen gekommen; er habe sein Antiphonar, seine Sammlung von liturgischen Wechselgesängen, mitgebracht; darin aber hätten sich Texte befunden, die man in Jumièges der Alleluia-Vokalise am Schluß des Graduale unterlegt habe. Das Prinzip sei ihm – Notker – nachahmungswürdig erschienen, und so habe er seine Sequenzen verfaßt [20]. Die Umwelt wußte, was sie an dem paradoxen, der Gesamtentwicklung strikt zuwiderlaufenden Flor der St. Galler Schule hatte: St. Gallen diente in den letzten Dezennien des 9. und in den ersten Dezennien des 10. Jahrhunderts als bevorzugte Ausbildungsstätte der damaligen Elite, nicht nur der kirchlichen, sondern auch der weltlichen, denn in den unschuldigen Zeiten vor dem Investiturstreit war beides weithin identisch. Zu den prominentesten Zöglingen gehörte Salomo III., Bischof von Konstanz und zugleich Abt von St. Gallen. Salomo, der erste Mann im Schwabenlande, spielte schon unter Arnulf und Ludwig dem Kinde eine gewichtige Rolle in der Politik; erst recht war er am Hofe Konrads I. – neben Hatto, dem Erzbischof von Mainz und einstigem Abt der Reichenau – maßgeblich an der Lenkung des Staates beteiligt.

Nunmehr ist wohl verständlich geworden, weshalb man die Bodenseeklöster eine Brücke zwischen den Zeitaltern nennen kann. Man würde sich gewiß einer Übertreibung schuldig machen, wenn man behaupten wollte, die Reichenau und St. Gallen hätten für die antik-europäische Kontinuität dieselben Dienste geleistet wie zwei bis drei Jahrhunderte zuvor die iroschottischen Klöster: Die Auflösung des Karolingerreiches zerstörte bei weitem nicht so gründlich die Substanz wie der Untergang der Merowinger. Gleichwohl besteht eine unverkennbare Analogie, und hierin, in der Wahrung der Schulkontinuität, scheint das eigentliche historische Verdienst der Bodenseeklöster beschlossen zu sein [21].

Die Germania des Tacitus
und das deutsche Nationalbewußtsein

1

Heinrich Böll ließ sich am 2. März 1979 in dem Wochenblatt „Die Zeit" über die *Germania* des Tacitus wie folgt vernehmen:
Der lateinische Text, dieses fast hauchdünne Teubner-Bändchen, umfaßt 26 Seiten; zieht man die umfangreichen Fußnoten ab, mögen 20–22 Seiten übrigbleiben: 22 Seiten für diesen schmalen Klassiker, der sich für mich als überraschend aktuell erwies.
Diese knappen Studien, fast aphoristisch, erweisen sich nach 1800 Jahren nicht nur als lesbar, sondern auch als lesenswert: immerhin eine der ältesten, wenn nicht die älteste Auskunft über unsere ‚Vorfahren'. Waren sie's wirklich? Sind nicht viele von ihnen ab-, andere zugewandert, hat sich nicht einiges ‚eingemischt' und ... natürlich ... sehr vieles verändert? Die einzigen, deren Stammesnamen noch heute erkennbar sind, sind die Chatten (Hessen) und die Sueben (Schwaben). Eines muß festgestellt werden: ‚häßlich' hat Tacitus diese nachmaligen Deutschen nicht gefunden; wild: ja; hatten manche rauhe Sitte, doch auch Herzlichkeit, waren gastfreundlich (wenn auch nicht immer ..., was verständlich ist ... gegen römische Besatzung), und sollen „alle das gleiche Aussehen" gehabt haben. Das bezweifle ich; derlei Täuschungen unterliegt man leicht bei fremden Völkern. „Die blauen Augen mit dem trotzigen Blick, das rötlich-blonde Haar und die hochgewachsenen Körper, die allerdings nur im Angriff besonders stark sind." Sangesfreudig waren sie auch, aber „der Gesang ist ihnen mehr ein Gleichklang tapferer Herzen als ein Zusammenklingen von Menschenstimmen. Vor allen Dingen ist ihnen darum zu tun, rauhe Töne und ein stoßweises Dröhnen hervorzurufen." Das klingt

113

nicht so ganz unvertraut, im Beben so mancher Männerbrust könnte sich da noch ‚echt' Germanisches erhalten haben.

Ganz anders ist es mit der ‚Faulheit'; da müßte mancher Entwicklungshelfer und -experte bei Tacitus Trost finden und sich mit Geduld wappnen ...

Die Klima-Angaben bei Tacitus treffen zum Teil heute noch zu ... Die Wälder waren Tacitus unheimlich ... Und natürlich: „Wer hätte sich denn entschließen sollen, unsere blühenden Provinzen in Kleinasien und gar Italien selbst zu verlassen, um nach Germanien auszuwandern? Nach jenem Teil der Erde, der so völlig bar ist aller landschaftlichen Reize, so rauh im Klima, trostlos zum Leben und trostlos zum Anschauen für jeden, dem er nicht gerade Heimat ist."

Nun, Heimat war's eben für die Cherusker und Bructerer, Sugambrer, Tencterer, Usiper ... und wie sie da alle geheißen haben, sie, aus denen später die ‚Deutschen' wurden; daß sie sich nicht widerstandslos einfach besetzen ließen, sollte die Römer, Soldaten und Beamte, nicht sonderlich überrascht haben, zumal ja – oh, Koran und Chomeini! – mit der Kultur und der Zivilisation der Eroberer auch ‚Verderbnis' nahte, jene ‚römische Verderbnis', die auch Tacitus, den Moralisten, beunruhigte. Lob der germanischen Frauen, Lob der germanischen Ehe, der Sittenstrenge. „Denn in Germanien lacht niemand über Laster, verführen und sich verführen lassen heißt dort nicht ‚dem Zeitgeist huldigen'." ...

Friedlich, Vorläufer der Kollaboration, angelockt und ‚angekränkelt' vom römischen Luxus, blieben sie links, trutzig rechts des Rheins, diese ‚Wilden' mit eigener Religion, eigenem Kult, eigenen Sitten, mit demokratischen Ansätzen in ihrem Gemeinwesen, wie sie wahrscheinlich in der damaligen Welt kaum zu finden waren. „Die Könige haben keine unumschränkte oder willkürliche Gewalt, und auch die Heerführer leiten mehr durch ihr Beispiel als auf Grund ihrer Befehlsgewalt." Thing, Rechtspflege, Wehrwesen, ... da ließe sich zitieren und belegen, daß diese nachmaligen ‚Deutschen' ihre Ordnungen hatten, wenn auch möglicherweise noch keine rechte ‚Ordnungspolitik'. ...

So, wie in dem zitierten Text, geht es noch eine Weile fort; der Rest braucht nicht zitiert zu werden, da er nichts grundsätzlich

Neues mehr enthält. Man ist fasziniert und beunruhigt zugleich, mit welcher Unbefangenheit ein Heinrich Böll – mit seiner gründlichen humanistischen Bildung – die taciteische *Germania* zu lesen und geistvoll darüber zu plaudern vermag: wenn selbst ein Böll diesem Text so gegenübersteht, wie werden dann viele andere ihn lesen, die bei weitem nicht über Bölls Voraussetzungen verfügen?

Böll am Schreibtisch: er hat eine Teubnerausgabe der *Germania* vor sich (und gewiß auch eine Übersetzung), und er liest den Text und berichtet von seinen Eindrücken, als wäre er der erste Leser; er bezieht Tacitus auf uns Heutige, er stellt Ähnlichkeiten und Unterschiede fest. Fünf Jahrhunderte intensiven, bibliothekenfüllenden Umgangs mit dem Text sind vergessen, wie weggeblasen – Böll ist gewissermaßen ein Neuanfang. Zunächst wird noch bezweifelt, daß die taciteischen Germanen unsere Vorfahren seien, daß zwischen den von dem römischen Historiker beschriebenen Stämmen und denen, die am Ende der Völkerwanderungszeit, also gegen das Jahr 600, Mitteleuropa bevölkerten, viel Identität bestehe. Mit Recht: seit dem frühen Mittelalter spielten die Franken, die Sachsen, die Bayern und die Thüringer Hauptrollen – lauter Stämme, die Tacitus noch unbekannt waren. Am ehesten kann man, wie auch Böll bemerkt, bei den Schwaben einen Zusammenhang mit den taciteischen Sueben vermuten. Drei Absätze später freilich gerät Böll mit sich selbst in Widerspruch: er behauptet, aus den Cheruskern, Bructerern usw. seien später die ‚Deutschen‘ geworden. Und am Ende der zitierten Partie ist die Identifikation von Einst und Jetzt perfekt: diese nachmaligen ‚Deutschen‘ hätten schon damals ihre Ordnungen gehabt. Sollen die taciteischen Germanen einmal mehr zum Ur- und Vorbild der heutigen Deutschen hinaufstilisiert werden, hatte Böll die Absicht, einen neuen Germanen-Mythos zu begründen?

Man darf Texte wie die *Germania* des Tacitus nicht naiv lesen wollen. Es kann dann nämlich zu höchst unliebsamen Wiederholungen kommen: einstige Fehlentwicklungen, nur noch als gesunkenes Kulturgut verschwommen präsent, steuern das Verständnis in einer Weise, die dem Verstehenden selbst verborgen bleibt. Texte wie die *Germania* haben ihre Geschichte, und diese Geschichte gehört zu ihnen, weil ohne sie abermals verführerische und gefährliche Wirkungen von ihnen ausgehen können – wie das Beispiel Bölls zeigt, dem doch gewiß nichts ferner lag, als irgendwelches Argumentieren im Sinne einstiger deutscher Nationalisten. Die Vermittlung der Geschichte von geschichtsträchtigen Texten ist somit ein Stück stets aufs neue zu leistender Aufklärung, einer Aufklärung, die der Remythisierung des endlich Entmythisierten zuvorkommt. Soviel einstweilen zur Beantwortung der naheliegenden Frage, ob denn heute noch Anlaß bestehe, sich mit der *Germania* des Tacitus zu beschäftigen.

2

Von der Person des Tacitus ist wenig bekannt, obwohl er doch zu denen gehört hat, „die im Licht stehen". Immerhin spricht einiges für die Annahme, daß er gleichsam eine doppelte Existenz geführt hat, hierdurch auf spätere Zeiten vorausdeutend, auf die weltflüchtige, vom Neuplatonismus und vom Christentum geprägte Spätantike: Leben und Erleben, Tätigkeit und Reflexion standen wohl ziemlich beziehungslos nebeneinander.

Das Leben, das sich von Anfang bis Ende in einer Zeit tiefen Friedens abspielte (etwa 55–120 n. Chr.), läßt allenthalben typische Verhältnisse erkennen; Tacitus absolvierte die übliche Beamtenkarriere, die in seinem Falle mit der Statthalterschaft über die Provinz Asien endete. Das vom Kaiser regierte Weltreich, sein Wohlstand, seine Zivilisation, sein Beamtenapparat: innerhalb dieses Horizonts ließen sich aus den massenhaft erhaltenen Ehren- und Grabinschriften zahlreiche ähnliche Biographien rekonstruieren.

Das Erleben, dessen Spiegelung im literarisch-historischen Werk, zeigt hingegen einen ganz anderen Menschen, einen sehr einzigartigen, unverwechselbaren. Erhalten sind drei kleinere Schriften – eine Biographie über den Schwiegervater Agricola, die *Germania* und ein Dialog über den Verfall der Beredsamkeit – sowie erhebliche Reste zweier großer Geschichtswerke, der *Historien*, die mit dem Tode Neros begannen, und der *Annalen*, die den Zeitraum vom Tode des Augustus bis zur Regierung Neros behandelten.

Tacitus steht mit diesem Œuvre am Ende einer dreihundertjährigen Tradition römischer Geschichtsschreibung, und er hat auch die Maßstäbe dieser Geschichtsschreibung, die wertenden Normen, getreulich bewahrt: den Ehrenkodex der republikanischen Aristokratie. Die Aristokratie war einst, in republikanischer Zeit, souverän gewesen; ihre Mitglieder hatten im freien Wettbewerb ihre Kräfte entfaltet. Damit war's seit der endgültigen Gründung der Monarchie durch Augustus vorbei: die Aristokraten fungierten nunmehr nur noch als Beamte von Kaisers Gnaden. Aus diesen Verhältnissen ist die Grundantinomie der Werke des Tacitus erwachsen: Tacitus gierte nach jener Römergröße, die einst das Weltreich geschaffen hatte, nach dem freien Wettbewerb und den hieraus resultierenden Taten. Er wußte andererseits sehr wohl, daß die Monarchie, eine nicht mehr aufhebbare Notwendigkeit, den aristokratischen Wettbewerb und die aristokratische Tat für immer unmöglich gemacht hatte. Aus dieser Unvereinbarkeit von Kaiserregiment und Adelskodex, aus dieser Diskrepanz von Wirklichkeit und Sehnsucht ist ein Werk von grandioser Negativität erwachsen. Der stets wache Scharfblick eines bohrenden Menschenkenners brachte ein wahres Pandämonium menschlicher Schwächen, des Eigennutzes, der Genußsucht, der Feigheit, der Heuchelei, der Niedertracht usw., zusammen. Und all das präsentiert sich dem Leser in einer stets prägnanten, oft dunklen oder schillernden Sprache, in einem Stil, der teils das fahle Licht einer unbestimmten Suggestivität erzeugt, teils mit erbarmungslos zupackender Präzision enthüllt.

3

Der düster-grimmige Tacitus mit seinem Sinn für ‚Randgruppen‘ (aus der Perspektive der Gesellschaft, in der er lebte; das Christen-Kapitel in den *Annalen* und der Juden-Exkurs in den *Historien* sind berühmte Beispiele) – dieser Tacitus hinterließ also u. a. eine ethnographische Schrift, die *Germania*. Er behandelt dort die folgenden Punkte:

Die Grenzen Germaniens
Ursprung und Name der Germanen
Herkules und Odysseus bei den Germanen
Volkstypus
Natur des Landes, Bodenerzeugnisse, Geld
Heerwesen
Götterkult und Vorzeichenglaube
Die Volksversammlung
Gerichtsbarkeit
Wehrhaftmachung und Gefolgschaft
Siedlungsweise und Wohnstätten

Kleidung
Mitgift und Ehe
Erziehung, Erbrecht
Fehde und Gastfreundschaft
Häusliches Leben, Gelage
Trank und Speise
Spiele
Die Unfreien
Feldwirtschaft
Totenbestattung
Grenzvölker im Westen und Süden
Die Chatten
Weitere Stämme im Westen
Die nördlichen Stämme
Die suebischen Stämme
Grenzvölker im Osten.

Diese Themen werden in zwei Hauptabschnitten erörtert; der erste Hauptabschnitt handelt von den Germanen im allgemeinen, der zweite befaßt sich mit den einzelnen Stämmen. Der erste Hauptabschnitt, der allgemeine Teil, bringt zunächst fundamentale Voraussetzungen (Grenzen des Landes, Ursprung, Volkstyp) und schildert sodann in zwei weiteren Unterabschnitten das öffentliche und das private Leben der Germanen; in der Darstellung des öffentlichen Lebens dominiert auffällig das Kriegerische. Der besondere Teil beginnt mit den südlichen und westlichen Grenzstämmen und wandert sodann vom Westen über den Norden gen Osten.

Tacitus hat nicht aus eigener Kenntnis berichtet. Er mag mancherlei mündliche Mitteilungen römischer Beamter oder Kaufleute benutzt haben, die in Germanien gewesen waren. Hauptsächlich aber ist der Stoff der *Germania* aus literarischen Quellen geschöpft, aus Caesars *Gallischem Krieg* sowie – vor allem – aus jetzt verlorenen historiographischen Schriften. Außerdem (worauf es noch mehr ankommt) haben die von Tacitus behandelten Themen, die soeben aufgezählten Punkte, eine lange Tradition: sie gehen auf ein reiches, über sechs Jahrhunderte sich erstreckendes ethnographisches Schrifttum der Griechen und Römer zurück. Von dort stammen auch die Wandermotive, die das taciteische Werk durchziehen: allerlei Aussagen, die längst zu Klischees erstarrt waren und von einem Volk auf das andere übertragen wurden. Die Behauptung

z. B., daß die Germanen ein reines, unvermischtes Volk seien, nur sich selbst gleich, läßt sich bis ins 5. Jahrhundert v. Chr. zurückverfolgen: man hatte den Topos bereits auf die Ägypter und andere angewandt.

Die griechisch-römische Ethnographie ist so alt wie griechisch-römische Prosa-Literatur überhaupt; sie hat es gleichwohl nie zu einem eigenen Literaturzweig gebracht. Sie war Teil der Geographie und der Historiographie, und kein Geschichtsschreiber von Rang ließ sich die Gelegenheit entgehen, in sein Werk mehr oder minder farbige Schilderungen fremder Völker einzuflechten. In diese bis auf Herodot zurückreichende Tradition gehört z. B. auch der Juden-Exkurs der taciteischen *Historien*.

Aus alledem ergibt sich der überraschende Befund, daß die *Germania* – als Spezialschrift über ein fremdes Volk – in der gesamten antiken Literatur ein Unikum ist. Die moderne Forschung hat daher intensiv nach den Gründen ihrer Entstehung gefragt. Das Problem ist deshalb besonders heikel, weil der Schrift keine Einleitung vorausgeht – dort pflegten sich die Autoren historiographischer Werke über ihre Motive und Absichten zu äußern. Die überzeugendste Antwort, die man bislang gefunden hat, ist die ‚Sittenspiegeltheorie‘: Tacitus habe seinem römischen Milieu, einer korrupten, unfreien und kriegerischer Leistungen kaum noch fähigen Umwelt eine Existenzweise entgegenhalten wollen, die auf Einfachheit, Freiheit, Ehre und Kampfesmut beruhte. Man darf allerdings dieses Deutungsprinzip nicht überanstrengen: Tacitus hat trotz mancher Idealisierung und trotz seiner Sympathie für die Germanen ein der Wahrheit verpflichtetes Porträt geben wollen, und so läßt seine Darstellung die durchaus nicht nachahmungswürdigen Laster der Germanen ebenso scharf hervortreten wie ihre Tugenden. Im übrigen aber enthält der Text Anhaltspunkte in Fülle für die Annahme, daß, wie siebzehnhundert Jahre später einem Rousseau, so auch dem Römer Tacitus das Leiden an der eigenen überfeinerten Spätkultur und die Sehnsucht nach einem Kontrast die Feder geführt hat – nur daß Tacitus ein gegenwärtiges Phänomen, die Germanen seiner Zeit (die er mit guten Gründen für Roms gefährlichste Gegner hielt), für diesen Kontrast aussah, keinen nebulosen Urmenschen.

Im 5. Kapitel fällt zum ersten Male ein wichtiges Stichwort: „einfach" (simplex) sei der Tauschhandel der von der römischen Zivilisation unberührten Germanen. Das Motiv der Einfachheit kehrt bei den Waffen, den Losorakeln, der Kleidung wieder (6; 10; 17); es ergreift, vielfältig variiert, manches Detail der privaten Lebensführung. Gewiß grenzt diese Einfachheit bisweilen an Primitivität, z. B. beim Hausbau oder bei der Landwirtschaft (6; 26), doch als eigentlich primitiv wollte Tacitus die germanische Lebensweise offenbar nicht betrachtet wissen; der eindrucksvolle Kontrast des Schlußkapitels, die „abstoßende Dürftigkeit" der Fennen, verdeutlicht den Unterschied. Aus der Einfachheit werden allerlei moralische Vorzüge abgeleitet: Besitz dient den Germanen nur für das Notwendige, und sie verschmähen jeden schimpflichen Erwerb (24; 26); sie sind gesund, unverdorben und sittenstreng (19–20); ihre schlichte Wesensart weiß nichts von schlauer Berechnung (22).

Der einfachen Lebensweise, der Unabhängigkeit von den Dingen, entspricht im öffentlichen Leben die Freiheit (libertas). Tacitus führt dieses zweite Grundmotiv seiner Schrift an geeigneter Stelle, bei seinen Angaben über die Machtbefugnisse der Könige und Heerführer, ein (7), und er kommt in seinen Darlegungen über die Volksversammlung, die Fehde und die Stellung der Freigelassenen mit Nachdruck darauf zurück (11; 21; 25). Aus dem Freiheitsstreben der Germanen leitet er ihre Gefährlichkeit für Rom ab (37); daß ein Stamm Tribute zahlt, dient ihm als Argument für dessen nichtgermanische Herkunft (43).

Einfachheit und Freiheit als die Grundzüge germanischen Wesens ermöglichen, was nach Tacitus den Sinn des Daseins ausmacht: Ansehen, Ruhm und soziale Geltung, erworben durch kriegerische Leistungen. Die Ehre, der Kampfesmut und der Wettstreit um Waffenerfolge sind weitere Leitmotive der taciteischen Schrift. Das Kriegerische gilt dem Autor als das hervorstechendste Merkmal der Germanen; wie die Schrift keinen Gegenstand der materiellen Kultur häufiger erwähnt als Waffen, so handelt sie auch immer wieder vom Kampf, von der Kampfeslust und von der Tauglichkeit zum Kampfe.

Tacitus, der sich, wie angedeutet, deutlich von den Exzessen der Germanen distanziert, der Trunksucht und Würfelspiel, jähzornige Sklaventötung und „barbarische" Menschenopfer rügt (11; 14–15; 22–25; 39) – dieser Tacitus war offensichtlich der Meinung, daß die germanische Lebenswirklichkeit im wesentlichen mit seinen eigenen Moralbegriffen, dem überlieferten römischen Adelskodex, übereinstimme; sie erschien ihm als positiver Kontrast zur eigenen römischen Gegenwart, und sie hatte somit für ihn eine Art Ersatzfunktion. Aus diesem Grunde, d. h. weil Tacitus so stark engagiert war, geriet die *Germania* – trotz allen Strebens nach Objektivität – stark ins ,Wesentliche', Ideale, Überhistorische, und damit ist in ihr, dem Ausgangstext, keimhaft angelegt, was die Wirkungsgeschichte aus ihr gemacht hat.

4

Die *Germania* des Tacitus hat während der gesamten europäischen Neuzeit auf die vielfältigste Weise als Sauerteig des historisch-politischen Bewußtseins gewirkt; sie diente immer wieder als Kronzeuge für die germanische Vergangenheit großer Teile Europas. Allerdings: so sehr sie auch in Frankreich, England und Skandinavien aufmerksame Leser und eifrige Benutzer fand (z. B. Montesquieu, der sich im *Esprit des lois*, in dem berühmten Abschnitt über die englische Verfassung, von der *Germania* zu dem Satz inspirieren ließ, das vortreffliche System der Gewaltenteilung sei in den Wäldern Germaniens entdeckt worden) – der Hauptwirkungsbereich der Schrift war Deutschland. Kein anderes Dokument hat das deutsche Nationalgefühl und den deutschen Nationalismus so stark geprägt wie die *Germania*.

Die deutsche *Germania*-Rezeption gliedert sich deutlich in zwei Phasen. Die erste Phase fällt in die erste Hälfte des 16. Jahrhunderts: sie ist – nach dem Vorgang einiger Italiener – von den deutschen Humanisten hervorgebracht worden. Die zweite Phase erstreckt sich in ununterbrochenem Zusammenhang vom napoleonischen Zeitalter bis zum Jahre 1945; sie gipfelt in der Ideologie des Dritten Reiches. Das zweieinhalb Jahrhunderte währende Intervall zwischen Humanismus und Romantik machte wenig Aufhebens von der *Germania*. Die Stimme eines Kommentators, des Georg Caspar Kirchmajer, der da, anknüpfend an das taciteische Wort vom nur sich selbst gleichen germanischen Menschenschlag, die Reinerhaltung des deutschen Blutes forderte (1664) – diese Stimme verhallte damals ungehört, und die Aufklärung, humanitär und nationalem Denken wenig zugetan, enthielt sich fast völlig des Umgangs mit der taciteischen Schrift.

Die *Germania* hat das Mittelalter in einer einzigen Handschrift überdauert, in einem Exemplar, das sich offenbar in Hersfeld befand. Und sie hat während des Mittelalters nur in einem einzigen Dokument sichere Spuren hinterlassen: in einer Schrift des Mönchs Rudolf von Fulda (9. Jahrhundert), in der *Translatio Sancti Alexandri*, worin die Überführung einer Reliquie, des Leichnams des Märtyrers Alexander, von Rom ins Sachsenland geschildert wird. Man brauchte diese Episode gar nicht zu erwähnen, zeigte sie nicht bei aller inhaltlichen Verschiedenheit eine formale Gemeinsamkeit mit der späteren Wirkung: auch Rudolf benutzt die Schrift, um ein bestimmtes Geschichtsbild zu stützen. Tacitus dient ihm als Zeuge, daß die Sachsen, jetzt Christen, einst Heiden waren und scheußlichem Götzendienst anhingen. Daß der römische Historiker von den Sachsen noch gar nichts wußte, ficht Rudolf hierbei nicht an; schon er vollzieht also jene falsche Identifikation von taciteischen und späteren Germanen, die in so verhängnisvoller Weise zur Ideologisierung des deutschen Nationalbewußtseins beigetragen hat.

Der nächste, der die *Germania* für seine Zwecke dienstbar gemacht hat, war Enea Silvio Piccolomini, Pius II., der Türkenpapst. Die Hersfelder Handschrift gelangte im Jahre 1455 nach Italien; dort hat Enea Silvio sie kennengelernt, vielleicht sogar erworben. Damals, im Zeitalter des gescheiterten Konziliarismus, der gescheiterten Kirchenreform, verfaßte er eine Abhandlung mit dem Titel *Germania*, um die Beschwerden zu widerlegen, die man in Deutschland gegen die Ausbeutung durch die römische Kurie, überhaupt gegen Mißstände in der Kirche vorbrachte. Er hatte von seinem Freunde Martin Meyr, dem Kanzler des Erzbischofs von Mainz, einen heftigen Klagebrief erhalten: die deutsche Nation, einst Herrin der Welt (Meyr dachte wohl an Karl den Großen, vielleicht auch an Friedrich Barbarossa), sei längst zu einer ihre Armut betrauernden Sklavin herabgewürdigt worden. Daraufhin also verfaßte Enea Silvio, ein gründlicher Kenner Deutschlands (er war lange Sekretär am Hofe Friedrichs III. in Wien gewesen), seine *Germania*, ein Kontrastbild des einstigen und des jetzigen Deutschland; er suchte darin zu zeigen, welche segensreiche Entwicklung die christliche Religion ermöglicht habe. Der Germania antiqua, dem einstigen Deutschland, lieh u. a. das Werk des Tacitus die Farben: Enea Silvio trug alles Negative zusammen, was die antiken Quellen über das Land und seine Zivilisation hergaben. So wurde denn die taciteische Schrift – wie bei Rudolf von Fulda – in einem Argumentationszusammenhang verwendet, der einem aktuellen Zwecke diente, und wie bei jenem stand die Schrift auf der negativen Seite eines Kontrastes zweier Epochen. Allerdings hatten sich die Inhalte gewandelt: während es Rudolf einzig um die religiöse Verfassung gegangen war, kam es Enea Silvio, dem Humanisten, hauptsächlich auf weltliche Güter an, auf Macht, territoriale Ausdehnung, Wohlstand und zivilisatorischen Fortschritt.

Im dritten Falle einer Benutzung geht es abermals um praktische Zwecke aus konkretem Anlaß; doch nunmehr erhalten die taciteischen Angaben ein positives Vorzeichen, und so leitet dieses Zeugnis die Betrachtungsweise ein, die bis ins 20. Jahrhundert vorgeherrscht hat. Es stammt aus der Feder von Campano, der im Jahre 1471 als Abgesandter des Papstes auf dem Regensburger Reichstag weilte, für einen Türkenkreuzzug zu werben – 1453 war Konstantinopel gefallen, und die Türken drangen siegreich auf dem Balkan und im Raume des östlichen Mittelmeeres vor. Die Deutschen, führte Campano aus, seien die mächtigste und kriegerischste Nation, unbesiegbar, wenn sie sich zu innerer Einheit entschlössen. Campano stellt den deutschen Fürsten die angeblichen Vorfahren, die Germanen der Antike, als verpflichtendes Vorbild vor Augen; es geht jetzt also nicht mehr, wie bei Rudolf von Fulda und Enea Silvio, um das Trennende von Einst und Jetzt, um den Gegensatz zweier Epochen, sondern um das Verbindende – Campano fordert eine ungebrochene germanisch-deutsche Kontinuität, und die deutschen Fürsten sollen sich ganz und gar mit ihren kriegstüchtigen ,Vorfahren' identifizieren.

Zu Beginn des 16. Jahrhunderts hat sich zum ersten Male ein Deutscher, der Schlettstädter Humanist Jakob Wimpfeling, auf die *Germania* berufen (1501). Es geht einmal mehr um einen aktuellen Zweck: Wimpfeling sucht – mit polemischer Spitze gegen franzosenfreundliche Kreise in Straßburg – darzutun, daß zumindest seit Kaiser Augustus stets Deutsche im Elsaß gelebt hätten: das 28. Kapitel der taciteischen *Germania* bezeichnet linksrheinische Stämme im Oberrheintal als Germanen. Doch charakteristischer für die Reden, Flugschriften und Gedichte, für die historischen und geographischen Werke, welche die deutschen Humanisten von nun an in dichter Folge verfaßten, war eine andere Art des Gebrauchs: die *Germania* diente allgemein und losgelöst von besonderen Anlässen als Bestätigung des eigenen Selbstgefühls und als Fundament eines in leuchtenden Farben gemalten nationalen Geschichtsbildes. Das eigene Selbstgefühl war – zumal von italienischer Seite – durch den Vorwurf der Rückständigkeit, der ‚Barbarei‘ gekränkt worden; man suchte das Trauma zu kompensieren, indem man wortreich darlegte, daß die Deutschen den übrigen Völkern Europas gleichwertig oder gar überlegen seien. Ulrich von Hutten steuerte zur Beschäftigung mit der deutschen Vorzeit die Symbolfigur bei: sein *Arminius* (1517, gedruckt 1529) begründete den Kult des Siegers im Teutoburger Walde, einen Kult, der sich bis ins 20. Jahrhundert fortgesetzt hat. Der lauteste unter den humanistischen Lobrednern in eigener Sache war Heinrich Bebel, Poesie- und Eloquenz-Professor in Tübingen; er wurde nicht müde, die vortrefflichen Eigenschaften der Deutschen von Einst und Jetzt, vor allem die Kriegstüchtigkeit, ins hellste Licht zu rücken. Seine Darlegungen zeigen Ansätze zu einem übergeschichtlichen Wesensbild. So preist er in einer Rede, die er im Jahre 1501 in Innsbruck Kaiser Maximilian vortrug, die Gerechtigkeit und Treue der Deutschen, und nicht zuletzt ihre Rassereinheit, die ja von Tacitus bestätigt werde: „Ich selbst schließe mich der Ansicht an" (so beginnt das von Bebel beigebrachte Zitat), „daß sich die Bevölkerung Germaniens niemals durch Heiraten mit Fremdstämmen vermischt hat und so ein reiner, nur sich selbst gleicher Menschenschlag von eigener Art geblieben ist." [1]

Die deutschen Humanisten haben sich indes nicht nur rhetorisch-ideologisch, sondern auch wissenschaftlich mit den Germanen befaßt; sie waren die Begründer nicht nur der Germanenverherrlichung, sondern auch der Germanenforschung, und wie Bebel am reinsten den Typ des Panegyrikers repräsentiert, so darf Beatus Rhenanus als derjenige gelten, der sich seines Gegenstandes am entschiedensten als nüchterner Gelehrter angenommen hat. Rhenanus setzte sich energisch gegen die verbreitete Praxis zur Wehr, unbekümmert Germanisches von Einst und Deutsches von Jetzt ineinszusetzen. Sein Hauptwerk *Res Germanicae* (1531) ist dem geschichtlichen Wandel verschrieben: es gibt keine Identität zwischen dem Germanien der Römerzeit und dem späteren Deutschland, weder ethnisch noch kulturell und politisch; die Stämme der taciteischen *Germania* sind fast sämtlich verschwunden, und Deutschland, die *Germania recentior*, ist erst aus dem Zerfall des Karolingerreichs hervorgegangen, ein Produkt der sächsischen Kaiser, der Ottonen.

Doch wie es in Zeiten des Überschwangs zu gehen pflegt: der

nüchterne Kritiker konnte sich mit seinen Thesen, sie mochten noch so richtig sein, nicht durchsetzen. So blieb denn die vorherrschende Meinung dabei, daß die Deutschen der Gegenwart die Nachkommen der taciteischen Germanen seien, und man verdichtete die Züge, die der antike Autor diesen Germanen zuerkannt hatte, zu einer zeitlos gültigen Vorstellung vom Charakter der Deutschen. Sebastian Münsters *Kosmographie* vom Jahre 1544 ist wohl die älteste Schrift, die aus dieser Sehweise die Konsequenzen zieht, wenn sie von einer zweitausendjährigen deutschen Geschichte redet.

Das taciteische Motiv der Ureinwohnerschaft drang fast überall durch: die Germanen, im nördlichen Deutschland und in Skandinavien beheimatet, seien rein und unvermischt. Humanistischer Dünkel scheute sich nicht vor Ausschließlichkeitsansprüchen: aller Adel Europas stamme aus Deutschland, meinte der bayerische Chronist Aventinus; ohne die Germanen sei nichts Großes auf der Erde geleistet worden behauptete Bebel, hiermit dem Wahne Hitlers vorgreifend.

Das Wesensbild, das man vom germanisch-deutschen Volke zu entwerfen pflegte, insistierte auf den positiven Aussagen der *Germania*; die ungünstigen Züge wurden meist verschwiegen, oder man versuchte, sie durch andere Quellen zu widerlegen. Man verweilte mit Vorliebe bei der Tapferkeit; an Kampfesmut und Kriegsruhm, so lautete die fast einhellige Meinung, komme kein Volk den Deutschen gleich. Man pries die Freiheitsliebe: die Deutschen allein hätten nie ein fremdes Regiment erduldet. Auch der übrige Katalog der von Tacitus genannten Vorzüge wurde nicht vernachlässigt: die Deutschen seien überaus gastfreundlich und sittenrein, versicherten die Humanisten, sie wüßten sich von Habgier freizuhalten und überträfen alle Völker durch ihre Treue und Aufrichtigkeit.

5

Um die Mitte des 16. Jahrhunderts verebbte der humanistische Germanen-Enthusiasmus; man kümmerte sich, wie schon bemerkt, ein Vierteljahrtausend lang nur wenig um die Schrift des Tacitus. Der Beginn des 19. Jahrhunderts änderte schlagartig die Situation: die *Germania* profitierte beträchtlich von den nationalen Kräften, die durch die Romantik und die politischen Ereignisse des napoleonischen Zeitalters entbunden wurden. Die Impulse dieser Epoche übten Wirkungen aus, die bis zum Zweiten Weltkrieg reichten, und die Beschäftigung mit der *Germania* begleitete den ganzen Prozeß eines sich immer mehr steigernden und vergröbernden Nationalismus. Hierbei stand – wie schon im 16. Jahrhundert – für die meisten Beteiligten fraglos fest, daß man die taciteischen Germanen als ,Deutsche' zu betrachten habe; man bemühte sich sogar, auch das niederländische, das englische und die skandinavischen Völker in die germanisch-deutsche Gesamtschau einzubeziehen. Hierbei stand weiterhin – wie ebenfalls schon im 16. Jahrhundert – fest, daß man die Züge, die Tacitus seinen Germanen zugeschrieben hatte, vor allem die positiven, für ein dem zeitlichen Wandel entzogenes Bild vom deutschen Nationalcharakter zu halten habe. Dieses Bild wiederum übte vor allem deshalb eine so starke Suggestivkraft aus, weil es – wie schon bei Tacitus selbst, der ja die Germanen weithin als Kontrast zu seinen dekadenten römischen Zeitgenossen hatte erscheinen lassen, und wie erst recht bei den deutschen Humanisten – die positive Seite eines antithetischen Schemas ausmachte: zum (tapferen, aufrichtigen, treuen, sittenreinen usw.) Germanen oder Deutschen gehörte mit Notwendigkeit das negative Korrelat des Römers, des Romanen, des Franzosen, dem man die für den Germanen beanspruchten Eigenschaften aberkennen zu müssen glaubte.

Im Winter 1807/08 trug Johann Gottlieb Fichte seine *Reden an die deutsche Nation* vor; er scheint damit wie kein anderer dem Vorzeit-Enthusiasmus der folgenden Jahrzehnte das ideologische Rüstzeug an die Hand gegeben zu haben. Er kündet dort auf die überschwenglichste Weise von der Sendung der Deutschen. Er begründet diesen Anspruch durch eine spekulative Auslegung der Geschichte; als Fundament hierfür hat offensichtlich die taciteische *Germania* gedient. Durch sie hat sich Fichte zu seiner Lehre vom unveränderten deutschen Urvolk anregen lassen, und aus ihr stammen wichtige Züge, die er seinem Bilde von der ewigen Eigentümlichkeit der Deutschen verlieh: der religiöse Ernst, das Freiheitsstreben, die Treue, Biederkeit und Einfalt. Der hieraus abgeleitete Nationalcharakter wird zu metaphysischer Bedeutsamkeit gesteigert: er ist höchstes Gesetz, ja, „Erscheinung der Gottheit"; er verpflichtet zum Kampf bis zum Äußersten, wie ihn die Vorfahren, „die von den Römern Germanier genannten Deutschen", gegen die herandringende Weltherrschaft der Römer geführt haben [2].

126

Fichtes Reden bestimmten die Tonart, in der sich die emsige Germanen-Forschung der Restaurationszeit über den Sinn ihres Tuns zu äußern pflegte. Die Ereignisse des Jahres 1848 verursachten auch in diesem Bereich einen Einschnitt: die liberale und realistische Einstellung, die in den folgenden Jahrzehnten vorherrschte, dämpfte den Germanen-Kult. Andererseits trat damals Arthur Graf Gobineau auf den Plan. Fichte hatte noch nicht biologistisch argumentiert: nicht die Reinheit des Blutes, sondern die Beibehaltung der ursprünglichen Sprache galt ihm als das unterscheidende Merkmal der Germanen bzw. Deutschen. Das Konzept Graf Gobineaus hingegen war naturalistisch. In seinem vierbändigen *Essai sur l'inégalité des races humaines* (1853–55) brachte er nach einem allgemeinen, theoretischen Teil ausführliche Beschreibungen der einzelnen ,Rassen'; der letzte Band ist den allen anderen überlegenen ,Ariern', insbesondere den Germanen gewidmet. Gobineau polemisiert dort zwar gegen die „salbungsvollen Deklamationen" des Tacitus, der in den Germanen nur anerkennenswerte Wilde habe sehen wollen [3]. Diese Kritik gilt indes lediglich der angeblichen Unterschätzung der germanischen Zivilisation. Denn das Wesensbild, das in dem krönenden Kapitel über die „geistige Veranlagung der ursprünglichen germanischen Rassen" (6, 3) entworfen wird, ist allenthalben – bei der Darstellung des Gefolgschaftswesens und Freiheitsstrebens, der Treue, Ruhmliebe und Sittenreinheit – der *Germania* verpflichtet.

Die Gründung des zweiten Kaiserreichs beflügelte den deutschen Germanenkult aufs neue. Nietzsches Lehre vom Herrenmenschen und vor allem das Werk *Die Grundlagen des 19. Jahrhunderts* von Houston Stewart Chamberlain, das sofort große Verbreitung fand, sind der gobineauschen Rassenkunde verpflichtet, und insbesondere wurde nunmehr (vor allem durch die Vermittlung Ludwig Schemanns) Gobineaus Werk selber in weiten Kreisen bekannt. Bei Chamberlain hat die *Germania* abermals eine Schlüsselposition inne: das Kapitel über den „Eintritt der Germanen in die Weltgeschichte" (1, 6) geht vom taciteischen Begriff der nur sich selbst gleichen Germanen aus, und Chamberlains „Blick in die Tiefen der (germanischen) Seele" findet dort die bekannten Vorzüge wie Freiheitsstreben und Treue [4].

Der Verlust des Ersten Weltkrieges und seine Folge, das gekränkte deutsche Selbstgefühl, forderte den Germanen-Enthusiasmus zu neuen Anstrengungen auf; die Verherrlichung der Germanen erreichte nunmehr ihren Höhepunkt. Das Regime Hitlers zog aus den Lehren der Rassentheorie praktische Konsequenzen; es traf Maßnahmen zur „Rassen- und Erbgesundheitspflege". Auch für diesen letzten Schritt berief man sich auf die Schrift des Tacitus. Im Jahre 1935 veröffentlichte Hans K. F. Günther, der führende Rassentheoretiker des Dritten Reiches, sein Buch über die *Herkunft und Rassengeschichte der Germanen*. Der Autor behandelt dort die üblichen Wesensmerkmale; er sucht außerdem die taciteischen Kapitel über die Chatten, Chauken und Langobarden für seine Theorie von den Unterschieden des ‚nordischen‘ und ‚fälischen‘ Blutes auszubeuten. Schließlich glaubt er dartun zu können, daß bereits die Germanen eine „bewußte Erbgesundheitspflege" gekannt hätten – als Beweis dienen taciteische Äußerungen über das germanische Gerichtswesen (12) [5/6].

Die Querelle des Anciens et des Modernes, der Nationalismus und die Deutsche Klassik

1. Antik–Modern

Die Querelle des Anciens et des Modernes hat das Geschichtsbild der Renaissance zur Voraussetzung; sie ist der Disput über dessen Richtigkeit. Sie übernimmt daher vom Geschichtsbild der Renaissance den universalen Zuschnitt: es geht hier wie dort um den ganzen Menschen, um alle Bereiche menschlicher Tätigkeit, um die Künste und Wissenschaften, um die Philosophie, die Technik, die Politik und die Moral, kurz, um die gesamte Kultur. Die Querelle übernimmt weiterhin vom Geschichtsbild der Renaissance den Bezugspunkt einer fernen Vergangenheit, der Antike: es geht hier wie dort darum, am Vor- und Gegenbild der Antike den eigenen Standort zu bestimmen. Das Denken der Renaissance operierte freilich mit einem Dreiphasenschema, und es genügte ihm, die Überlegenheit der eigenen Zeit über die soeben beendete Phase, das Mittelalter, zu behaupten – über die Antike wagte es sich nicht zu erheben. Die Querelle hingegen dachte polar oder antithetisch; das Mittelalter war ihr entrückt, und sie beschränkte ihre Aufmerksamkeit im wesentlichen auf die beiden Gipfel des überkommenen Geschichtsbildes, auf die Antike und die Gegenwart. Hierbei begnügte sie sich nicht damit, ehrfurchtsvoll zum früheren Gipfel, zur Antike, aufzublicken; dieses Erbstück der Renaissance war vielmehr kontrovers: die Anciens behaupteten nach wie vor, daß der frühere Gipfel höher sei, die Modernes hingegen beanspruchten für die eigene Gegenwart den Primat.

König Ludwig XIV. war von einer Operation genesen; Charles Perrault verlas, um dieses Ereignis zu feiern, am 27. Januar 1687 in der Akademie zu Paris sein Gedicht *Le siècle de Louis le Grand*. Das Datum wird mit Recht so oft genannt. Zwar waren die Motive von Perraults Gedicht durchaus nicht originell – seit zwei Jahrhunderten schon hatte man immer wieder im Namen einer überlegenen Gegenwart gegen den Kult der Antike protestiert[1]. Einzelne beriefen sich hierbei auf den Fortschritt des Wissens und der Wahrheit – so z. B. Giordano Bruno und Francis Bacon. Andere behaupteten, die poetischen Leistungen ihrer Zeit seien allem Bisherigen überlegen – so die Anhänger eines Góngora oder eines Marino. Wieder andere argumentierten systematisch und universal, d. h. sie suchten in allen oder möglichst vielen Bereichen menschlicher Tätigkeit den Vorrang der Gegenwart zu erweisen. So schon im Jahre 1460 der Florentiner Benedetto Accolti in seinem *De praestantia virorum sui aevi dialogus,* so während der Blüte des Barocks, im Jahre 1620, Alessandro Tassoni in seinem *Paragone degl'ingegni antichi e moderni.* Aber es hatte sich bei alledem nur um einzelne Stimmen gehandelt, die an der von der Renaissance behaupteten Vorbildlichkeit der Antike nicht zu rütteln vermochten. Perraults Gedicht hingegen war ein Funke, der einen mächtigen Brand entfachte; der Streit um den Rang der Antike wurde seither mit schwankenden, aber nicht mehr allzu ungleichen Kräften und vor den Augen der europäischen Öffentlichkeit geführt.

Das Gedicht Perraults geht aufs Ganze: es sucht wie die Schriften eines Accolti oder Tassoni die Antike in allen Bereichen der Kultur zu entthronen[2]. Geschickt stellt es das stärkste Argument, die unleugbaren Fortschritte in den Naturwissenschaften, an die Spitze. Dann folgen die Künste, von denen sich die Überlegenheit der Gegenwart teils mit größerem Recht (wie im Falle der Musik), teils mit geringerem Recht (wie im Falle der Plastik) dartun ließ; am Schluß findet sich wieder eine – jedenfalls für die Zeitgenossen – unanfechtbare Position: die innen- und außenpolitischen Erfolge Ludwigs XIV., das Prestige seiner Herrschaft. Perraults Gedicht macht kein Hehl aus seiner panegyrischen Bestimmung: es feiert das Zeitalter Ludwigs als den Höhepunkt der nationalen Kultur Frankreichs; es bekräftigt den französischen Hegemonieanspruch in Europa. Schon der Anfang läßt diese frankozentrische Tendenz deutlich hervortreten – es heißt dort nach einigen einleitenden Versen, die von der bedingten Größe der Antike handeln[3]: Et l'on peut comparer, sans crainte d'être injuste, / Le siècle de Louis au beau siècle d'Auguste – „Und man könnte einander gleichstellen, ohne daß man ungerecht wäre, das Zeitalter Ludwigs und das herrliche Zeitalter des Augustus". Dieselbe Tendenz kehrt innerhalb des Gedichts allenthalben wieder: Homer hätte, wäre er in unserem Jahrhundert, und zwar in Frankreich, geboren, die Fehler, die seine Werke entstellen, vermeiden können; den antiken Dichtern wird eine lange Liste von literarischen Größen der Moderne gegenübergestellt, die durchweg französische Namen enthält; in der Malerei gilt dem Verfasser Le Brun, in der Musik Lully als Kulminationspunkt der Entwicklung; der Abschnitt über die Plastik nennt nur Franzosen, der Abschnitt über den Gartenbau preist die Wunder von Versailles. Diese nationale Tendenz hat indes, so aufdringlich sie ist, das überkommene Epochenschema nicht gesprengt und nicht beseitigt; antiquité und (notre) siècle, „Antike" und „(unser) Zeitalter" – so lautet auch bei Perrault die zumindest vordergründig dominierende Antithese. Mit dieser Diktion beanspruchte der Autor, jedenfalls expressis verbis, nur die diachrone Überlegenheit Frankreichs; er hütete sich hingegen, zugleich so etwas wie eine synchrone Überlegenheit, den Vorrang seines Landes vor den übrigen europäischen Ländern, zu beanspruchen. Der Charakter des Epochenvergleichs blieb somit trotz der nationalen Färbung gewahrt; Perraults Preisgedicht suchte keinerlei Exklusivität, kein Privileg Frankreichs geltend zu machen – es hielt die Türen zu den europäischen Nachbarn offen.

Diese Tonart setzte sich während der ganzen Debatte, die Perraults Gedicht entfesselte, während der eigentlichen Querelle des Anciens et des Modernes, fort. Die Titel der Streitschriften hoben, sofern sie überhaupt etwas von dem Inhalt verrieten, den Epochendualismus hervor: *Digression sur les anciens et les modernes* (von Fontenelle), *Parallèle des anciens et des modernes* (von Perrault), *Histoire poétique de la guerre nouvellement déclarée entre les anciens et les modernes* (von Callières). Die Schriften selbst pflegten mit einer weniger neutralen Diktion aufzuwarten: man sprach nicht nur von modernes und notre siècle, von „den Neueren" und „unserem Zeitalter", sondern auch von Français und notre nation, von „den Franzosen" und „unserem Volk"; man exemplifizierte fast nur mit französischen Geistesgrößen, und auch, wenn man schlicht nous, „wir", sagte, dachte man im allgemeinen nous, les Français, „wir, die Franzosen".

So verfährt z. B. die erwähnte Abhandlung von Fontenelle, die *Digression sur les anciens et les modernes* (1688), ein vortreffliches Paradigma für den Standpunkt der Modernes, das während des ganzen 18. Jahrhunderts in ganz Europa immer wieder Leser fand. Fontenelle verwendet meistens die Ausdrücke modernes und siècle, einmal jedoch läßt er die Katze aus dem Sack: Nous voilà donc parfaitement égaux, schreibt er, anciens et modernes, Grecs, Latins et Français – „So sind wir denn einander vollkommen gleich, Alte und Neuere, Griechen, Römer und Franzosen", und gegen Ende der Schrift werden den poetischen Leistungen der Antike einzig und allein Titel zeitgenössischer französischer Werke gegenübergestellt: Les meilleurs ouvrages de Sophocle, d'Euripide, d'Aristophane, ne tiendront guère devant *Cinna, Ariane, Andromaque, Le Misanthrope* – „Die besten Werke eines Sophokles, Euripides oder Aristophanes werden sich gegenüber Stücken wie *Cinna, Ariadne, Andromache, Der Menschenfeind*" (von Pierre Corneille, Thomas Corneille, Racine, Molière) „nicht behaupten können" [4].

Die eigentliche Querelle des Anciens et des Modernes endete nach etwa zehnjähriger Dauer im Jahre 1697; damals erschien der vierte und letzte Band von Perraults großangelegtem Dialog *Parallèle des anciens et des modernes*. Eines der wichtigsten Ergebnisse des Streites bestand offenbar darin, daß es sich als schwierig erwiesen hatte, für die Künste in gleichem Maße den Primat der Gegenwart zu beanspruchen wie für die Wissenschaften, und beide Bereiche – sowohl die Künste als auch die Wissenschaften – in dieselbe Perspektive stetiger Vervollkommnung zu rücken [5]. Denn selbst Perrault sah sich genötigt, immerhin zwei Künsten, der Beredsamkeit und der Dichtung, eine besondere Stellung zuzubilligen [6]. Nous conclurons, schreibt er am Schluß des *Parallèle*, ... que dans tous les arts et dans toutes les sciences, à la réserve de l'éloquence et de la poésie, les modernes sont de beaucoup supérieurs aux anciens, comme je croy l'avoir prouvé suffisamment, et qu'à l'égard de l'éloquence et de la poésie, quoy-qu'il n'y ait aucune raison d'en juger autrement, il faut pour le bien de la paix ne rien décider sur cet article – „Wir stellen abschließend fest, ... daß die Neueren den Alten in allen Künsten und allen Wissenschaften, ausgenommen die Beredsamkeit und die Dichtung, weit überlegen sind, wie ich hinlänglich bewiesen zu haben glaube, und daß, obwohl kein Grund besteht, hinsichtlich der Beredsamkeit und der Dichtung anders zu urteilen, in diesem Punkt um des lieben Friedens willen keine Entscheidung getroffen werden soll" [7].

Dieser Schluß des *Parallèle* war wohl mehr als eine Floskel –

jedenfalls hat die folgende Zeit, das 18. Jahrhundert, so geurteilt [8].
Die Kontinuität des Antike-Moderne-Vergleichs blieb nämlich gewahrt, und man knüpfte immer wieder an die große Debatte des
ausgehenden 17. Jahrhunderts an. Hierbei fehlte es zwar nicht an
radikalen Modernisten vom Schlage eines Terrasson, die nach wie vor
erklärten, daß sich der Fortschritt auf alle Bereiche der Kultur erstrecke; ferner destillierte sich die Richtung eines Turgot und Condorcet heraus, die vornehmlich auf eine progressistische Geschichtsauffassung, auf perfektionistische politisch-soziale Modelle zielte. Im
ganzen aber hatte man zu differenzieren gelernt, und die vorherrschende Tendenz lief darauf hinaus, daß zumindest die Dichtung von
der Gewißheit oder dem Wunschbilde des Fortschritts ausgenommen
werden müsse. So hat sich der nächste große französische Streit, der
vom Jahre 1713 an zwischen Madame Dacier und La Motte als
Protagonisten ausgetragen wurde, die Querelle d'Homère, auf das
umstrittene Teilgebiet, auf die Dichtung, und auf Homer als dessen
wichtigsten Exponenten beschränkt. Vor allem aber bekannten sich
in den folgenden Jahrzehnten gewichtige Einzelstimmen zur Trennung, ja zum Antagonismus, zur gegenläufigen Entwicklung von
Dichtung und Wissenschaft, von Dichtung und Zivilisation – so
Marivaux, Dubos und Voltaire, ferner, nach der Jahrhundertmitte,
Diderot und Marmontel.

Die Modernes der großen Querelle zielten, so wurde gesagt, mit
der von ihnen gepriesenen Gegenwart zuallererst auf den Höhepunkt, den die nationale Kultur Frankreichs erreicht hatte; sie waren
jedoch klug genug, zumindest äußerlich an der epochalen Nomenklatur, an der Antithese antik–modern festzuhalten und hiermit das
kulturkritische Schema als für ganz Europa verbindlich hinzustellen.
Der Funke sprang denn auch sofort nach England über und entfachte
dort eine der Querelle analoge Auseinandersetzung – mit Temple
und Wotton als den Hauptbeteiligten und mit Bentleys *Dissertation
upon the Epistles of Phalaris* als deren wichtigstem wissenschaftlichem Ertrag. Auch in Deutschland wurde die Querelle rasch bekannt [9]. Dort rief sie freilich keine selbständigen Streitschriften hervor; man machte sich lediglich mit ihrem Inhalt vertraut und neigte
bald mehr der einen, bald mehr der anderen Seite zu. Immerhin war
der Epochenvergleich während des ganzen 18. Jahrhunderts ein konstitutives Element auch des deutschen Kulturbewußtseins; er war
Hintergrund und Voraussetzung vielfältiger Betrachtungen über die

neuzeitliche Zivilisation, zumal über Kunst und Literatur der Gegenwart. Zunächst, während des Übergangs vom Barock zur Aufklärung, überwogen die Stimmen, die sich auf die Seite der ‚Modernen' schlugen; hierbei vermischte sich der neue Fortschrittsglaube mit christlicher Abneigung gegen die heidnischen Mythen und machten sich zugleich erste patriotische Ansprüche auf eine eigene nationale Literatur bemerkbar. So z. B. beim jungen Gottsched in einer Ode vom Jahre 1724 [10]:

> „Umsonst erhebt man dich, berufnes Altertum!
> Umsonst ist man bemüht, die graue Welt zu preisen."

In reiferen Jahren hat sich Gottsched freilich stärker zur Musterhaftigkeit der Alten bekannt; so versah er die von ihm herausgegebene Übersetzung der *Digression* Fontenelles mit kritischen Anmerkungen [11]. Vor der Jahrhundertmitte plädierte man öfters für jene differenzierte Auffassung, die auch im zeitgenössischen Frankreich – zumal durch den Einfluß von Dubos – vorherrschte: in den Naturwissenschaften sei die Gegenwart der Antike, in der Dichtung und Beredsamkeit die Antike der Gegenwart überlegen. So etwa von Haller in seinem *Sermo academicus ostendens quantum antiqui eruditione et industria antecellant modernis* (vom Jahre 1734); so auch der junge Lessing in seinem Gedicht *An den Herrn M...* (vom Jahre 1748) [12]:

> „Das Alter wird uns stets mit dem Homer beschämen,
> Und unsrer Zeiten Ruhm muß Newton auf sich nehmen."

2. Griechisch–Modern

Im Jahre 1755 erschienen Winckelmanns *Gedanken über die Nachahmung der griechischen Werke in der Malerei und Bildhauerkunst*. Schon der Titel deutet auf die beiden Postulate, um die es in dieser Programmschrift geht: es geht – einmal – um Nachahmung, also um Vorbildlichkeit, indes – zum anderen – nicht um die Vorbildlichkeit der Antike schlechthin, sondern um die Vorbildlichkeit der Griechen. Mit dem ersten Postulat ergreift Winckelmann gegen die ‚Modernen' Partei; er verwirft implizite den freundlichen Kompromiß, zu dem die Querelle während der ersten Hälfte des 18. Jahrhunderts verebbt

war: „Der einzige Weg für uns, groß, ja, wenn es möglich ist, unnachahmlich zu werden, ist die Nachahmung der Alten." Das zweite
Postulat, die These von der exemplarischen Bedeutung der Griechen,
enthält in dieser Schärfe und Unbedingtheit etwas Neues: „Eine
Bildsäule von einer alten römischen Hand wird sich gegen ein griechisches Urbild allemal verhalten, wie Virgils Dido, in ihrem Ge-
folge mit der Diana unter ihren Oreaden verglichen, sich gegen Homers Nausicaa verhält, welche jener nachzuahmen gesuchet hat." [13]
Das zweite Postulat (dem sich diese Skizze zunächst zuwendet)
richtet sich gegen Rom, gegen das nicht ur- und vorbildliche, sondern seinerseits schon abbildliche Rom; es richtet sich ferner gegen
alles, was von Rom abgeleitet ist, gegen die romanische Kultur,
gegen Frankreich, gegen Barock und Rokoko.
Die Franzosen des absolutistischen Zeitalters hatten, wenn sie von
der Antike sprachen, im wesentlichen Rom gemeint [14]: der Staat und
die Geschichte, die Kultur und die Schriftsteller der Römer waren
der Fixsternhimmel, an dem sich, wie die italienische Renaissance,
so auch das klassische Frankreich zuallererst orientierte, und Griechisches wurde meist nur in der mehr oder minder starken Umprägung
aufgenommen, die die vermittelnden Römer ihm hatten angedeihen
lassen. Die Franzosen des absolutistischen Zeitalters hatten überdies,
wenn sie von der Antike sprachen, ein bestimmtes Rom, das Imperium der Kaiserzeit, gemeint: Perraults Vergleich des siècle de
Louis mit dem siècle d'Auguste war ein Topos der Epoche. Dieses
romanozentrische Antikebild herrschte bis zum Auftreten Winckelmanns auch in Deutschland: Gottscheds *Critische Dichtkunst* nennt
in einem Katalog vorbildlicher „Poeten von gutem Geschmacke"
Terenz, Virgil, Ovid und Horaz, ferner Italiener, Franzosen, Hollän-
der und Deutsche – jedoch keinen einzigen Griechen [15].
Zwei Wege standen dem zu Gebote, der sich von dem Antikebild
der französischen Klassik distanzieren wollte: er konnte das republikanische Rom gegen das kaiserzeitliche Rom, oder er konnte die
griechische Kultur gegen die gesamte römische Kultur ausspielen.
Beide Wege sind während der ersten Hälfte des 18. Jahrhunderts ein-
geschlagen worden. Der eine, der zum republikanischen Rom führte,
war nicht zuletzt politisch bedingt; er wurde vor allem in England
und Frankreich begangen [16]. Den anderen, den zu den Griechen führenden Weg hingegen wählten diejenigen, die nicht so sehr am absolutistischen Herrschaftssystem wie an der gesamten Zivilisation

ihres Zeitalters litten: wer immer die simplicité, die simplicity, die Einfalt Homers und der Griechen schlechthin auf den Schild erhob – einzelne Franzosen wie schon Fénelon, Engländer wie Blackwell [17], und seit Winckelmanns Programmschrift mit erstaunlicher Radikalität die meisten Deutschen.

Nicht alle Deutschen. Lessing z. B. hat sich in seinen frühen Schriften nur mit römischen Autoren befaßt; wenn bei ihm später, etwa im *Laokoon* und in der *Hamburgischen Dramaturgie*, die Griechen überwogen, so beabsichtigte er hiermit keine grundsätzliche Abkehr von Rom [18]. Auch Schiller hat sich trotz seines Bekenntnisses zu den Griechen vom heroischen Pathos der römischen Dichtung angezogen gefühlt; das wichtigste Zeugnis seiner Neigung zu Rom ist seine Übersetzung des zweiten und vierten Buches der *Aeneis* [19]. Derlei Ausnahmen ändern indes wenig am Gesamtbild: Winckelmanns Propaganda für die Griechen hat in Deutschland Epoche gemacht – so sehr, daß nunmehr der Antike-Moderne-Vergleich nicht selten ausdrücklich als Vergleich der Gegenwart mit den Griechen vorgeführt wurde, und auch, wenn man die überkommene Formulierung beibehielt und weiterhin vom Altertum, von den Alten sprach, dachte man gewöhnlich zuallererst an die Griechen.

Soviel zu Winckelmanns zweitem Postulat, zu seinem Rückgriff auf die griechischen Ursprünge, zu seiner Abkehr von Rom. Auch mit dem ersten Postulat hat Winckelmann – jedenfalls in Deutschland – Epoche gemacht. Die seit langem schwebenden Waagschalen neigten sich durch sein Wirken wieder den Alten (d. h. nunmehr: den Griechen) zu – eine Entwicklung, die nicht nur das Gebiet ergriff, dem sein Wirken gegolten hatte, die bildenden Künste, sondern das Ganze der Kultur.

Dieser Erfolg war zunächst dadurch bedingt, daß die grundsätzliche Antithese der französischen Querelle auch während der zweiten Jahrhunderthälfte als maßgebliches Schema der geistigen Standortbestimmung diente [20]. Im Jahre 1779 veröffentlichte der Popularphilosoph Garve eine *Betrachtung einiger Verschiedenheiten in den Werken der ältesten und neueren Schriftsteller* – eine Abhandlung, die der absichtslosen Simplizität von einst das ausgeklügelte Verfahren neuerer Dichter gegenüberstellte. Im Jahre 1790 kam der Philosoph Bouterwek in seinem *Fragment vom griechischen und modernen Genius* zu Resultaten, die für die Gegenwart noch ungünstiger ausfielen: während die Griechen echte Poeten waren, hat sich der Mensch der Gegenwart dem Räsonnement und Raffinement, dem Witz, dem Frappanten und Interessanten ergeben. Im Jahre 1796 erschienen Herders *Siebente* und *Achte Sammlung der Briefe zu Beförderung der Humanität*, ein geschlossenes Ganzes, das von Hinweisen auf die französische Querelle umrahmt ist [21] und als eine Art Anti-Perrault zu beweisen sucht, daß sich die Literaturen der verschiedenen Völker und Zeiten nicht miteinander vergleichen lassen. Goethe zeichnete im Jahre 1813 in der Skizze *Shakespeare und kein Ende* ein Schema auf, das die Differenzen zwischen dem Antiken und dem Modernen verdeutlichen sollte [22]; im Jahre 1818 wollte er in dem Essay *Antik und Modern* die beiden Kategorien als überhistorische Archetypen, als zwei grundverschiedene Weisen künstlerischen Produzierens aufgefaßt wissen – dort fällt das berühmte Wort „Jeder sei auf seine Art Grieche! Aber er sei's." [23]

Die ungebrochene Wirkung der französischen Querelle erklärt freilich nur den universalen Zuschnitt der kulturkritischen Erörterungen, die zumal gegen Ende des 18. Jahrhunderts eine üppige Blüte erlebten; sie erklärt jedoch nicht die veränderte Wertung, das Maß an Bewunderung, das man für die Griechen aufbrachte, und das Maß an Geringschätzung, dem die Gegenwart anheimfiel. Hierin machte sich ein Zeitbewußtsein geltend, das den Fortschrittsglauben der Aufklärung bezweifelte und schließlich verwarf, ja ihn gewissermaßen auf den Kopf stellte und in die Perspektive des Verfalls rückte. Der wichtigste und erfolgreichste Repräsentant dieses Zeitbewußtseins war Rousseau. Seine beiden *Discours* der Jahre 1750 und 1755 verkündeten die Lehre vom glücklichen naturhaften Urzustand des Menschen [24]; der erste *Discours* rügte vor allem die Künstlichkeit der Kultur, der zweite behauptete, daß zwei einander bedingende ökonomische Ursachen, das Eigentum und die Arbeitsteilung, den Menschen um seine ursprüngliche Freiheit, um den Status einer vollen Existenz gebracht hätten.

Winckelmanns Griechenglaube und Rousseaus Glaube an einen glücklichen Urzustand ergänzten einander [25]; sie ließen sich zu jener umfassenden Kulturkritik verbinden, für die das überlieferte Schema der Querelle als Rahmen diente. Erst beides zusammen ergab die Lebensanschauung der deutschen Klassik: Rousseau bestimmte die Richtung des Denkens; Winckelmann stellte für das neue Humanitätsideal ein historisches oder richtiger quasi-historisches Modell bereit. Ein wichtiger Beitrag Rousseaus bestand in der

Lehre von der Arbeitsteilung, der fortschreitenden Spezialisierung. Diese Theorie gab die Möglichkeit an die Hand, die ‚Modernen' mit den eigenen Waffen zu schlagen: man konnte die mannigfaltigen Fortschritte, die in der Neuzeit erzielt worden waren, anerkennen und gleichwohl behaupten, daß der Mensch das Menschsein immer gründlicher verfehle. So zumal Schiller im 6. *Briefe über die ästhetische Erziehung:* der Grieche besaß Ganzheit; jedes Individuum entfaltete den Reichtum seiner natürlichen Anlagen zu einer Totalität harmonischer Kräfte und repräsentierte so die gesamte Menschheit; der moderne Mensch hingegen mußte seine Erfolge mit dem Verlust der Totalität, mit der einseitigen Ausbildung einzelner Anlagen, kurz, mit Beschränktheit, Zerrissenheit, Verkrüppelung bezahlen[26].

Schiller ist indes bei dieser für die Moderne so ungünstigen Antithese nicht stehen geblieben[27]; gerade er hat einen überaus folgenreichen Schritt getan: er hat das Zweiphasenschema der Querelle um eine dritte Phase, um die Dimension der Zukunft erweitert. Seine Lehre, wie er sie am Nachdrücklichsten in der Abhandlung *Über naive und sentimentalische Dichtung* dargestellt hat, fand über die rückwärts gewandte Sicht sowohl Winckelmanns als auch Rousseaus hinaus: der naturhaft-naive Zustand der Griechen sei unwiederbringlich verloren; der moderne, sentimentalische Mensch habe indes die Aufgabe, das Verlorene durch bewußte Wahl und bewußtes Ringen auf einer höheren, nicht mehr physischen, sondern moralischen Stufe wiederherzustellen. Diese Lehre enthielt bei aller Kritik eine deutliche Rechtfertigung der Gegenwart: sie bestritt, daß die Gegenwart der Antike überlegen sei, und räumte ihr zugleich die Chance ein, sich über die Antike zu erheben.

Die Problematik der Querelle, die während der zweiten Hälfte des 18. Jahrhunderts in der hier skizzierten Weise abgewandelt wurde, behielt bei alledem den Charakter eines Epochenvergleichs bei, d. h. es ging nach wie vor um die Frage, wie man die diachronen Unterschiede innerhalb der gesamten europäischen Kultur beurteilen solle; es ging hingegen nicht um das synchrone Verhältnis einzelner europäischer Nationen. So stand es jedenfalls bei einem Teil der deutschen Autoren, insbesondere bei Schiller und Goethe. Und wenn der Epochenvergleich bei den Franzosen des 17. Jahrhunderts eine unverkennbare nationale Färbung gezeigt hatte, so läßt sich hiervon bei den beiden Hauptrepräsentanten der Weimarer Klassik nichts feststellen: Schiller und Goethe meinten offenbar die Modernen oder Neueren, wenn sie von den Modernen oder Neueren sprachen – sie meinten keine bestimmte Nation, etwa die Deutschen.

Schillers Besprechung der goetheschen *Iphigenie* vergleicht das moderne Stück mit der Fassung des Euripides. Sie bemerkt zum Monolog Orests im dritten Akt: „Hätte die neuere Bühne auch nur dieses einzige Bruchstück aufzuweisen, so könnte sie damit über die alte triumphieren. Hier hat das Genie eines Dichters, der die Vergleichung mit keinem alten Tragiker fürchten darf, durch den Fortschritt der sittlichen Kultur und den milderen Geist unserer Zeiten unterstützt, die feinste, edelste Blüte moralischer Verfeinerung mit der schönsten Blüte der Dichtkunst zu vereinigen gewußt." [28]

Die *Briefe über die ästhetische Erziehung* mit der großen Anklage der modernen Kultur bedienen sich derselben, einzig den Unterschied der Epochen hervorhebenden Diktion. „Die Zeitumstände, das Jahrhundert, das Zeitalter": so heißt es alsbald im 2. *Brief*, und die vergleichende Analyse von Antike und Moderne – im 6. *Brief* – beginnt mit dem Satz: „Aber bei einiger Aufmerksamkeit auf den Zeitcharakter muß uns der Kontrast in Verwunderung setzen, der zwischen der heutigen Form der Menschheit und zwischen der ehemaligen, besonders der griechischen, angetroffen wird." [29] So geht es fort durch die ganze Schrift; das Wort deutsch oder ein anderer Name einer europäischen Nation kommt nirgends vor.

Als drittes Beispiel diene die Abhandlung *Über naive und sentimentalische Dichtung*. Sie setzt mit dem Gegensatz von künstlichen Verhältnissen und einfältiger Natur (worunter Schiller die Kinder, das Landvolk, das ferne Altertum subsumiert) ein und leitet daraus das die Zukunft einbeziehende Dreiphasenmodell ab: „Sie" (d. h. die Kinder, usw.) „sind, was wir waren; sie sind, was wir werden sollen." Im weiteren Gang der Argumentation bringt Schiller den üblichen Epochenkontrast: „die alten Griechen – wir Neuern"; er operiert sodann mit der Antithese „alte und moderne Dichter". Die Beispiele entnimmt er der gesamten europäischen Tradition, z. B. bei der Erörterung der These, daß dem Genie stets etwas Naives, Kindliches eigne (er nennt dort Sophokles, Archimed, Hippokrates und ‚aus neuern Zeiten' Ariost, Dante, Tasso, Raphael, Dürer, Cervantes, Shakespeare, Fielding und Sterne), ferner bei der Behandlung der drei Formen sentimentalischer Dichtung, der Satire, Elegie und Idylle. Eine Bemerkung über die Franzosen enthält Tadel und Lob zugleich: die Franzosen, meint Schiller, hätten es in der Unnatur, aber auch in der Reflexion darüber am weitesten gebracht [30].

Für Goethes ‚weltbürgerliche‘ Betrachtungsweise (so hieß ja das übernationale Ideal der Zeit) mögen zwei Beispiele genügen – ihnen ließen sich leicht weitere programmatische Äußerungen, etwa die erwähnte Skizze *Antik und Modern*, zur Seite stellen. In der *Einleitung* zu den *Propyläen*, einer von Goethe gegründeten Zeitschrift, macht der Kontrast der Epochen den roten Faden aus: den Griechen, heißt es sogleich am Anfang, war eine Vollkommenheit, die wir wünschen und nie erreichen, natürlich; wir hingegen vermögen die griechische Bildung nur als Stückwerk vorübergehend zu verwirklichen. Dann freilich scheint Goethe auf eine Art nationaler Sendung zielen: „Welche neuere Nation“, schreibt er, „verdankt nicht den Griechen ihre Kunstbildung? und, in gewissen Fächern, welche mehr als die deutsche?“ Ein späteres Aperçu zeigt indes, daß diese Äußerung eher einen negativen Sinn hat: „Dem deutschen Künstler, sowie überhaupt jedem neuen und nordischen, ist es schwer, ja beinahe unmöglich, von dem Formlosen zur Gestalt überzugehen“ – mit anderen Worten: die mangelnde Formkraft des deutschen Künstlers bedarf in besonderem Maße der Anleitung durch die Griechen [31].

Ein überaus eindrucksvolles Zeugnis für die Denkart Goethes sind die *Skizzen zu einer Schilderung Winckelmanns*, Goethes Beitrag zu dem Sammelband *Winckelmann und sein Jahrhundert* [32]. Diese Skizzen enthalten zumal in den ersten fünf Kapiteln – sie tragen die Überschriften „Eintritt“, „Antikes“, „Heidnisches“, „Freundschaft“ und „Schönheit“ – mancherlei kategoriale Bestimmungen. Der Begriff deutsch indes findet sich nicht darunter, was um so mehr ins Auge fällt, als die Zeitgenossen, z. B. Herder, mit großem Nachdruck den Deutschen Winckelmann gepriesen hatten. Goethe hält sich vielmehr ganz und gar an den traditionellen Epochenvergleich; er verwendet die Antithese antik–modern, und zwar in der Bedeutung, die Winckelmann ihr verliehen hatte: ‚antik‘ steht für ‚griechisch‘. Die Alten, schreibt Goethe, wobei er sich dem geschichtsphilosophischen Konzept Schillers verpflichtet zeigt, suchten die gleichmäßige Vereinigung sämtlicher Eigenschaften und waren bestrebt, mit aller Kraft auf die Gegenwart zu wirken; die Neueren hingegen kranken an ihrer Partikularität und an ihrem Hang zur Transzendenz. Sie können indes, glaubt Goethe, ihr

Stigma überwinden, wie es zum ersten Male von Winckelmann überwunden worden sei – Winckelmann, eine „antike Natur" [33], ist Paradigma und Sinnbild für die Wiederherstellbarkeit menschlicher Existenz schlechthin.

3. Griechisch–Deutsch

Unter allen europäischen Nationen sei es ohne Widerrede die deutsche, die sich am meisten bestrebe, den französischen Geschmack nachzuahmen; bei ihr habe sich auch die französische Sprache am allgemeinsten verbreitet. So urteilte ein französischer Beobachter der deutschen Szene, Le Guay de Prémontval, in seiner Abhandlung *Contre la gallicomanie ou le faux goût français* (1759). Unter den Gründen, die Prémontval für die deutsche Gallikomanie anführt, ist wohl der triftigste der Hinweis auf die große Anzahl von Höfen und Souveränen, die den deutschen Staatskörper teilten: gerade sie hätten mächtig zur Verbreitung der französischen Kultur beigetragen. Viele Deutsche, fährt Prémontval fort, läsen nur französische Bücher, so daß sie ihre eigenen Schriftsteller nicht mehr verstehen könnten – er wundere sich daher nicht über den Verdruß und Unwillen, mit dem mehrere Gelehrte Deutschlands dem ausschweifenden Geschmack an der französischen Literatur begegneten [34].

Die Höfe, die Adligen sprachen und lebten französisch, und das gebildete Bürgertum las zumindest französisch: sowohl der Absolutismus als auch die Aufklärung waren über den Rhein nach Deutschland gekommen. Für deutsche Gelehrte und Literaten, wie sie sich im Laufe des 18. Jahrhunderts mit wachsendem Können und wachsendem Selbstbewußtsein regten, ergaben sich aus diesen Verhältnissen überaus ungünstige Wettbewerbsbedingungen, und so bemächtigte sich ihrer in der Tat nicht selten Verdruß und Unwillen über die Franzosen und die deutsche Französelei. Die Franzosen, meint z. B. Winckelmann in seinen Briefen, seien Esel, Tröpfe, Ignoranten, sie seien gar nicht gemacht, etwas Ernstliches zu treiben; „alle Franzosen", berichtet er einem Freunde aus Rom, „sind hier lächerlich als eine elende Nation, und ich kann mich rühmen, daß ich mit keinem von der verachtungswürdigsten Art zweifüßiger Kreaturen eine Gemeinschaft habe". Und derselbe Winckelmann bedenkt folgerichtig auch die französische Mode der Höfe mit sei-

nem Ressentiment: „Ich weiß", schreibt er jenem Freunde, „daß
Du mit der französischen Seuche eine wenig angesteckt bist, welches
Übel an deutschen Höfen, wo ein französischer Harlequin mehr als
ein wahrer Deutscher gilt, nicht leicht zu heilen ist." [35] Nicht lange
vor seinem Tode, im Jahre 1765, erfuhr Winckelmann am eigenen
Leibe, wie ein deutscher Fürst, sein Landesherr Friedrich II. von
Preußen, die deutschen Gelehrten einschätzte. Er hatte sich um die
vakante Stelle des königlichen Bibliothekars beworben und, von
seinem Berliner Mittelsmann hierzu ermuntert, ein Gehalt von
zweitausend Talern gefordert. Der König bot ihm die Hälfte, wozu
er bemerkt haben soll: „Für einen Deutschen sind tausend Taler
genug." [36]

Der Konkurrenzkampf der deutschen Intellektuellen erzeugte ein
Klischee vom französischen Nationalcharakter, dem man in der
Publizistik jener Zeit allerorten begegnet – selbst so verschiedene
Naturen wie Lessing und Herder stimmen in ihrem Urteil über
‚die Franzosen' genau überein [37]. Die Franzosen, heißt es, sind kor-
rekt, höflich, auf Konventionen und einstudierte Umgangsformen
versessen; sie kultivieren den Spott, den Witz, die Pointe; sie tragen
Eitelkeit und Arroganz zur Schau; sie vernünfteln und ergehen sich
in Sophistereien; sie vernachlässigen über dem Außen, dem Schein,
der Schale das Innen, das Wesen, den Kern – sie sind unnatürlich,
kraftlos, gefühlskalt und wahrer Empfindungen nicht fähig. Diesem
Bilde mag manche Beobachtung zugrundeliegen: der französelnde
Kulturbetrieb an den deutschen Fürstenhöfen hatte gewiß seit der
Jahrhundertmitte ein recht epigonenhaftes Aussehen. Die Gegen-
wartserfahrung wurde nun aber in die Vergangenheit zurückproji-
ziert; zumal Herder unterwarf nahezu alles, was in der deutschen
Geschichte von Frankreich, von den Romanen, von Rom ausgegangen war, einer herben Kritik – sie läuft darauf hinaus, daß die Deutschen durch diese Einflüsse sich selbst entfremdet worden seien [38].

Offensichtlich bedurften die rückständigen Deutschen, um vor
ihren westlichen und südlichen Nachbarn bestehen zu können, einer
historischen Legitimation, einer Art geistigen Stammbaums. Hierin
lag für sie gewiß ein wichtiger Antrieb, sich nicht nur von der
römischen Antike ab- und der griechischen Antike zuzuwenden,
sondern auch so etwas wie eine griechisch-deutsche Wesensver-
wandtschaft zu behaupten. Diese These hob nun wirklich das überkommene Epochenschema antik (oder griechisch) – modern auf; sie

ersetzte es durch eine überhistorische Perspektive, mit der die Deutschen zwar nicht schlankweg den Vorrang vor den übrigen Europäern, wohl aber eine besondere Qualifikation, ein bestimmtes Charisma, kurz, etwas Exklusives beanspruchten.

Die Transformation des Epochenvergleichs in den Parallelismus zweier Völker ging schrittweise vonstatten. Man stellte z. B. Betrachtungen über das Verhältnis der deutschen Sprache zur griechischen an; Klopstock etwa meinte, das Deutsche könne besser als das Englische, Französische oder Italienische die Fülle der griechischen Periode wiedergeben [39]. Größeres Gewicht kommt wohl der Tatsache zu, daß man sich daran gewöhnte, bedeutende deutsche Schriftsteller als ,Griechen' zu bezeichnen. Derartige Identifikationen zeitgenössischer Persönlichkeiten mit einem überzeitlichen Wesensbild mußten auf diese Persönlichkeiten zurückwirken und sie ebenfalls als Verkörperungen eines überzeitlichen Wesens erscheinen lassen – man brauchte dann nur noch einen kleinen Schritt weiterzugehen und von der Person auf die Nation, der sie angehörte, zu schließen, und das Denkbild von der Wesensnähe des griechischen und deutschen Nationalcharakters war vollendet.

Die Entwicklung hat offenbar auch hier mit Winckelmann begonnen. Dieser schrieb selbst einem Freunde, daß er in Rom als der größte Grieche gelte [40]. Herder nahm alsbald das Stichwort auf, um es auf mancherlei Weise zu variieren. Das früheste Zeugnis preist Winckelmann „als einen würdigen Griechen ..., der aus der Asche seines Volkes aufgelebt ist, um unser Jahrhundert zu erleuchten", als „den Griechen unserer Zeit". Wie ersichtlich, geht es hier vor allem um die epochale, weniger um die nationale Figur Winckelmann; immerhin deutet der wie Phönix aus der Asche seines Volkes Aufgelebte patriotischen Stolz an. So nachdrücklicher Herders nächste Äußerung; sie bezeichnet Winckelmann als den „edlen Griechen unsres Vaterlandes", verbindet freilich dieses Lob mit gemessenem Tadel – Winckelmann, dem allzusehr auf die Griechen Fixierten, sei das Größte entgangen: „wie die Kette der Mitteilung Zeiten und Völker verknüpft habe", „wie ein Volk das andre bildete". Weitere Verlautbarungen erheben Winckelmann in die Höhen der Transzendenz. In dem *Lobgesang auf meinen Landsmann Winckelmann* apostrophiert Herder seinen Helden mit den Worten:

„Noch tast' ich schwere Träume! Du
webst schon als Griechengott in hoher, stiller Ruh
der zweiten Jugend."

Ähnlich spricht Herder im *Denkmal Johann Winckelmanns* vom
Geist des Gepriesenen als einem „griechischen Dämon", und er
wünscht, daß jemand dessen Theorie zur Tat mache, einen „neuen
Raffael und Angelo der Deutschen, der uns griechische Menschen
und griechische Kunst schaffe" [41].

Goethe, der Winckelmann eine „antike Natur" nannte, wurde
selbst von seinen Zeitgenossen als Reinkarnation griechischen Geistes gedeutet. So Schiller in seinem berühmten Geburtstagsbrief
vom Jahre 1794. Wenn Goethe als ein Grieche geboren wäre, schreibt
Schiller, so hätte er mit viel geringerer Mühe sein Künstlertum
vollenden können; Schiller fährt fort: „... nun, da Sie ein Deutscher geboren sind, da Ihr griechischer Geist in diese nordische
Schöpfung geworfen wurde, so blieb Ihnen keine andere Wahl, als
entweder selbst zum nordischen Künstler zu werden, oder Ihrer
Imagination das, was ihr die Wirklichkeit vorenthielt, durch Nach-
hilfe der Denkkraft zu ersetzen und so gleichsam von innen heraus
und auf einem rationalen Wege ein Griechenland zu gebären." [42]

Wie ersichtlich, zielt Schiller eher auf einen Gegensatz als auf eine
besondere Nähe des Deutschen zum Griechischen; es geht um die
ungünstigen physischen Bedingungen des Genies Goethe, die im
Sinne der überkommenen Klimatheorie gedeutet werden – Goethe
selbst argumentierte vier Jahre später, in der *Einleitung* zu den
Propyläen, ähnlich, wenn er von den Schwierigkeiten des deutschen,
ja überhaupt jedes neuen und nordischen Künstlers sprach. Wie
Schiller, so meinte auch der Philologe Friedrich August Wolf, in
Goethe sei griechisches Wesen wiedergekehrt; er feierte ihn als jemanden, in dem „sich der das Leben verschönernde wohltätige Geist
des Altertums eine zweite Wohnung genommen" habe [43]. Derlei
Identifikationen waren damals offenbar – jedenfalls in bestimmten,
für das Altertum aufgeschlossenen Kreisen – gängige Münze; ein
Student erklärte z. B. von Wolf: „Wenn ich mit ihm spreche, glaube
ich immer einen Griechen reden zu hören, so ganz auf griechische
Weise allseitig ausgebildet ist sein Geist. Und sein Charakter selbst
ist ganz antik, leicht kindlich, gemütlich und zugleich tief, so wie
unseres Winckelmanns." [44] Doch patriotische Töne hat man hierbei

wohl im allgemeinen nicht angeschlagen – eine Ausnahme sind die folgenden Verse des Homerübersetzers Voss [45]:

„Auch, Lessing, deins" (nämlich dein Lied), „der deutsche Art mit Griechheit, unerkannt, gepaart."

So war die Atmosphäre beschaffen, als Wilhelm von Humboldt – während der produktivsten Phase der deutschen Klassik – den letzten Schritt vollzog, als er auch in die deutsche Seite des Vergleichs ein Abstraktum einbrachte und die Verwandtschaft zweier Wesenheiten, des griechischen und deutschen Nationalcharakters, verkündete [46]. Das früheste Zeugnis scheint ein Brief des Jahres 1795 zu enthalten; Humboldt äußert dort Schiller gegenüber die Absicht, seine „Grille von der Ähnlichkeit der Griechen und Deutschen ins Licht zu setzen" [47]. Er ist dieser ‚Grille', wie Briefe an Goethe beweisen, auch weiterhin nachgegangen; die ausführlichsten Bemerkungen über sie finden sich in der *Geschichte des Verfalls und Untergangs der griechischen Freistaaten*, die im Jahre 1807 in Rom entstand. Humboldt stellt dort fest, daß man lange nicht rein und sorgfältig zwischen griechischem und römischem Geist geschieden habe; er fährt fort: „Die Deutschen besitzen das unstreitige Verdienst, die griechische Bildung zuerst treu aufgefaßt und tief gefühlt zu haben ... Andere Nationen sind hierin nie gleich glücklich gewesen ... Deutsche knüpft ... ein ungleich festeres und engeres Band an die Griechen, als an irgendeine andere, auch bei weitem näher liegende Zeit oder Nation." Bald darauf heißt es, daß „Deutschland (fremde Leser" – setzt Humboldt hier hinzu – „mögen der wehmütigen Seite dieser Vergleichung die ehrenvolle verzeihen) in Sprache, Vielseitigkeit der Bestrebungen, Einfachheit des Sinnes, in der föderalistischen Verfassung und seinen neuesten Schicksalen eine unleugbare Ähnlichkeit mit Griechenland" zeige [48]. Mit den neuesten Schicksalen ist offensichtlich die napoleonische Besetzung gemeint; der Anspruch auf Ähnlichkeit mit den Griechen sucht also die politischmilitärische Niederlage auf kulturellem Gebiet zu kompensieren. Humboldt ist sich bewußt, daß dieser Anspruch vom Ausland für Anmaßung gehalten werden könnte; beschwichtigend fügt er den Hinweis auf den hohen Preis ein, den die Deutschen für ihren Ehrentitel bezahlen müssen [49].

Während Schiller an seiner Abhandlung *Über naive und senti-*

mentalische Dichtung schrieb und Humboldt sich zum ersten Male zu seiner ‚Grille' bekannte, in demselben Jahre 1795 verfaßte Friedrich Schlegel die Schrift *Über das Studium der griechischen Poesie*, eine Schrift, die auf eigentümliche Weise beides vereinigt: das Dreiphasenmodell Schillers und die ‚Grille' Humboldts. Er geht darin von der traditionellen Problematik der Querelle aus; er wolle versuchen, schreibt er, „den langen Streit der einseitigen Freunde der alten und neuen Dichter zu schlichten" [50]. Seine Lehre läuft auf die Erwartung hinaus, daß sich die Bildung, welche die Griechen in zeitlichen Grenzen verwirklicht hätten, auf höherer Stufe und ohne zeitliche Grenzen nochmals verwirklichen lasse – hierin entspricht sie den Spekulationen Schillers [51]. Am Schluß aber heißt es, gerade die Deutschen seien berufen, die erwünschte dritte Phase der Rückkehr zum Objektiven und Schönen einzuleiten: „In Deutschland", schreibt Schlegel, „und nur in Deutschland hat die Ästhetik und das Studium der Griechen eine Höhe erreicht, welche die gänzliche Umbildung der Dichtkunst und des Geschmacks notwendig zur Folge haben muß" – zur Begründung beruft er sich, hierin Humboldt sekundierend, auf die Griechennähe der Deutschen, insbesondere eines Goethe [52]. Neu ist – im Verhältnis zu Humboldt – der Wechsel auf die Zukunft, eine Konsequenz des Dreiphasenmodells: Schlegel prophezeit, daß gerade Deutschland die von ihm erwartete Selbsterlösung des Menschen durch die Kunst vollziehen werde [53].

Herders Winckelmannpreis stellte das Paradigma für einen deutschen Griechen bereit; Humboldts ‚Grille' zog sowohl hieraus als auch aus der literarischen Blüte, wie sie sich in Deutschland entfaltet hatte, allgemeine Konsequenzen – dieses Fazit ergibt sich wohl im wesentlichen für die deutsche Sonderentwicklung des europäischen Epochenschemas antik–modern zur nationalen Parallele griechisch–deutsch. Das Denkbild widersprach im Grunde den Überzeugungen Herders wie Humboldts: der Einsicht in die Vielfalt und Unvergleichbarkeit alles Geschichtlichen, dem Konzept individueller und somit unnachahmbarer Nationalcharaktere. Während sich die Erscheinung bei Herder in engen Grenzen hielt, gaben Humboldt und erst recht Schlegel in einem nicht unbedenklichen Maße einen deutschen Exklusivanspruch, ein deutsches Sendungsbewußtsein zu erkennen, das aus übergeschichtlichen Wesenheiten abgeleitet war; hier begann sich – wohl durch deutsche Kompensationsbedürfnisse bedingt – ein nationaler Mythos zu entfalten.

4. Schlußbemerkung

Man könnte fortfahren und etwa Hölderlins Glauben an die Wiederkunft der Griechengötter in Deutschland erwähnen. Man könnte sich außerdem mit weiteren Transformationen des Begriffspaares antik–modern befassen, mit der Dichotomie griechisch–romantisch, wie sie Jean Paul in der *Vorschule der Ästhetik* verwendet, und mit der analogen Dichotomie klassisch–romantisch, die lange Zeit als Schlüssel für die Deutung der Goethezeit gedient hat. Das Bisherige mag genügen – eine Skizze, der es nicht darum ging, die Vielfalt der Reflexionen über die Nachahmung der Alten, zumal der Griechen, und über die Grenzen dieser Nachahmung zu beschreiben, die vielmehr lediglich gewisse Rahmenbedingungen und Leitbegriffe zum Vorschein bringen wollte.

Die Skizze hat Folgendes ergeben. Es ist einerseits richtig, daß – wie gemeinhin angenommen wird – die deutschen Schriftsteller seit Winckelmann mit der römisch und romanisch vermittelten Antikerezeption brachen und sich ziemlich einseitig den Griechen zuwandten. Hiermit wurde das erste Glied des Epochenschemas antik–modern abgewandelt, jedenfalls der Sache nach, d. h. man pflegte auch dann die Griechen zu meinen, wenn man weiterhin von den ‚Alten', usw., sprach. Andererseits aber ist nicht richtig, was vielerorts behauptet und nirgends dementiert wird: daß sich die deutsche Klassik auf monolithische Formeln wie griechisch–deutsche Verwandtschaft, griechisch–deutsche Begegnung, usw., bringen lasse. Das Selbstverständnis der deutschen Klassiker war durchaus nicht so einseitig auf eine derartige nationale Perspektive fixiert. Die Terminologie der Quellen gibt vielmehr zwei Hauptrichtungen, zwei Traditionsstränge zu erkennen. Die Repräsentanten des einen Traditionsstranges, zuallererst Schiller und Goethe, halten an der überkommenen Problematik fest; sie argumentieren also bei ihren Versuchen, die eigenen Leistungen und Möglichkeiten am Gegenbild der Griechen abzuschätzen, als ‚Moderne', d. h. als aufgeklärte Europäer des späten 18. und beginnenden 19. Jahrhunderts, nicht als Deutsche. Die Repräsentanten des anderen Traditionsstranges – etwa Wilhelm von Humboldt und Friedrich Schlegel – haben hingegen in der Tat begonnen, die überkommene Opposition auf eine national gefärbte Perspektive, auf die Opposition griechisch–deutsch einzuengen und so für die Deutschen einen besonderen Rang zu beanspruchen. Allerdings handelt es sich hierbei nicht – wie bei Schiller und Goethe – um zusammenhängende theoretische Reflexionen, sondern um Aperçus, um, wie Humboldt sich ausdrückt, eine ‚Grille'.

Die deutsche Rezeption der Goethezeit, zumal ihr Sprachrohr, die deutsche Germanistik, hat diese Zweisträngigkeit ignoriert; sie hat ignoriert, daß die Hauptrepräsentanten der Weimarer Klassik europäisch, nicht national gedacht haben, und statt dessen einseitig die national gefärbte Perspektive, die Opposition griechisch–deutsch, hervorgehoben. Diese nationalistische Verzerrung der historischen Wirklichkeit beruht vornehmlich auf zwei Ursachen:

1. Die deutsche Klassik wurde als Erscheinung von größter Originalität betrachtet; man deutete sie weithin nach dem Bilde, das schon Herder auf die Gründerfigur Winckelmann anwandte: als Phönix aus der Asche. So pflegte man die Bedeutung ihres europäischen Hintergrundes, zumal die enorme Beisteuer der französischen und englischen Aufklärung zu unterschätzen.

2. Die Aussagen der deutschen Klassiker selbst wurden parteiisch interpretiert, ja unter Mißachtung des eindeutigen Wortlauts verfälscht – im Sinne einer nationalistischen Einstellung, die so sehr Allgemeingut geworden war, daß der einzelne Interpret sie nicht mehr zu durchschauen vermochte. Die wichtigste Darstellung des hier behandelten Themas ist noch stets Rehms Werk *Griechentum und Goethezeit*, das im Jahre 1936 die erste, im Jahre 1968 wenig verändert die vierte Auflage erlebt hat. Es pflegt um seines Leitmotivs, der deutsch-griechischen Begegnung willen drei Dinge miteinander zu vermengen: einmal das Querelle-Problem, die Frage des Ranges der Epochen, zum anderen das imitatio-Problem, die Frage nach der Nachahmbarkeit der Griechen, und schließlich das sich in einem idealen Bild von den Griechen spiegelnde deutsche Nationalbewußtsein.

Überdies ist die Goethezeit selbst ein einmaliger Ablauf, ein Prozeß von großer Dynamik gewesen – ein vielstimmiges öffentliches Gespräch über vielerlei Themen, das von sehr verschiedenartigen Individuen auf immer neue Weise geführt wurde, eine Periode einer reichen literarischen Produktion und mannigfaltiger Entwürfe eines Humanitätsideals; diese Zeit ging, wie schon Heine erkannte, mit Goethes Tod zu Ende. Die nationalistische Rezeption der Goethezeit aber – die wissenschaftliche und populäre Schriftstellerei, die

Schule bis zum Zeitalter der Weltkriege – wollte dieses Ende nicht wahrhaben: sie suchte gleichsam stillzustellen und ins Überzeitliche zu erheben, was ein einmaliger Ablauf gewesen war. Als Beispiel kann abermals das Buch von Rehm dienen; es beginnt – nach einer Einleitung – mit einem Kapitel über Winckelmann und endet mit einem Kapitel über Hölderlin; aller weiteren Entwicklungen wird mit keinem Worte gedacht. Man kann hiermit Eliza Butlers Werk *The Tyranny of Greece over Germany* vergleichen, das dem Jahre 1935 entstammt. Auch Butler beginnt mit Winckelmann; sie läßt jedoch auf das Hölderlinkapitel eine ausführliche Behandlung Heines sowie einen Ausblick folgen, der bis zu George reicht. Der Unterschied des Aufbaus zeigt die unterschiedlichen Absichten: während Butler eine – wenn auch in vieler Hinsicht anfechtbare – historische Darstellung gibt, die sich bis zur Gegenwart der Autorin erstreckt und deren Perspektive offen erkennen läßt, sucht Rehm als zeitloser Autor eine Reihe von zeitentrückten Bildern vorzuführen, die ein ebenso zeitentrückter Leser andächtig in sich aufnehmen soll.

Wer derlei Kritik an der deutschen Rezeption der deutschen Klassik, an der Mythisierung dieser Epoche übt, rennt heutzutage überall offene Türen ein. Hiermit ist freilich nicht gesagt, daß die Spuren der Vergangenheit bereits beseitigt, die einstigen Unzulänglichkeiten behoben seien, jedenfalls nicht im Bereich der wissenschaftlichen Literatur. Auf der deutschen Klassik scheint – wegen des Mißbrauchs, der mit ihr getrieben wurde – jedenfalls in Westdeutschland noch stets ein Bann zu liegen; die gegenwärtige westdeutsche Germanistik weicht ihr im allgemeinen aus und wendet sich teils früheren Epochen, dem Barock, dem Humanismus, usw., teils der Gegenwart zu. Meines Erachtens besteht kein Anlaß, diesen Bann aufrechtzuerhalten; die deutsche Klassik ist nach Leistung und Selbsteinschätzung nicht nur eine deutsche, sondern durchaus auch eine europäische Angelegenheit [54].

Winckelmann, ein deutsches Symbol

1

Winckelmanns sei mehr gedacht worden als vieler, die gleichen und höheren Anspruch auf das Andenken der Nachwelt hatten – so beschloß einst, im Jahre 1872, Justi seine berühmte Biographie[1]. Inzwischen ist ein weiteres Jahrhundert des Winckelmann-Gedenkens vergangen, und dieses Gedenken zehrte, als wolle es den Urheber jenes Wortes ad absurdum führen, so sehr von dessen dreibändigem Werk, daß man wohl manchen Panegyricus auf Winckelmann als Brocken von der Tafel Justis bezeichnen mag. Hatte Justi recht, wenn er schon damals meinte, zwischen dem Gegenstand und seiner Wirkung bestehe ein Mißverhältnis? Oder darf man ihm jedenfalls heute recht geben? Allerdings. Denn wer konnte es besser wissen als er? Und findet seine Biographie, das gewichtigste Dokument der Winckelmann-Wirkung, nicht mindestens ebenso viele Leser wie die bekanntesten Schriften von Winckelmann selbst? Und schließlich: jene Winckelmann-Panegyrik zeigt ein erstaunliches Maß an Stereotypizität. Die Wiederholungen reichen bis ins Detail; kaum ein Festredner unterläßt es, auf das Wort hinzuweisen, der einzige Weg für uns, groß, ja, wenn es möglich sei, unnachahmlich zu werden, sei die Nachahmung der Alten, und wohl noch häufiger beruft man sich auf jenen anderen Ausspruch, der gleichfalls den Begriff ‚Größe‘ enthält[2]. Ebenso kehren stets dieselben Anekdoten wieder: daß Winckelmann zu Seehausen Gleichnisse aus dem Homerus betete, daß er zu Rom des Morgens aus dem hannöverischen Gesangbuche zu singen pflegte[3]. Diese Konstanz der Motive läßt auf Verlegenheit schließen; der Gegenstand ist begrenzt, doch schier unbegrenzt die Zahl derer, die sich seiner anzunehmen wünschen.

Da Justi demnach recht zu haben scheint: wie erklärt sich die Faszination, die immer wieder vom Namen Winckelmanns ausging? Gibt Justi eine Erklärung? Wohl kaum: „Er glaubte an eine Freundschaft", schreibt er von seinem Helden, „ ‚die aus dem Schoße der ewigen Liebe stammt'. Dieses Gefühl", fährt er fort, „das er so bereitwillig auf Sterbliche übertrug, ist auch ihm nach seinem Tode gewidmet worden" – dann folgt der bereits zitierte Satz. Gewiß, ein Teil, eine Phase der Winckelmann-Wirkung ist hiermit in unbeabsichtigter Prophetie erklärt: Winckelmanns Freundschaftskult wurde ein beherrschendes Motiv im Winckelmann-Enthusiasmus des George-Kreises. Doch das Ganze vermag der Hinweis Justis nicht zu erklären, und Justi selbst war es wohl auch mehr um einen wirkungsvollen Schlußakkord als um die Lösung eines Problems zu tun.

Einer Lösung scheint sich hingegen ein anderer Winckelmann-Biograph, Waetzold, zu nähern. Er schreibt: „Aus Druck, Entbehrung und Unbekanntsein führt die Lebenskurve aufwärts zu Freiheit, Genuß und europäischem Ruhm. Aus theologisch-philologischer Befangenheit befreit sich sein Geist zur Weltbildung. Der Drang, dem Ideal nachzuleben, die fast übermenschliche Kraft, das Sehnsuchtsziel zu erreichen, hat Winckelmann zu einer fast symbolischen Erscheinung werden lassen für deutschen Idealismus und edelsten Bildungstrieb, symbolisch auch für den Mann des dritten Standes, der ans Licht drängt, für den Bürger des 18. Jahrhunderts, der als Gleichberechtigter sich an den Tisch der Fürsten setzt und mit der Waffe des Geistes in die ständisch-aristokratische Welt einbricht." [4]

So Waetzold. Seine Darlegungen bestätigen zunächst, was sich jedermann sofort aufdrängt, der nach den Ursachen der Wirkung Winckelmanns fragt: daß diese Wirkung ebensosehr durch das Leben und, wie man sogleich hinzufügen kann, durch den Tod Winckelmanns bedingt ist wie durch seine Schriften. Sodann fällt die Stilisierung auf, die Waetzold seinem Gegenstand zuteil werden läßt: Winckelmanns Leben erhält eine heroische Draperie, die durch die Tatsachen kaum gerechtfertigt ist, die selbst bereits ein Stück Winckelmann-Tradition ausmacht. Und schließlich das Wichtigste: Waetzold hat erkannt, daß Winckelmann für etwas stand, daß er zu einem Idealtypus, einem Leitbild erhoben wurde, daß die Nachwelt glaubte, sich in ihm wiederzufinden. Waetzold nennt zwei Gründe, die diese Identifikation von Held und Publikum verursacht haben sollen: einen nationalen – Winckelmann stellte den ‚idealisti-

schen', den sich durch ,Bildung' verwirklichenden Deutschen dar –
und einen sozialen Grund – Winckelmann habe zugleich den
,Mann des dritten Standes', den ,Bürger' repräsentiert, der durch
,Geist' auszugleichen suchte, was die Herkunft ihm versagt hatte.
Beide Gründe sind stichhaltig. Sie haben indes in der Tradition ein
sehr unterschiedliches Gewicht erlangt. Das soziale Motiv verblaßte,
je mehr sich die Zeit von Winckelmanns ständisch-aristokratischer
Umwelt entfernte; das nationale Motiv erstarkte, je mehr sich der
Nationalismus auch sonst zum alles beherrschenden Prinzip er-
hob.

Die folgenden Ausführungen sollen diesen Prozeß skizzieren; sie
sollen dartun, wie Winckelmann von der panegyrischen und bio-
graphischen Literatur mehr und mehr zu einem Monument, einer
mythischen Figur, einer Symbolgestalt deutschen Wesens hinaufstilisiert wurde. Dieser Prozeß hat sich unverkennbar in drei Phasen
vollzogen. Die erste Phase reicht von Winckelmann selbst und seinen Zeitgenossen bis zur Winckelmann-Gedenkschrift Goethes. Die
zweite Phase der Winckelmann-Wirkung (man könnte sie die realistische Phase nennen) wird hauptsächlich durch Justis bedeutende
Biographie repräsentiert [5]. Die dritte, die eigentlich symbolische, ja
mythische Phase, setzte in den zwanziger Jahren des 20. Jahrhunderts ein; sie erhielt durch den George-Kreis und andere Propa-
gandisten nationalistischer Vorstellungen ihre bestimmenden Merkmale.

2

Die erste Phase beginnt mit Winckelmann selbst. Eigentlich dürfte
man Winckelmanns brieflichen Äußerungen über die Deutschen,
die Franzosen, die Engländer usw. nicht allzuviel Gewicht beimes-
sen; immerhin findet sich in der Winckelmann-Literatur der dritten
Phase die Behauptung, Winckelmann sei der erste ganz lebendige
und (sich) dessen bewußte Deutsche gewesen; „all sein Tun", heißt
es, „strömt aus diesem seinem Grundgefühl und darauf (?) wieder
zurück"[6]. Um dieser These willen empfiehlt sich wohl eine kurze
Musterung.

Eine erste Gruppe von Zeugnissen variiert das Motiv, daß irgend jemand, vor allem Winckelmann selber, der deutschen Nation
oder dem deutschen Namen Ehre mache, und eine Abart hiervon

besagt, daß die Deutschen in Kunst, Wissenschaft und Literatur Tüchtiges leisten, daß sie sich auf diesen Gebieten mit ihren Nachbarn durchaus messen können [7]. Also allerlei Floskeln, und auch berechtigtes Selbstbewußtsein; was darüber hinausgeht, ist durch die damaligen kultursoziologischen Verhältnisse bedingt.

Eben diese Verhältnisse, die überaus ungünstigen Wettbewerbsbedingungen Winckelmanns und aller deutschen Künstler, Gelehrten und Literaten, machen auch die zweite, die dominierende Gruppe von Zeugnissen verständlich, jene mitunter sehr drastischen Äußerungen, in denen Winckelmann seinem Ressentiment gegen die Franzosen freien Lauf läßt. Die Franzosen, meint Winckelmann, seien Esel, Tröpfe, Ignoranten, seien gar nicht gemacht, etwas Ernstliches zu treiben; „alle Franzosen", weiß er dem Freunde Berendis aus Rom zu berichten, „sind hier lächerlich als eine elende Nation, und ich kann mich rühmen, daß ich mit keinem von der verachtungswürdigsten Art zweifüßiger Kreaturen eine Gemeinschaft habe" [8].

‚Hier‘, in Rom, schreibt Winckelmann, seien die Franzosen lächerlich – doch an den deutschen Fürstenhöfen waren sie es nicht. So erklärt sich mühelos auch die dritte und letzte Gruppe Winckelmannscher Deklamationen, die Kritik an den eigenen Landsleuten. „Ich muß aber auch gestehen", heißt es in dem erwähnten Brief an Berendis, „daß fast alle Deutschen die hier kommen französische Meerkätzchen sein wollen ... Ich schreibe dieses deswegen", fährt Winckelmann fort, „weil ich weiß, daß Du mit der französischen Seuche ein wenig angesteckt bist, welches Übel an deutschen Höfen, wo ein französischer Harlequin mehr als ein wahrer Deutscher gilt, nicht leicht zu heilen ist." Alles werde französisch, klagt Winckelmann ein andermal; der lächerliche Hof zu Dresden habe für die Universität Leipzig einen Sprachmeister aus Paris mit einer sehr ansehnlichen Pension kommen lassen [9].

Kurz und gut, Winckelmanns Briefe bezeugen erstens ein unbefangenes Ruhmes- und Wetteifermotiv, dem von jeher das Nebeneinander der europäischen Nationen als Vergleichsmaßstab gedient hatte. Sie bezeugen weiterhin eine Abneigung gegen die Franzosen, die vor allem durch sozialökonomische Gegebenheiten bedingt war: Die französische Mode seines Jahrhunderts verringerte für ihn und seinesgleichen die Aussicht, im eigenen Lande Rang und Ansehen zu erlangen. Sie bezeugen schließlich das Korrelat des Franzosen-

Hasses: die Kritik an der franzosenfreundlichen Kulturpolitik der deutschen Fürstenhöfe. Winckelmann – so lautet das Fazit – wußte noch nichts von deutscher Art und deutschem Wesen, und er hatte auch keinerlei deutsche Sendung zu erfüllen. Wenn es ein ‚Grundgefühl' gegeben hat, dem all sein Tun entströmte, so war es der Genuß der Freiheit, den Rom ihm gewährte und der ihm die Schulmeistervergangenheit im preußischen Vaterlande als schauderhafte Sklaverei erscheinen ließ [10].

Im 18. Jahrhundert blühten die kritischen Literaturblätter, die von einem breiten Publikum begierig gelesen wurden. Sie verhalfen Winckelmann zu vielfältiger Resonanz; nahezu sämtliche Literaten von einigem Rang nahmen Gelegenheit, sich in der *Bibliothek der schönen Wissenschaften und der freien Künste*, in den *Göttingischen Gelehrten Anzeigen*, im *Teutschen Merkur* oder sonstwo über seine Werke zu verbreiten. Gewiß fehlte es nicht an Vorbehalten und Skepsis und auch nicht an ablehnender Kritik; doch das Lob, die Zustimmung überwog bei weitem. Winckelmann war sofort en vogue; seine Thesen breiteten sich aus und regten mannigfache Betrachtungen an. Man pries Winckelmann als Förderer der Altertumsstudien und hob seine wissenschaftliche Leistung, sein System, seine Methode, seine Statuenbeschreibungen hervor – so z. B. Weisse, Klotz und Möser [11]. Man zeigte Genugtuung, daß Winckelmann in deutscher Sprache schrieb, und bewunderte die Kraft und Reinheit seines Stils – so etwa Gottsched und Hamann, sowie abermals Weisse und Klotz [12]. Hin und wieder war man auch von Winckelmanns Laufbahn fasziniert; man maß seinem Aufstieg, seinem Sieg über ein dumpfes Milieu, exemplarische Bedeutung bei – so Thomas Abbt und Georg Brandes [13]. In allen diesen und mancherlei sonstigen Lobesbekundungen lautete der ständig wiederkehrende Refrain: Deutschland dürfe stolz sein auf Winckelmann; Winckelmann habe der Nation zu Ruhm und Ansehen verholfen; kein Ausländer könne es mit seiner Leistung aufnehmen [14].

Der kritische Betrachter der Gegenwart wird an diesen Prädikationen schwerlich etwas zu beanstanden finden. Winckelmanns ausländischer Ruhm war eine blanke Tatsache, und ebensowenig ließ sich bestreiten, daß man seit Leibniz zum ersten Male wieder eine Figur von europäischer Geltung aufweisen konnte. Aller Preis galt ja auch stricto sensu der zeitgenössischen Person und nicht irgendwelchen Abstraktionen: nicht der Reinkarnation griechischen Wesens und nicht dem deutschen Geist. Formal betrachtet variierten jene Huldigungen das unbefangene Ruhmes- und Wetteifermotiv, das sich schon in Winckelmanns Briefen bekundet hat. Außerdem muß man berücksichtigen, daß der Chor der zeitgenössischen Schriftsteller durchaus pro domo argumentierte, wenn er Winckelmann mit solchem Nachdruck herausstellte: Er suchte auf diese Weise das nicht mehr berechtigte Privileg zu unterlaufen, dessen sich alles Französische an den deutschen Fürstenhöfen zu erfreuen hatte.

Der gewichtigste Zeuge des 18. Jahrhunderts blieb bisher ungenannt: Johann Gottfried Herder. Er hat sich des öfteren über Winckelmann geäußert; in den frühen Urteilen überwiegt die Zustimmung, in den späten die Skepsis. Auch er hat gerne das Ruhmes- und Wetteifermotiv gehandhabt. Zugleich aber begegnet in seinen Verlautbarungen ein formales Novum, eine bislang unbekannte Redefigur, die schier unabsehbare Folgen gezeitigt hat: er steigerte die Person Winckelmanns zum Muster, zum Idealtyp. So bereits, wenn er in seinem Frühwerk, den Fragmenten *Über die neuere Deutsche Literatur* (1766/67) nach einem „deutschen Winckelmann" fragt, „der uns den Tempel der griechischen Weisheit und Dichtkunst so eröffne, als er den Künstlern das Geheimnis der Griechen von ferne gezeigt" [15]. Doch diese Variante war noch harmlos; Winckelmanns Name bezeichnet dort lediglich eine bestimmte Weise, einen historischen Gegenstand darzustellen.

Als weniger harmlos sollte sich hingegen eine zweite, ähnliche Figur erweisen: Herder nennt Winckelmann den „edlen Griechen unsres Vaterlandes"; er meint, bei ihm zeige sich in allen Schriften und Briefen die „bescheidne alte Größe"; er wünscht, „daß der Geist Winkelmanns, dieser griechische Dämon, ... sich auf einen Künstler senke", und hält ihn für einen „Wink auf den der kommen soll, den neuen Raffael und Angelo der Deutschen, der uns griechische Menschen und griechische Kunst schaffe" [16]. Herder identifiziert hier Winckelmann mit seinem Gegenstande: Winckelmann, der Künder griechischer Kunst, wird ihm selber zu einem Griechen.

Die Bedeutung dieser Identifikation tritt erst zutage, wenn man sie als Glied einer Kette, als Übergangsphase innerhalb eines säkularen Prozesses versteht. Der europäische Klassizismus, zumal die berühmte Querelle des Anciens et des Modernes, welche die Franzosen in den letzten Jahrzehnten des 17. Jahrhunderts austrugen, hatte, um mit sich selbst ins reine zu kommen, das lapidare Vergleichsschema antik–modern verwendet; in diesem Rahmen pflegte man eine große Vielfalt objektiver Gegebenheiten – die Philosophie, die Wissenschaft, die Literatur, die Kunst, kurz die gesamte Kultur – zu betrachten. Dann aber gaben einige Protagonisten der deutschen Klassik, vor allem Winckelmann, Herder und Wilhelm von Humboldt, dem traditionellen Schema eine neue Wendung; sie prägten es um und legten es stufenweise auf nationale und subjektive Inhalte fest. Winckelmann veränderte nur die eine Seite der Parallele: Er meinte – anders als die Italiener und Franzosen – mit den ‚Alten‘ zuallererst die Griechen. Auf der anderen Seite hingegen stand für ihn noch keine einzelne Nation, sondern die Gegenwart schlechthin, die ‚Moderne‘; zudem blieb seine Antithese auch darin der Tradition verpflichtet, daß sie sich auf einen objektiven Inhalt, auf die bildenden Künste, bezog. ‚Winckelmann der deutsche Grieche‘ formulierte dann Herder, und hiermit wurde das Schema nicht nur in die Gleichung griechisch–deutsch gepreßt, sondern auch zum ersten Male auf Subjekte übertragen und benutzt, einen Inbegriff moralischer und intellektueller Fähigkeiten zu bezeichnen. Doch auch diese Formel war transitorisch. Sie enthielt noch Subjekte verschiedener Art: sie zielte einerseits mit dem Abstraktum ‚der Grieche‘ auf einen absoluten Maßstab, ein über Zeit und Raum erhabenes Wesensbild; sie meinte andererseits die konkrete Person Winckelmanns, die freilich durch die Gleichsetzung mit dem Ideal ins Überindividuelle gesteigert wurde. Humboldt endlich vollzog den letzten Schritt. Er brachte auch in die deutsche Seite der Parallele ein abstraktes Denkbild ein; er kündete die Wahlverwandtschaft zweier idealer Wesenheiten, des griechischen und des deutschen Nationalcharakters [17]. Winckelmann erweist sich somit als ein wichtiges Bindeglied zwischen der französischen und der deutschen Klassik; zu dieser Rolle verhalf ihm sowohl sein eigenes Tun, sein Kult der griechischen Kunst, als auch die Reflexion, die sein Tun bei anderen in Gang setzte.

Zurück zu Herder. Die folgenschwere Formel vom „edlen Griechen unsres Vaterlandes" war – welch ein Paradox – gar nicht so gemeint, wie sie einem späteren, von den Vorstellungen der deutschen Klassik beeinflußten Verständnis erscheinen möchte: sie war ein gemessenes Lob, sie war beinahe schon ein Tadel; sie wollte Winckelmann nicht nur anerkennen, sondern auch auf seine Grenzen hinweisen. Winckelmann habe, schreibt Herder, als Grieche über die Griechen geurteilt, und nicht auch als Ägypter über die Ägypter. Er lasse, legt Herder dar, die griechische Kunst aus sich selbst hervorgehen und sei überhaupt ein einseitiger Lobredner der Griechen; er bestreite die ägyptischen Ursprünge der griechischen Kunst und vermöge überhaupt die anderen Völker nicht unparteiisch zu betrachten. So sei ihm das Größte entgangen: „wie die Kette der Mitteilung Völker und Zeiten verknüpft habe", „wie ein Volk das andre bildete" [18]. Diese Polemik ist der Weite Herders würdig: während Winckelmann nur die Griechen gelten ließ, postulierte Herder zweierlei: das Eigenrecht, die eigene Denkart aller Völker sowie den übergreifenden Zusammenhang der Menschheitskultur. Wäre Herder nicht allzu sehr geneigt, die je ‚eigene Natur' der Völker als konstante Wesenheiten zu betrachten, so könnte man seine Auseinandersetzung mit Winckelmann ohne Einschränkung ein Plädoyer für die Geschichte nennen. Jedenfalls aber war sein Kompliment für Winckelmann durchaus zweischneidig.

Auf das Lob und die Kritik Herders folgten einige Jahrzehnte verhältnismäßiger Winckelmann-Stille, und hiernach wiederum erschien das Bedeutsamste, das je über Winckelmann geschrieben wurde: Goethes Beitrag zum Sammelband *Winckelmann und sein Jahrhundert* (1805) [19]. Dieser Band ist eine gemeinsame Veranstaltung der W. K. F., der Weimarer Kunstfreunde; er enthält:

1. eine Vorrede von Goethe,
2. 27 Briefe Winckelmanns an seinen Freund Berendis,
3. den Entwurf einer Kunstgeschichte des 18. Jahrhunderts von Heinrich Meyer,
4. Skizzen zu einer Schilderung Winckelmanns, mit Aufsätzen von Goethe, Heinrich Meyer und Friedrich August Wolf.

Wie schon die Inhaltsübersicht zeigt, gilt der Band nicht dem Gelehrten und Schriftsteller, sondern zuallererst dem Menschen Winckelmann; die Person und ihr Zeithintergrund sollten gezeichnet werden. Goethe bringt indes keine eigentliche Biographie; er verzichtet auf jeden chronologischen Zusammenhang. Statt dessen sucht er in einer Reihe kürzerer, mit Stichworten bezeichneter Kapitel eine Charakteristik Winckelmanns zu geben. Die ersten fünf Kapitel betrachten Leben und Person als ein Ganzes; sie tragen die Überschriften „Eintritt", „Antikes", „Heidnisches", „Freundschaft", „Schönheit" und zielen auf ein Wesensbild. Die übrigen 19 Kapitel skizzieren Ereignisse und Wendepunkte aus Winckelmanns Leben,

z. B. seinen Übertritt in die katholische Kirche; sie widmen sich seinen Tätigkeiten, seinen Freunden, seiner gesellschaftlichen Stellung.

Goethes Aufsatz enthält, wie vor allem die genannten Kapitelüberschriften zu erkennen geben, mancherlei kategoriale Bestimmungen. Der Begriff ‚deutsch' indes findet sich nicht darunter; die von den Zeitgenossen, zumal von Herder, so nachdrücklich hervorgehobene nationale Perspektive fehlt völlig. Goethe greift vielmehr auf den traditionellen Epochenvergleich zurück. Er verwendet wieder die Antithese antik–modern, und zwar in der Bedeutung, die Winckelmann ihr verliehen hatte: ‚antik', steht für ‚griechisch'. Außerdem aber macht Goethe sich die Herdersche Denkfigur zu eigen; er nennt Winckelmann eine „antike Natur" [20]. Dieser Ausdruck deutet bei ihm auf eine erfüllte Form des Daseins, auf eine vollendete, heile Existenz; er hat daher, anders als der „edle Grieche" Herders, einen uneingeschränkt positiven Sinn.

Auf der Basis des Epochenvergleichs und eines spekulativen Antikebegriffs hat Goethe das Leben und die Person Winckelmanns zu beispielhafter Bedeutung erhoben. Daß er ein Monument zu errichten gedachte, zeigt schon die Ausdrucksweise der Vorrede – er wünscht Winckelmann „zu feiern" und ihm „ein wohlgemeintes Opfer darzubringen" –, zeigt weiterhin die Metaphorik des Schlusses, die Winckelmann als griechischen Heros ehrt: „Von seinem Grabe her stärkt uns der Anhauch seiner Kraft." [21] Daß es auf ein Monument abgesehen ist, beweisen vor allem der Stil und die sorgsam durchdachte Darstellungsweise zumal der ersten fünf Kapitel.

Goethe bringt zu Beginn der beiden ersten Rubriken jeweils eine dreistufige Klimax. Das Kapitel „Eintritt" unterscheidet „gewöhnliche Menschen", „vorzügliche Geister" und „besonders begabte Menschen". Die „gewöhnlichen Menschen" suchen „von Kindheit an die äußere Welt mit Lust zu ergreifen"; die „vorzüglichen Geister" haben die Eigenheit, „in sich selbst eine eigene Welt zu erschaffen"; den „besonders begabten Menschen" endlich gelingt die Synthese: sie sind bestrebt, „zu allem, was die Natur in sie gelegt hat, auch in der äußeren Welt die antwortenden Gegenbilder zu suchen und dadurch das Innere völlig zum Ganzen und Gewissen zu steigern". Als Paradigma für die höchste Stufe dient Winckelmann. In analoger Weise wartet das Kapitel „Antikes" mit einer Klimax auf; Goethe unterscheidet dort den zweckmäßigen Gebrauch einzelner Kräfte, die Verbindung mehrerer Fähigkeiten, die gleichmäßige Vereinigung sämtlicher Eigenschaften. Nur im zuletzt genannten Zustande vermöge der Mensch „das Einzige, ganz Unerwartete" zu leisten; als Paradigmen für diese höchste Stufe dienen zunächst ,die Alten' und hernach abermals Winckelmann.

Wichtiger noch ist ein Darstellungsschema, in das die ersten fünf Kapitel, die auf das Wesensbild Winckelmanns zielenden Abschnitte, sich teilen. Goethe umschreibt jeweils zunächst ein Muster, ein Optimum, ein Ideal, und jeweils folgt auf diese allgemeinen Reflexionen die Anwendung auf Winckelmann. „Unser Winkkelmann war von dieser Art", bemerkt Goethe im „Eintritt", nachdem er die dritte Stufe seiner Klimax, den besonders begabten Menschen, bestimmt hat. „Eine solche antike Natur war ... in Winckelmann wieder erschienen", stellt die Rubrik „Antikes" fest. „Dieser heidnische Sinn leuchtet aus Winckelmanns Handlungen und Schriften hervor", heißt es im Abschnitt „Heidnisches". Derselbe modus procedendi kehrt endlich in den Kapiteln „Freundschaft" und „Schönheit" wieder: „Zu einer Freundschaft dieser Art fühlte Winckelmann sich geboren ..."; „Für diese Schönheit war Winckelmann, seiner Natur nach, fähig ..."

Die Winckelmann-Schrift enthält ein gut Stück Goethescher Lebensanschauung, verschmolzen mit dem geschichtsphilosophischen Konzept, das Schiller und Humboldt in ihren Schriften dargelegt hatten. Sie enthält eine ungewöhnlich schroffe Absage an das Christentum, an die Romantik, an jegliches Transzendenz-Denken. Die Antithese antik–modern ist das Gerüst der Goetheschen Reflexionen[22]. Die Alten, heißt es, fühlten ihre einzige Behaglichkeit innerhalb der lieblichen Grenzen der schönen Welt; der Neuere hingegen werfe sich fast bei jeder Betrachtung ins Unendliche. ,Die Alten' stehen für die gleichmäßige Vereinigung sämtlicher Eigenschaften, für das Bestreben, mit allem Sinn, aller Neigung, aller Kraft auf die Gegenwart zu wirken; sie hielten sich, meint Goethe, am Nächsten, Wahren, Wirklichen fest. Die Neueren aber sind – abermals nach Goethe – auf den Gebrauch einzelner Kräfte eingeschränkt, sie vermögen allenfalls mehrere Kräfte zu verbinden; ihr Gefühl, ihre Betrachtung ist zerstückelt; sie kranken an einer kaum heilbaren Trennung in der gesunden Menschenkraft. ,Antik' gegen ,modern' – dieser Kontrast bedeutet für Goethe: Immanenz gegen Transzendenz, Totalität gegen Partikularität.

Doch das Stigma der Neueren, der Hang zur Transzendenz, die Zerstückelung, glaubt Goethe, lasse sich überwinden, sei von Winckelmann ein erstes Mal überwunden worden. Winckelmann ist Paradigma, ist Sinnbild für die Wiederherstellbarkeit wahren menschlichen Daseins. Zur wiederhergestellten Ganzheit aber gehört, wie Goethe ausdrücklich bemerkt, der „hohe Wert des Nachruhms" [23], der Verzicht auf Transzendenz fordert folgerichtig Schadloshaltung durch zeitlose Verehrung.

Die Gedenkschrift Goethes suchte zwei Gegebenheiten ins Absolute zu erheben: die Antike und die Person Winckelmanns; hierbei diente die Antike als Projektion einer idealen Daseinsform und Winckelmann als der Garant ihrer Verwirklichung. Seither stand Winckelmann seinen Bewunderern nicht mehr schlechtweg als Gelehrter, als Künder griechischer Schönheit und als erfolgreicher Schriftsteller vor Augen wie einst den Zeitgenossen; er war jetzt eine Totalität von Leben und Werk, war ‚Gestalt', Muster und erster Repräsentant neuer Menschheit, eingefügt in ein Bezugssystem überhöhender Begriffe. Goethe hatte sich freilich dem Kriterium des Nationalen versagt. Gerade hierin aber ist ihm der spätere Winckelmann-Preis nicht gefolgt: er übernahm einerseits die Dimension, den großen Zuschnitt der Goetheschen Programmschrift und glaubte sich andererseits durch die Herdersche Formel vom „edlen Griechen unsres Vaterlandes" zur nationalen Perspektive ermächtigt.

3

Goethe beendete die erste Phase der Winckelmann-Wirkung und leitete zugleich die folgende ein. Die zeitliche Distanz hatte ihn aufgefordert, das Ganze der Person und ihrer Umwelt zu überblicken; da er hierbei nicht nur dem Sein, sondern auch dem Werden Winckelmanns Beachtung schenkte, stand seine Gedenkschrift bereits auf der Grenze von Panegyrik und Biographie. Carl Justi hat zwei Generationen später nach ihrem Plan den Bau seiner großen Lebensbeschreibung errichtet. Auch bei ihm gehört die bewundernde Teilnahme vor allem der Person und ihrer Selbstverwirklichung; Winckelmanns Schriften hingegen werden durchaus kritisch, bisweilen selbst ein wenig ironisch behandelt.

Wer eine Biographie zu verfassen gedenkt, bedarf nicht nur eines

Stoffes, einer möglichst ergiebigen Dokumentation – hieraus ergäbe sich lediglich ein wirrer Haufen von Tatsachen und Meinungen. Der Biograph muß gelebte Wirklichkeit in Sprache umsetzen, er muß sie in der Einheit eines Literaturwerkes zu fixieren suchen. Hierzu aber ist ein zweiter Inbegriff von Voraussetzungen erforderlich: ein möglichst nuanciertes und gleichwohl widerspruchsfreies Repertoire von deutenden Kategorien. Dieses Repertoire enthält biologisch-soziologische (Elternhaus, Familie, Beruf usw.), ethische (Freundschaft, Liebe) und historiographische Bestimmungen (Epoche; religiöse, politische, kulturelle Zustände); es enthält ferner einen Vorrat typischer Situationen, Charaktere und Prozesse; es nimmt sich schließlich auch der fundamentalen Gegebenheiten menschlichen Daseins an, der Frage nach Notwendigkeit und Freiheit, nach Anlage und Umwelt, nach Verdienst und glücklichem Zufall.

Justi brauchte seine Kategorien nicht zu erklügeln und zusammenzuklauben; er fand sie bereits als ein Ganzes vor, und zwar nicht in der Tradition der Biographie, sondern in einer rein literarischen Gattung, im Roman. Man muß noch einen Schritt weitergehen und hinzufügen, daß Justi einen bestimmten Romantyp als Modell seiner Biographie verwendet hat: den Bildungsroman. Dieser Typus ist ein Produkt des 18. Jahrhunderts, des Individualismus, des Geniekults, des Immanenzdenkens. Er schildert einen Prozeß, der den Helden vom Irrtum zur Wahrheit, von labyrinthischer Verworrenheit zur Einheit des Wesens, vom Unbewußten zu klarer Erkenntnis führt, und das Ziel dieses Weges ist die Harmonie von Individuum, Gott und Welt, eine Art Selbsterlösung des Ich im Diesseits. Justis *Winckelmann*, diese so überaus sorgfältig nach den Quellen gearbeitete Biographie, enthält demnach nicht nur historische Tatsachen, sondern auch ein gut Stück poetischer Wahrheit; ihre Überzeugungskraft beruht in erheblichem Maße darauf, daß sie ihren Gegenstand nach dem Schema einer literarischen Gattung gedeutet hat.

Der Stoff bot, wie schon Goethe bemerkt hatte [24], zwei Hauptphasen dar: die Jugend- und Wanderjahre in Deutschland, die Meisterzeit in Rom. Justi hat den Kontrast der beiden Phasen scharf, ja überscharf hervorgehoben; Werden und Wesen, Suchen und Finden, Dunkel und Helle, Verwirrung und Einheit stehen einander schroff gegenüber. Er wünsche, schreibt Justi zu Beginn seines Werkes, „eine

Vorstellung davon zu hinterlassen, wie sich Winckelmann durch das wüste Labyrinth der damaligen deutschen Welt seinen Weg suchte; ohne Bewußtsein und nur im dunkeln Drange seines Zieles; doch gar bald auch nicht ohne klassische Führer zur Seite und auch nicht ohne ‚glückliche Bilder‘, die ihn spät, doch noch zur rechten Stunde, rettend zu sich emporzogen" [25]. Und in dem „Rückblick", der die Darstellung der Dresdner Jahre und somit der deutschen Zeit überhaupt beschließt, stellt Justi fest: „Damals ging in Winckelmanns Wesen eine Umwälzung vor. In der zweiten Hälfte dieser Lebensbeschreibung werden wir einem ganz anderen Manne begegnen. Er hatte sich selbst und die Einheit des Lebenszieles gefunden." [26]

Justi hat vor allem den ersten Lebensabschnitt seines Helden für spröde, unergiebig und verworren angesehen; er mischt sich daher gerade dort immer wieder mit deutenden Hinweisen in den Gang der Ereignisse ein, während er später, in der zweiten Hälfte des Werkes, gänzlich hinter der Darstellung verschwindet. Man bemerkt leicht, was Justi an der deutschen Zeit so stark irritiert hat: daß alles planlos und wie von ungefähr zuzugehen scheint, daß sich nirgends ein Funke des Außerordentlichen zeigen will, daß Winckelmann ebenso besessen wie steril Exzerpte von Büchern anfertigt, daß er sich bald mit Mathematik beschäftigt, bald mit Geschichte, bald mit griechischer Literatur, daß er erst gegen Ende seines Aufenthaltes in Dresden die dortige Antikensammlung besucht, daß der literarische Erstling, die Schrift über die Nachahmung, offensichtlich in erheblichem Maße von Oeser beeinflußt ist [27].

Justi hat sich indes durch diese betrüblichen, das Kontrastschema des Bildungsromans überbietenden Tatsachen nicht entmutigen lassen; im Gegenteil, er findet gerade hierin die Bestätigung seines Konzepts. „Es war als sollte", hebt er einmal an [28] – doch hiermit zielt er nicht auf eine providentielle Instanz, sondern auf den Genius des Helden. Der Geniebegriff begleitet in mancherlei Variationen die gesamte Darstellung des ersten Teils. Justi insistiert darauf, daß Winckelmann Autodidakt sei, daß er alles sich selbst verdanke; er versichert, daß der Zufall im Leben seines Helden wenig bedeute; er meint, daß bei Winckelmann auch alles Episodische, alle Ziellosigkeit einen Sinn enthalte. Das Genie offenbart sich im Paradox: Ein Winckelmann vermochte gerade aus unzulänglicher Anschauung die Prinzipien der griechischen Kunst abzuleiten; ein Winckelmann begann erst spät zu schreiben, weil er, gewarnt von seinem Dämonium, wartete, bis seine Stunde kam. Das Genie offenbart sich in der Unabhängigkeit von seiner Zeit, im Vorgriff auf die Zukunft; das Genie offenbart sich im Trieb des Geistes nach der ihm angemessenen Tätigkeit, in einem Triebe, der alles Gewisse für ein ungewisses Ziel fahren läßt [29]. Der schon erwähnte „Rückblick" faßt die Problematik wie folgt zusammen: „Zumal bei genialen Menschen werden wir stets, je genauer wir uns ihren Werdeprozeß aufzulösen suchen, auf ihre gegebene Natur zurückkommen. Es ist die ursprüngliche Eigenart einer geistigen Monade ... Dieses Dämonische führt den höheren Geist einer Bestimmung entgegen, von der er oft selbst nichts weiß ... es verdammt ihn zur Unruhe des Suchens und Versuchens, bis er auf den Punkt trifft, wo er ... in Freude des Findens ausruft: τοῦτον ἐζήτουν – den suchte ich! Diese Spontaneität des Genius ist auch der herrschende Zug in Winckelmanns Bildungsgeschichte." [30]

Justi hat Winckelmanns Leben vom Ende, von der römischen Zeit her, gedeutet. Für ihn stand fest, daß der Ruhm seines Helden auf Genialität schließen lasse. Diese Auffassung ist durchaus nicht zwingend. Was Winckelmanns Originalität angeht, so hat man nie ernst genug gefragt, wie sich seine ästhetische Theorie zur Tradition des europäischen Klassizismus verhalte. Erst in jüngster Zeit erschien eine Abhandlung mit dem Titel *Winckelmann und die französische Aufklärung* [31]; erst sie suchte darzutun, in welchem Maße nahezu sämtliche Thesen Winckelmanns an die Querelle des Anciens et des Modernes sowie an sonstige kunsttheoretische Literatur der Italiener und Franzosen anknüpfen. Was Winckelmanns Persönlichkeit angeht, so weiß schon ein Schulvermerk aus gegebenem Anlaß zu melden, er sei ein homo vagus et inconstans – „ein unsteter, zielloser Mensch" [32]; auch sein weiteres Leben verrät manchen abenteuerlichen und beinahe landstörzerhaften Zug. Man könnte also das Prinzip ‚Genie' durch Prinzipien wie ‚Talent', ‚Glück', ‚Erfolg' ersetzen, und fast möchte man meinen, Winckelmanns Biographie lasse sich auch in das Schema des Schelmenromans einfangen. Diese These hat lediglich heuristische Zwecke: sie soll auf die äußerste Grenze der Deutungsmöglichkeiten hinweisen. In letzter Instanz wird man feststellen dürfen, daß Justi für das Leben seines Helden die zuträglichste Form gefunden hat. Hierfür gibt es einen durchaus triftigen Grund: Winckelmanns Leben einerseits und der Bildungsroman, diese spezifisch deutsche Gattung andererseits sind aus denselben politischen, sozialen und ethischen Prämissen hervorgegangen; sie entstammen dem gleichen kulturellen Boden, und nicht zufällig begegnet man in der deutschen Literaturgeschichte des 18. und 19. Jahrhunderts gar mancher Wilhelm-Meister-Figur.

Hiermit ist zugleich erklärt, worauf die Faszination der Winckelmann-Gestalt in der Auslegung, die Justi ihr zuteil werden ließ, beruhte: Winckelmann ist Symbol für einen bestimmten, nunmehr wohl der Vergangenheit angehörigen Typus deutscher Intellektualität, ein Symbol, das der Romanfigur Goethes die Authentizität des Geschichtlichen voraus hat. Diese Auslegung macht sicherlich Justis bedeutsamsten Beitrag zum Problem des ‚deutschen Winckelmann‘ aus. Immerhin hat der Biograph nicht ermangelt, seinem Publikum auch einen allgemeinen nationalen Bezugsrahmen anzubieten [33]. Winckelmanns von der Zerrissenheit zu Einheit und Geltung findendes Leben steht für das von der Zerrissenheit zu Einheit und Geltung findende Deutschland. Diese Analogie bekundet sich am deutlichsten in den ersten Sätzen der Einleitung: „Winckelmanns Gestalt erscheint dem Deutschen im Schein jenes ersten Morgenlichts, als nach tiefer Verfinsterung und langer zweifelhafter Dämmerung, die nur wenige Sterne erhellten oder noch trüber erscheinen ließen, der deutsche Genius, in Berührung mit dem hellenischen und dem biblischen, endlich sich selbst wiederzufinden begann, dann aber um auch alsbald sein Licht in weitem Umkreis auszustrahlen. Seine Werke und ihre Aufnahme waren eins der Anzeichen, daß endlich auch Deutschland eine leitende Rolle in der geistigen Bewegung des Abendlandes beschieden sein sollte." [34]

4

Goethes Gedenkschrift und Justis dem Roman verpflichtete Biographie waren das wichtigste Rüstzeug für die Winckelmann-Literatur des 20. Jahrhunderts. Mehr denn je konzentrierte man sich jetzt auf die Person des Helden. Hierbei lassen sich zwei Gruppen von Schriften unterscheiden: einmal novellistisch-romanhafte Versuche, die vor allem an den Tod Winckelmanns anknüpften, zum anderen Winckelmann-Deutungen, die von der historischen Figur ausgingen und wissenschaftliche Erkenntnisse zu vermitteln beanspruchten. An der Winckelmann-Novellistik beteiligten sich Wilhelm Schäfer, Werner Bergengruen und Gerhart Hauptmann [35]; sie brachte dem Helden die Ehre ein, daß er neben wenigen anderen historischen Figuren des 18. Jahrhunderts – wie Casanova und Struensee – in das bekannte Lexikon *Stoffe der Weltliteratur* einging[36]. Da Winckelmann schon im 19. und erst recht im 20. Jahrhundert eine deutsche Angelegenheit war, mag man zweifeln, ob ihm diese Ehre zu Recht zugebilligt wurde. Jedenfalls bekundet die Winckelmann-Novellistik (sie würde ein gesondertes Thema ausmachen und soll hier nicht des näheren erörtert werden[37]), daß die Winckelmann-Gestalt für eine epochale Weltauffassung, für den Ästhetizismus der deutschen Klassik stand, für ein Ideal, das jene Dichtungen als durchaus fragwürdig zu erweisen suchen.

Anders die Wissenschaftlichkeit beanspruchenden, die ,geistesgeschichtlichen' Winckelmann-Deutungen, die vor allem auf Verherrlichung gestimmt sind. Sie erscheinen aus heutiger Sicht als propagandistische Erweckungsschriften, in denen sich wissenschaftliche, essayistische und dithyrambische Elemente sonderbar mischen. Den wichtigsten Beitrag leistete Berthold Vallentin, ein Mitglied des George-Kreises; einige weitere, nationalistisch gesinnte und mehr oder minder tief in der damaligen Germanistik verwurzelte Schriftsteller ließen sich in ähnlicher Tonart vernehmen[38]. Alle diese Winckelmann-Deuter des Zeitalters der Weltkriege suchen ihren Helden als den mythischen Begründer wahren Deutschtums hinzustellen. Sie verwenden zu diesem Zweck den Apparat der Begriffshypostasen, den die Neuromantik ersonnen hatte; sie schwelgen in Abstraktionen wie ,der germanische Mensch', ,der romanische Mensch', wie ,Schöpfertum', ,Deutschtum', ,Volkstum', ,Menschtum'. Für das je Bedingte und je Verschiedene, für das Einzelne und Greifbare ist bei ihnen nirgends mehr Raum; die Fülle der Wirklichkeit erstarrt in einem zwanghaften Netz wesenhafter Merkmale und schematischer Bezüge.

Als Beispiel für das Genre mag Vallentins *Winckelmann* dienen; von den spezifisch Georgeschen Motiven, von Freundschaftskult und Leibvergottung, wird hierbei abgesehen. Vallentin will sein Buch als „Zeichen für den Mann", „den männlichen Schöpfer Winckelmann" verstanden wissen[39]. Was er in ständig sich wiederholenden Aufgipfelungen ausschreit und einhämmert, läßt sich im wesentlichen auf zwei Themen reduzieren: auf die Themen ,Winckelmann als Genie' und ,Winckelmann als Repräsentant deutschen Wesens'.

Der Geniebegriff ist zu titanischer Absolutheit gesteigert. Winckelmann erscheint als Schöpfer „aus dem Nichts". Die wichtigsten Merkmale von Winckelmanns Genie sind triebhaft unbewußte Zielsicherheit, Totalität und Ursprünglichkeit. Vallentin kann sich kaum genug tun, den „allmächtig eingeborenen Trieb" Winckelmanns zu feiern, dessen Ziel „erst nachträglich" – in der Gegenwart des Schreibers – „für die Augen der Welt aus den verhüllenden Schleiern" hervortrete; er preist den „unwiderstehlichen Trieb einer natürlichen Anlage, die Eingebung einer höheren Macht", die Winckelmanns Schritte „zu dem noch im Dunkel liegenden Ziel" gelenkt habe [40]. Dieses instinkthaft-irrationale, aller historischen Bedingtheit entkleidete Genie richtete sein ‚Schöpfertum' auf eine Totalität – nicht etwa auf das Ganze der griechischen Kunst, sondern auf den ganzen Menschen, ein „neues Menschtum", das „höchste Ziel menschlicher Gesamtbildung". In Winckelmann, schreibt Vallentin, habe sich die eigene Person zu einer überpersönlichen Schöpfung verdichtet, das eigene Wesen zur gemeingültigen, gemeinverbindlichen Sichtbarkeit gestaltet; Winckelmann schuf den Menschen als Einheit in seiner lebendigen Kraft und gegebenen Ganzheit zeugend neu [41]. In diesem Bemühen wiederum stieg er – nach Vallentin – hinab zu den Urformen des Daseins, zeigte er die Urmacht des Seelisch-Sinnlichen, des Geist-Körperlichen, stellte er das Urbild der Antike wieder her, während sein Zeitgenosse König Friedrich II. von Preußen, ein Opfer der französischen Hofkultur, alles Selbständig-Urtümliche abwies und in den unechten Geistes- und Lebensformen seines Jahrhunderts befangen blieb [42]. Dieser hier nur flüchtig angedeutete Geniekult spiegelt sich getreulich im Vokabular. Vallentins Buch ist gespickt mit Wörtern wie Schöpfung, Zeugen, Bilden und Gestalten, wie Trieb, Zwang, Gewalt, Macht und Kraft. Der Verfasser liebt Komposita mit ‚gesamt': gesamtgeistig, Gesamtwesen, Gesamtdasein, mit ‚Ur-' und ‚Grund-': Ursprung, Urbild, Urform; Grundstoff, Grundton, Grundsätzlichkeit, Grundgegebenheit. Vor allem verleihen Adjektive auf ‚über-' und auf ‚un-' dem Buch eine hemmungslos superlativische Emphase: übergreifend, überzeitlich, überpersönlich, übergedanklich; unaufhörlich, unablässig, unermeßlich, unbegrenzt, unvergleichlich, unbezwinglich, ungeheuer, unmittelbar, unbedingt, ungebunden.

„Sein Werk an der Antike", schreibt Vallentin von Winckelmann, „und sein Werk an der Sprache bilden nur zwei Schaffenskreise, die noch jenen dritten in sich tragen, der sie zugleich beide umgreift:

das Werk am Menschen, am deutschen Menschen." [43] Denn diesem Beweisziel dient all der Aufwand von Schöpfungsmetaphern, von Gesamt-, Grund- und Urwörtern: Winckelmann habe die Entstehung und Gestaltung des deutschen Wesens befördert, meint Vallentin; er wies den bildungsfähigen jungen Volksgenossen den Weg zur Erneuerung, bemerkt der Verfasser an anderer Stelle; er stellte den Deutschen, heißt es gar, den einheitlich lebenden Typus, den Mann, den ‚Herrn‘ hin, was man heute sehr verschwommen durch den ‚Europäer‘ ersetzen wolle [44]. Die Bedeutung Winckelmanns wird durch Parallelen und Analogien, durch eine Art der Geschichte entnommener Typologie bestimmt. Vallentin stellt seinen Helden über Friedrich II. von Preußen, über Lessing und Burckhardt; er konstituiert die „deutsche Dreiheit" Winckelmann, Herder, Goethe; er meint, daß einzig Napoleon I. dem Vergleich mit Winckelmann standhalte [45]. „Winckelmann ist der deutsche Anfang", heißt es lapidar, und so insistiert Vallentin denn auf der ‚Sendung‘ seines Helden, auf der „seherisch ergriffenen Sendung", auf der „Führersendung" Winckelmanns. Als „Führer der Deutschen", wird behauptet, nahm Winckelmann den Lebensgang seines ganzen Volkes symbolisch-typisch vorweg; er erweckte ein neues deutsches Geblüt, indem er das deutsche Wesen aus überlangen Kulturzwängen befreite und zu seiner endlichen Bestimmung erhob, indem er, wie es in einem besonders schlimmen Satzungeheuer heißt, „als der erste Schöpfergeist die europäische Welt aus der Verklammerung überweltlicher Vorstellungen und daraus abgeleiteter staatlich-gesellschaftlicher Kategorien auf die unbefangen lebendige Wirklichkeit eines gesamtgeistig gerichteten körperlich-seelisch schauenden und wirkenden Menschtums" stieß [46].

5

Der Überblick über die Wirkung Winckelmanns hat drei Phasen erkennen lassen. Diese Phasen machen gewiß auch ein Kontinuum aus; andererseits sind die zweite und die letzte Phase offensichtlich durch eine tiefe Kluft der Deutungskategorien und der formalen Qualität voneinander getrennt. Winckelmann hat seine Zeitgenossen vor allem durch seine ästhetische Theorie und seine literarische Leistung beeindruckt; doch schon früh, am Ende der ersten Phase, rückte seine Person in den Mittelpunkt der Betrachtung. So feierte ihn Goethe als Garanten einer idealen Daseinsform – immerhin feierte er ihn als Menschen, nicht als Deutschen. Die zweite Phase, die Biographie Justis, verband das nationale Motiv, das einst die Zeitgenossen Winckelmanns und zumal Herder intoniert hatten, mit Goetheschem Preis der Persönlichkeit – immerhin tat sie es maßvoll, immerhin stilisierte sie ihren Helden lediglich zum Repräsentanten eines zeitgebundenen Typs deutscher Intellektualität, und der äußere nationale Bezugsrahmen bedeutete wenig mehr als ein Ornament. Erst die dritte Phase begab sich im Namen eines nationalen Geschichtsbildes jeglicher Geschichtlichkeit; sie war pathologisch; sie brachte entmenschte Zerrbilder hervor.

Nun hat die Epoche deutschen Größenwahns und narzißhafter Selbstbespiegelung gar manche Figur der deutschen Geschichte in den Strudel ihrer Phantasmagorien gezogen, ohne daß die Figur selbst und ihre Bedeutung auch für die Gegenwart hierdurch Einbuße erlitten hätte. Mit Winckelmann jedoch scheint es anders zu stehen. Einmal wurde sein Name in besonders krasser Weise mißbraucht. Zum anderen (und dieser Grund ist wichtiger) hat Winckelmann ja weniger durch sein Werk als durch die Symbolkraft seiner Gestalt auf die Nachwelt gewirkt. Wie soll die Gegenwart sich hierzu stellen?

Sie könnte versuchen, das Symbol zu bewahren; sie könnte entweder an das Bild vom Deutschen Winckelmann anknüpfen, das die Tradition von Herder bis Justi geprägt hat, oder an das Bild vom Menschen Winckelmann, also an Goethes Gedenkschrift. In dem einen Falle wäre das Symbol gut durch die Quellen legitimiert und folgerichtig aus der historischen Figur und ihrer zeitgenössischen Resonanz abgeleitet. Doch was vermag das Motiv nationaler Selbstbehauptung der Gegenwart noch zu bedeuten? Die sozialökonomische Wurzel dieses Motivs, der Kampf um Anerkennung, den deutsche Literaten, Künstler und Gelehrte einst führen mußten, ist längst ein gänzlich historisches Phänomen. Nicht anders verhält es sich wohl auch mit der verallgemeinernden Umdeutung, die dem nationalen Motiv im 19. Jahrhundert zuteil wurde: weder die kollektive Variante, die Volksgeist-Theorie, die Lehre vom deutschen Wesen und deutscher Art, noch die dem Individuum geltende Spielart, der Leittyp der Wilhelm-Meister-Figur, können heute noch Gültigkeit beanspruchen. So bliebe der Ausweg, daß man sich auf die Winckelmann-Deutung Goethes beriefe. Doch hieraus ergäben sich neue Schwierigkeiten. Auch Goethes Kategorien sind nicht mehr die gegenwärtigen. Die Antithese ‚antik–modern' gehört mitsamt dem europäischen Klassizismus, ihrer Voraussetzung, der Vergangenheit an; die Formel von der ‚antiken Natur' vermag kaum noch zu faszinieren, da man die Gebrechen der jetzigen Zeit nicht mehr der entrinnbaren Macht christlichen Transzendenz-Denkens, sondern der unentrinnbaren gegenwärtigen Welt selbst zuzuschreiben pflegt. Und zu guter Letzt: das wichtigste Merkmal, in das der Herder-Justische und der Goethesche Winckelmann sich teilen, die Genieverehrung, der Personalismus, der Vollzug des eigenen Selbst als höchste Aufgabe und letztes Ziel: nimmt sich nicht auch dieses Konzept vor der Folie des Heute einigermaßen fremdartig aus?

Wenn somit alles, was Winckelmann einst bedeutet hat, wofür er stand, was er vertrat, in einige Distanz gerückt zu sein scheint, so bleibt allein sein Werk. Abermals stellen sich Fragen. Winckelmann war zunächst Künder einer bestimmten ästhetischen Theorie, eines rigoros klassizistischen Dogmas. Diese Komponente seiner Schriften erschien schon einem Justi als überaus problematisch [47]. Winckelmann war weiterhin ein Wegbereiter der klassischen Archäologie und zugleich ein Wegbereiter eines neuen Verhältnisses zur Vergangenheit, jener Einstellung und Methode, die man als Historismus zu bezeichnen pflegt. Über diese Verdienste läßt sich nicht rechten; sie verbürgen Winckelmann einen ehrenvollen Platz in der Wissenschaftsgeschichte des 18. Jahrhunderts. Allerdings wird dieser Aspekt seines Werkes nur einen ziemlich engen Kreis von Spezialisten beeindrucken. Wissenschaftliche Leistungen gehen auf im Strom der fortschreitenden Forschung; in späterer Zeit wollen sie der Allgemeinheit nicht mehr allzu viel besagen. Winckelmann war schließlich Schriftsteller, ein sensibler Interpret antiker Statuen, der seine Eindrücke in glanzvoller, bisweilen dithyrambischer Sprache wiederzugeben wußte. Wahrscheinlich vermag dieses Ingrediens seiner Schriften noch am ehesten die Aufmerksamkeit der Gegenwart zu beanspruchen. Immerhin ist die Textgrundlage schmal; nur wenige Partien sprechen noch unmittelbar zum heutigen Leser, und auch sie wirken nicht so sehr durch ihren Gegenstand wie durch ihren meisterlichen Stil.

Die Winckelmann-Feiern, die sich im Laufe des 19. Jahrhunderts an deutschen Universitäten eingebürgert haben, galten vor allem dem Symbol Winckelmann. Wenn die hier vorgebrachten Überlegungen zutreffen sollten, wenn also das Symbol verblaßt wäre, so wäre zu fragen, ob man nicht dem Andenken Winckelmanns auf andere, gegenwartsnähere Weise dienen könnte, etwa dadurch, daß alljährlich über eine kritische Leistung oder ein Problem auf dem Gebiet der Kunst- oder Literaturtheorie berichtet würde.

Mythos als Wiederholung in der griechischen Tragödie und im Drama des 20. Jahrhunderts

I. Wiederholte Mythen in der Tradition der griechischen Tragödie: 1. Verlorene Werke: wiederkehrende Titel. 2. Erhaltene Werke: die Technik der Wiederholung. 3. Die aristotelische Poetik über den wiederholten Mythos als Stoff der Tragödie. II. Wiederholte Mythen im Drama des 20. Jahrhunderts: 1. Typologie der Mythendramen. 2. Die Technik der Wiederholung. 3. Das Prinzip der thematisierten Wiederholung und seine Mittel. III. Wiederholung als Wesensmerkmal des dramatisierten Mythos.

I

1. Der pedantisch anmutende Titel *Amphitryon 38* deutet auf ein Phänomen, das sich offenbar gerade bei der dramatischen Behandlung griechischer Mythen hervortut: auf die Wiederholung, auf die unverdrossene Retraktation vielfach benutzter Stoffe. Nicht erst die Stücke des 20. Jahrhunderts unterstehen diesem Gesetz, und nicht erst die gesamte dramatische Produktion der Neuzeit, die sich antiker Heldensagen annimmt: bereits die attische Tragödie ließ es geschehen, daß man immer wieder die gleichen Fabeln auf die Bühne brachte.

Das Prinzip der an den Vorgänger anknüpfenden Wiederholung herrschte offenbar seit frühester Zeit. Von den drei älteren Konkurrenten des Aischylos, von Choirilos, Phrynichos und Pratinas, sind insgesamt etwa ein Dutzend Tragödientitel bekannt. Sie zeigen, daß sowohl Phrynichos als auch Pratinas den Tantalos-Stoff bearbeitet haben [1]. Sie zeigen weiterhin, daß Phrynichos bereits einige aischyleische Themen vorweggenommen hatte: die Titel *Ägypter* und *Danaiden* weisen auf die beiden gleichnamigen Stücke des Aischylos, die zusammen mit den erhaltenen *Hiketiden* eine Trilogie ausmachten. Alle übrigen Stoffe der drei Aischylos-Vorläufer kehren in späterer Zeit mindestens einmal wieder [2].

Auf der tragischen Bühne der Griechen dominierte die Heldensage. Historische Stoffe wurden nur sporadisch dramatisiert: in der Frühzeit von Phrynichos und Aischylos, dann wieder im 4. Jahrhundert und während der hellenistischen Ära [3]. Man möchte meinen, diese Beschränkung habe das stoffliche Repertoire rasch erschöpfen müssen, so daß sich die griechischen Tragiker notgedrungen auf die Retraktation schon behandelter Mythen verlegten. Die erwähnten Reprisen des frühen 5. Jahrhunderts lassen indes vermuten, daß die häufige Wiederkehr gleicher Themen nicht allein durch Stoffmangel bedingt war.

Eine statistische Übersicht über sämtliche tragischen Stoffe und die Zahl ihrer Bearbeitungen scheint nicht zu existieren. Immerhin ergibt sich Wesentliches bereits aus einer Faustrechnung, die von den Indices der Nauckschen Fragmentensammlung ausgeht [4]. Dort sind etwa 140 Tragiker und knapp 400 Dramentitel genannt [5]. Nach diesem Verzeichnis steht der Ödipus-Stoff an der Spitze; er fand elf verschiedene Bearbeiter [6], von denen sechs, nämlich die drei großen Tragiker sowie Achaios, Philokles und Xenokles, dem 5. Jahrhundert angehören. Der Titel *Thyestes* ist achtmal bezeugt; die Stücke des Sophokles und Euripides, des Agathon und wohl auch des Chairemon entstanden im 5. Jahrhundert. Die dritte Stelle nimmt mit sieben Stücken der Medea-Stoff ein; ihm hat offenbar Euripides zu seiner großen Beliebtheit verholfen [7]. Ob der ebenfalls siebenfach bezeugte Titel *Achilles* jedes Mal denselben Stoff bezeichnet, ist wohl allzu ungewiß; eher darf man dergleichen für die je sechsfach begegnenden Namen *Alkmeon*, *Telephos* und *Philoktet* vermuten. Die Titel *Alkmene*, *Ixion* und *Orest* wurden von je fünf verschiedenen Autoren verwendet [8]; 12 Namen sind viermal, 16 dreimal und 56 zweimal bezeugt [9].

Diese grobe Rechnung verliert kaum an Aussagekraft, wenn man bedenkt, wie heikel der Schluß vom Titel auf den Stoff mitunter sein mag: gleiche Titel können verschiedene Themen, aber auch verschiedene Titel dasselbe Thema bezeichnen. Man darf annehmen, daß die beiden in entgegengesetzter Richtung wirkenden Fehlerquellen einander ungefähr ausgleichen. Vor allem verdient Beachtung, daß sich nur von einem Bruchteil der Produktion Kunde erhalten hat. In Athen wurden bis zum Jahre 400 weit über 1000 Tragödien aufgeführt [10]; für die Zeit vom 4. Jahrhundert an sind Schätzungen nicht möglich, da sich das Theater nunmehr über die gesamte griechische Welt ausbreitete. Es liegt auf der Hand, daß sich die Zeugnisse über mehrfach behandelte Stoffe häufen würden, wenn nicht weniger als ein Zehntel, sondern z. B. ein Fünftel oder ein noch größerer Bruchteil aller Tragödien dem Namen nach bekannt wäre.

172

2. Auch für die Art, in der man schon dramatisierte Stoffe abermals für die Bühne zu bearbeiten pflegte, lassen sich Indizien beibringen. Die Praxis der Frühzeit geht freilich nur aus einigen Tatsachen hervor, die über das Verhältnis zweier historischer Dramen, der *Phoinissen* des Phrynichos und der *Perser* des Aischylos, bekannt sind; für die Wiederholung mythischer Themen werden indes um so eher analoge Regeln gegolten haben, als Mythen relativ begrenzt, die Möglichkeiten im Bereich der Zeitgeschichte hingegen schier unbegrenzt waren, d. h. wenn Aischylos mit den *Persern* engen Anschluß an den Vorgänger suchte, obwohl im genug ähnliche Sujets zu Gebote standen, dann werden er und seine Zeitgenossen bei der Behandlung mythischer Stoffe ebenso vorgegangen sein.

Thema der *Perser* ist der griechische Sieg bei Salamis, der aus der Perspektive der Besiegten geschildert wird; die Handlung spielt in Susa, der Hauptstadt des persischen Reiches. Die Forschung nimmt mit guten Gründen an, daß Aischylos alle diese Gegebenheiten von den *Phoinissen* des Phrynichos übernommen hat [11]. Die Hypothesis, die dem Text vorausgehende antike Inhaltsangabe, berichtet, Aischylos habe in seinen *Persern* die *Phoinissen* des Phrynichos ‚verändert', ‚nachgeahmt'. Sie beruft sich hierfür auf Glaukos von Rhegion (um 400), der auch auf den Anfang der *Phoinissen* verwiesen habe: „Dies ist der Perser, die vor langem gezogen ..." [12] Die aischyleischen *Perser* beginnen nämlich mit den Worten (v. 1): „Dies ist der Perser, die gezogen (ins griechische Land) ..." [13] Das Zitat ist offenkundig und wohl ebenso offenkundig die Absicht, die Aischylos hiermit verband: er wollte an dem Vorgänger gemessen werden. Zu diesem Zweck wählte er denselben Ausschnitt aus dem Geschehen, denselben Handlungsrahmen, während manches Detail geändert wurde. Phrynichos hatte zunächst eine Prologfigur, einen Eunuchen, auftreten lassen, der alsbald von der Niederlage berichtete; Aischylos ließ den Eunuchen weg, und die Unglücksbotschaft trifft erst während der Handlung ein, nachdem sie durch die bösen Ahnungen, die der Chor und die Königin Atossa aussprechen, gebührend vorbereitet ist. Zudem ersetzte er den Chor der Phönikerinnen (man vermutet, daß es sich um Frauen von Seesoldaten handelte) durch persische Ratsherren. Aischylos suchte offensichtlich den Ablauf des Geschehens zu konzentrieren; vor allem wollte er dem melodramatischen Sujet wenn keine Spannung, so doch eine

Art von Steigerung abgewinnen. Und schließlich wird er die religiöse Deutung der Ereignisse beigesteuert haben.

In einem einzigen Falle hat die Überlieferung Stücke der drei großen Tragiker bewahrt, die sich demselben Geschehen widmen: die *Choephoren* des Aischylos und die beiden *Elektren* des Sophokles und des Euripides. Sie dienen seit jeher als Paradebeispiel vergleichender Studien. Hierbei pflegt der unterschiedliche Gehalt im Mittelpunkt zu stehen; für die Zwecke dieser Skizze genügen einige Hinweise auf die Technik der variierenden Stoffwiederholung [14]. Das gemeinsame Thema der drei Tragödien ist ein Stück Tantalidensage, der Muttermord Orests. Der Held ist in der Fremde aufgewachsen; er kehrt in die Heimat zurück, seinen Vater Agamemnon zu rächen. Er bringt an dessen Grabe ein Opfer dar; er trifft Elektra. Die Geschwister erkennen einander und verständigen sich über die geplante Tat. Eine Intrige lockt die Opfer in die Falle; Orest erschlägt Ägisth und Klytämnestra. In dieses Handlungsgefüge teilen sich alle drei Stücke. Das Bühnengeschehen präsentiert auch stets fast denselben Ausschnitt aus der Sage: es setzt mit der Rückkehr Orests ein und endet mit dem Doppelmord. Die wichtigsten Figuren sind allemal Orest, Elektra und Klytämnestra.

Das übereinstimmende Gerüst der drei Tragödien läßt die fundamentalen Unterschiede handgreiflich hervortreten. Aischylos schrieb ein Orest-Drama; seine beiden Nachfolger haben ihre Stücke nicht willkürlich nach Elektra benannt. Die aischyleische Tragödie ist Teil einer Trilogie; die beiden *Elektren* stehen für sich. In den Stücken des Aischylos und Sophokles spielt das Geschehen vor dem Königspalast; Euripides verlegt den Schauplatz auf einen Bauernhof außerhalb der Stadt. Überdies weichen die auf der Bühne gezeigten Handlungsausschnitte geringfügig voneinander ab: Aischylos und Sophokles beginnen mit dem Auftritt Orests; Euripides schickt einen Prolog voraus. Und Aischylos wie Euripides zeigen noch, wie sich der Mord auf die seelische Verfassung des Mörders auswirkt; bei Sophokles fällt der Vorhang unmittelbar nach der Tat. Um die drei Hauptakteure gruppieren sich je verschiedene Nebenfiguren, und das Personal nimmt von Mal zu Mal zu. Aischylos und Sophokles lassen Ägisth auftreten; Euripides zeigt nur dessen Leiche. Sophokles erfindet den Pädagogen und zumal Chrysothemis; Euripides fügt den armen Landedelmann, den Gatten der Elektra, einige Chargen sowie die Dioskuren als dei ex machina hinzu. Die Wiedererkennungsszene ist je verschieden angelegt; dasselbe gilt für die Intrige, die der Tat vorausgeht. Bei Aischylos und Euripides folgt die Intrige der Wiedererkennung; Sophokles hat beides ineinander geschlungen. Das der Wiedererkennung dienende Motiv der Haarlocke, die Orest am Grabe des Vaters opfert, wird überaus kunstvoll variiert. Die Intrige richtet sich in den beiden älteren Stücken gegen Klytämnestra und Ägisth, bei Euripides hingegen allein gegen Klytämnestra. In der sophokleischen *Elektra* fällt zuerst Klytämnestra und dann Ägisth; anders die beiden anderen Stücke.

Alle diese Divergenzen haben eine Funktion in einem jeweils völlig verschiedenen Gesamtkonzept. Das aischyleische Stück zeigt die Antinomie von Notwendigkeit und Verwerflichkeit des Muttermordes. Die Notwendigkeit ist durch den Befehl Apolls und durch die Vorgeschichte selbst motiviert. Die Verwerflichkeit der Tat verursacht Orests Wahnsinn, für den erst das folgende Stück der Trilogie, die *Eumeniden*, die Lösung bringt. Dieser Grundgedanke bedingte, daß zunächst die Nebenfigur Ägisth und dann erst Klytämnestra erschlagen wurde; er bedingte ferner, daß der Schluß des Stückes noch den Ausbruch von Orests Wahnsinn vorführte. Alle übrigen Gegebenheiten der *Choephoren* verstehen sich gleichsam von selbst. Nicht das einfache Arrangement des Aischylos, sondern die komplizierteren Abweichungen der Nachfolger sagen etwas Bestimmtes aus.

Bei Sophokles stehen das Leid und die Unbeugsamkeit und die seelischen Peripetien Elektras im Mittelpunkt. Auf Orest kommt es nicht sonderlich an; seine Problematik ist durch die aischyleischen Dramen gelöst. Daher die veränderte Reihenfolge der beiden Morde; daher kein Wahnsinn Orests. Um der Elektra-Gestalt willen führte der Dichter die Folie der kompromißbereiten Chrysothemis ein. Um der seelischen Umschwünge willen sind Intrige und Wiedererkennung ineinander geflochten und nimmt beides unverhältnismäßig viel Raum ein; Elektra wird so zunächst ebenfalls ein – unvermeidliches – Opfer der List. Dieses Arrangement bedingte wiederum die Hilfsfigur des Pädagogen sowie die Abwandlung des Haarlocke-Motivs.

Euripides will die Unhaltbarkeit des Muttermordes beweisen. Entsprechend sind der Schauplatz, die Charaktere und die Motivation geändert. Klytämnestra hat Elektra vor Ägisth gerettet (v. 25 ff.); Elektra lebt in Armut, aber in Sicherheit auf einem Bauernhofe vor der Stadt, an der Seite eines edlen Gatten. Daher die Figur des Landmannes und der in die neuen Zusammenhänge einführende Prolog. Klytämnestra bereut ihre Tat und wirbt bei der Tochter um Verständnis (v. 1011 ff., bes. 1105 f.); Elektra ist hart und von Ressentiments erfüllt; Orest bezweifelt die Verbindlichkeit des göttlichen Befehls und wird von der Schwester in die Tat getrieben (v. 962 ff.). Um dieser Konfiguration willen richtet sich die Intrige nur noch gegen Klytämnestra; Euripides macht sie zum Opfer einer gemeinen List Elektras, die sich der mütterlichen Gefühle Klytämnestras bedient, sie zu verderben. Deshalb bleibt das Ägisth-Geschehen gänzlich hinter der Bühne; deshalb kehrt Euripides zur aischyleischen Reihenfolge der Morde sowie zur Reue Orests am Schluß des Stückes zurück – nur daß sich die Voraussetzungen gründlich geändert haben. Die dei ex machina endlich lassen die Ereignisse mit gewaltsamem Ruck in die von Aischylos vorgezeichnete Bahn, die Entsühnung Orests, einmünden.

Das sophokleische Drama verhält sich zur Trilogie des Aischylos teils positiv, teils neutral: positiv, weil seine Orest-Handlung die aischyleische Lösung voraussetzt und ohne sie gar nicht ‚abgesichert‘ wäre; neutral, weil seine Elektra-Problematik ein aliud ausmacht, das in den *Choephoren* allenfalls keimhaft angelegt war. Das euripideische Stück steht in scharf polemischem Verhältnis sowohl zu Aischylos als auch zu Sophokles. Die äußere Lage Elektras sowie die Charaktere von Mutter und Tochter sind eine Replik auf das sophokleische Drama. Auffälliger noch tut sich der Gegensatz zu Aischylos hervor: die emanzipierte Ethik des Euripides weist die religiöse Deutung zurück, die die aischyleische Trilogie und mittelbar auch das Drama des Sophokles getragen hatte. An einer Stelle wird der polemische Bezug so deutlich, daß er fast die Illusion durchbricht, daß man den Dichter selbst und nicht die Dramenfigur zu vernehmen glaubt: die Haarlocke, das Zeichen, das bei Aischylos die Anagnorisis einleitet und bei Sophokles durch die Täuschung der Intrige nur scheinbar widerlegt wird, dieses Zeichen nimmt Euripides zum Anlaß, mit spöttischer Kritik die dürftigen Motivationskünste des Vorgängers zu entlarven (v. 524 ff.).

Man darf aus alledem wohl folgern: der Mythos brachte keine ‚absoluten‘ Dramen hervor; die Stücke, die demselben Thema galten, waren mehr oder minder deutlich aufeinander bezogen. Das konstante Handlungsgefüge ließ die jeweiligen Divergenzen –

Supplemente oder Korrekturen – plastisch hervortreten. Und wenn man den vereinzelten Zeugnissen trauen darf, so waren sowohl der ‚frühe' Aischylos als auch der ‚späte' Euripides geneigt, den Bezug zum Vorgänger kräftig zu akzentuieren, mitunter gar, ihn durch explizit hervorhebende Signale, durch Zitate oder kaum verhüllte literarische Polemik, anzuzeigen. Sophokles hingegen, der ‚Klassiker' par excellence, scheint sich größere Zurückhaltung auferlegt zu haben; seine Stücke waren nahezu ‚absolut'.

3. Einige Partien der aristotelischen *Poetik* bestätigen die bisherigen Beobachtungen. Das 9. Kapitel statuiert, daß die Komödiendichter ihre Handlungen erfinden, während sich die Tragiker an die überlieferten Stoffe, d. h. an die Mythen halten. Mitunter freilich entnehme man die Figuren nur zum Teil der Tradition und füge andere nach Belieben hinzu; es geschehe sogar, daß man, wie Agathon in seinem *Antheus*, die ganze Handlung fingiere (1451 b 11 ff.). Aristoteles rechnet also grundsätzlich mit der Möglichkeit erfundener Sujets. Andererseits geht er sonst stets vom Üblichen aus, von der Vorherrschaft mythischer Stoffe und von der Retraktation bereits traktierter Mythen. Man hat daher mit Recht festgestellt, daß er dem Experiment Agathons zu viel Gewicht beimesse; Agathons Nachfolger hätten Dramen mit fingierter Handlung als Komödien bezeichnet [15]. Im 13. Kapitel beruft sich Aristoteles, um seine Doktrin vom „mittleren Helden" zu begründen, auf die historische Entwicklung: die Dichter hätten zunächst beliebige Mythen auf die Bühne gebracht; inzwischen aber beschränke man sich gerade in den schönsten Tragödien auf Sagen über einige wenige Geschlechter: man bevorzuge die Überlieferung über Alkmeon, Ödipus, Orest, Meleager, Thyest, Telephos u. a. (1453 a 17 ff.) [16]. Die von Aristoteles behauptete Entwicklung läßt sich schwerlich noch feststellen. Hingegen bestätigen seine Beispiele für besonders geeignete Mythen die Resultate, die sich aus der flüchtigen Musterung der überlieferten Titel ergaben: man trifft hier wie dort auf dieselben Favoriten der tragischen Bühne. Außerdem zeigt das Räsonnement des Aristoteles einmal mehr, daß man die häufige Wiederkehr bestimmter Sujets nicht schlechtweg als die notwendige Folge des beschränkten Stoffrepertoires ansehen darf [17].

Soviel über das brutum factum der Bindung an den Mythos und der Repetition ausgewählter Fabeln. Die aristotelische Theorie der Tragödie äußert sich weiterhin auch über das Wie der Mythenbehandlung, und abermals bekräftigen ihre Hinweise das Resultat, das die Betrachtung des überlieferten Materials erbracht hat. Man dürfe die traditionellen Fabeln nicht „auflösen" (λύειν), befindet das 14. Kapitel (1453 b 22 ff.): Klytämnestra müsse durch die Hand Orests sterben und Eriphyle durch die Alkmeons. Es gelte, entweder das Geschehen selbst zu ersinnen oder die überlieferten Stoffe „gut zu verwenden" (χρῆσθαι καλῶς). Von der fingierten Handlung verlautet weiter nichts; sie ist gleichsam eine Leerstelle im aristotelischen System, eine pure Möglichkeit. Desto ausführlicher befaßt sich Aristoteles mit der „guten Verwendung" des Überlieferten; er subsumiert diesem Gesichtspunkt seine Darlegungen über das Verhältnis von Wissen und Handeln, d. h. über die Frage, ob dem Helden von Anfang an bekannt ist, daß zwischen ihm und seinem Gegenspieler eine nahe verwandtschaftliche Bindung besteht, oder ob er erst vor oder nach der Tat davon erfährt. Aus dem Duktus der Partie geht deutlich hervor: das Verbot der „Auflösung" von überlieferten Fabeln zielt auf das Handlungsgerüst, auf das Skelett der äußeren Fakten; die Kategorie des „guten Verwendens" umschreibt einen Spielraum von Variationsmöglichkeiten. Dieser Spielraum mag in praxi durch den jeweiligen Geschehenszusammenhang eingeschränkt sein; grundsätzlich aber steht er jedem Bearbeiter einer überlieferten Fabel zu Gebote. Er entfaltet sich innerhalb der subjektiven Prämissen der objektiven Handlung; er betrifft die Motivation. Für den tragischen Dichter ist somit nach Aristoteles allein das überlieferte Gerippe der Fabel verbindlich; im Bereich der Motivation hingegen hat er freie Hand.

Einige andere Partien der *Poetik* setzen weitere Lizenzen variierender Mythenbearbeitung voraus. Das 16. Kapitel (1454 b 19 ff.) klassifiziert die Typen der Wiedererkennung und räumt einigen von ihnen den künstlerischen Vorrang ein; diese Darlegungen beruhen offensichtlich auf der Annahme, daß die Art der Anagnorisis zu den Variablen und nicht zu den Konstanten der Dramatisierung überlieferter Fabeln gehört. Die Kritik an der „unnötigen Schlechtigkeit" des Menelaos, wie Euripides ihn in seinem *Orest* präsentiere (Kap. 15 1454 a 28 f.), beruht auf einer Vorentscheidung, auf dem Zugeständnis nämlich, daß der Dichter die Charaktere innerhalb gewisser Grenzen verändern dürfe, die ihm nicht so sehr durch die Überlieferung wie durch die jeweiligen Intentionen seines Stückes gesetzt seien. Dasselbe ergibt sich aus dem allgemeinen Urteil, Sophokles schildere die Menschen, wie sie sein sollten, Euripides, wie sie seien (Kap. 25 1460 b 32 ff.); diese Feststellung impliziert, daß jeder Dichter eine bestimmte Gesamtsicht in seine Stücke einbringe. Aristoteles fordert somit einerseits ein konstantes Handlungsgefüge; er konzediert auf der anderen Seite, daß man einen Teil der Figuren hinzuerfinde und ferner die Motive und Charaktere ändere. Seine *Poetik* ergibt im wesentlichen dasselbe Bild wie die Analyse der drei Orest-Elektra-Dramen.

II

1. Der Titel *Amphitryon 38* evoziert mit vollem Recht die lange Reihe der Amphitryon-Dramen: in diesem Falle gilt die moderne Replik nicht allein dem antiken Muster, sondern zumindest noch den klassizistischen Stücken eines Molière und Kleist [18]. Auch die Hauptmannsche *Iphigenie in Delphi* untersteht einem doppelten Bezug: sie verweist einerseits auf das antike Substrat, auf Euripides, andererseits auf die klassizistische Neuschöpfung Goethes [19]. Indes, diese beiden Dramen sind Ausnahmen. Im allgemeinen knüpfen die modernen Wiederholungen griechischer Mythen unmittelbar an die antike Überlieferung an. Bei der Vielfalt der Typen, wie sie sonst den modernen Reprisen eignet, macht diese Unmittelbarkeit des Bezugs geradezu den Generalnenner aus. Hierbei geht es nicht so sehr um das mittlerweile in historische Fernen entrückte Substrat, nicht um die antiken Paradigmen selbst: Partner ist vielmehr eine bestimmte Rezeptionsstufe dieser Paradigmen, die idealistische Deutung, die ihnen zuteil geworden war, die Geisteshaltung des humanistisch gebildeten Bürgertums. Und vor allem wird Kenntnis der antiken Muster sowie von deren gängiger Interpretation vorausgesetzt; im extremen Falle wollen die modernen Reprisen Szene um Szene neben dem griechischen ‚Original' gewürdigt sein.

Die Mannigfaltigkeit der modernen Mythendramen hat einige wiederkehrende Erscheinungen hervorgebracht. Jede Typologie tut dem Detail Gewalt an; gleichwohl ist es nützlich, sich einiger prinzipieller Gegebenheiten zu vergewissern. Zunächst macht es einen großen Unterschied, ob das moderne Werk an ein antikes Werk derselben Gattung, an eine bestimmte dramatisierte Fassung des Stoffes, anknüpft, oder ob schlechtweg die antike Überlieferung Pate gestanden hat: erzählende Literatur à la Ovid, mythographische Inhaltsangaben oder vielleicht auch Darstellungen der bildenden Kunst[20]. Der an erster Stelle genannte Typus begegnet etwas häufiger; ihm gehören etwa Anouilhs *Antigone* und *Médée*, der *Amphitryon 38* und die *Electre* von Giraudoux, *Les Mouches* von Sartre, aber auch O'Neills Trilogie *Mourning becomes Electra* an. Auf der anderen Seite stehen z. B. Anouilhs *Eurydice*, Cocteaus *Orphée*, *La guerre de Troie n'aura pas lieu* von Giraudoux sowie, was den Stoff, nicht die Aussage angeht, Hauptmanns *Iphigenie in Delphi*. Schließlich kommen Mischformen vor: Cocteaus *Machine infernale* beruht in ihrem ersten Akt auf freier Erfindung, präsentiert im zweiten und dritten die nicht als Drama überlieferte Vorgeschichte und deckt sich erst im vierten mit der Handlung des sophokleischen *Oedipus rex*[21].

Diese Klassifikation ist nicht nur von äußerlicher Art. Die Zugehörigkeit zu dieser oder jener Gruppe bedingt, in welchem Grade sich ein Stück auf das antike Substrat bezieht und aus diesem Bezug gedeutet sein will. Nur die Repliken auf antike Dramen binden sich so streng an ein konkretes Gegenüber, daß der Vergleich zu den Wesensmerkmalen des Mitvollzuges gehört. Wo lediglich ein wie immer überlieferter Mythos wiederaufgenommen wird, dort hat sich der moderne Dichter ein viel größeres Maß an Freiheit vorbehalten; den einzelnen Figuren und Situationen, an die er sich bindet, steht ein von ihm erfundenes Handlungsgefüge gegenüber, und der Mythos zeigt Neigung, sich zu einem allgemeinen Symbol zu verflüchtigen[22].

Allerdings gilt die zuletzt geäußerte Beobachtung auch für die Trilogie O'Neills, wiewohl sie an ein bestimmtes Muster, an die aischyleische *Orestie*, anknüpft. Der Grund für diese Besonderheit liegt auf der Hand: O'Neill hat das antike Handlungsgefüge radikal in moderne Verhältnisse transponiert und die antiken Deutungskategorien ebenso radikal durch moderne ersetzt. Seine Elektra-Trilogie führt somit auf eine weitere Unterscheidung: die modernen Reprisen antiker Mythen präsentieren sich teils in antikem, teils in modernem Gewande. Der an erster Stelle genannte Typus überwiegt; dem zweiten gehört außer *Mourning becomes Electra* insbesondere die *Eurydice* Anouilhs an, während sich die absurde Szenerie des Cocteauschen *Orphée* dieser Klassifikation entzieht.

Abermals ist die Divergenz nicht von äußerlicher oder zufälliger Art. Auch in diesem Falle provozieren gerade die modernen Stücke, die das antike Kostüm übernehmen, den Vergleich mit dem antiken Substrat. Die Transpositionen hingegen lassen das Urbild nur umrißhaft durchscheinen, und auch hier kann sich der Mythos zum Symbol verflüchtigen. Einen extremen Grad der Brechung repräsentiert etwa Eliots Stück *The Family Reunion*; das Atriden-Schema geistert dort nur noch als vage Andeutung durch die Szenerie [23].

Überdies pflegen die Transpositionen und die antikisierenden Stücke eine je verschiedene Tendenz zu befolgen. Wer eine antike Struktur in modernem Gewande darstellt, setzt bei aller zeitbedingten Verschiedenheit einen gleichbleibenden Kern voraus und bestätigt so die inhaltliche Gültigkeit des Mythos. Die neue Hülle demonstriert implizite ein Gleichbleibendes jenseits aller Modalitäten; der Grundgedanke, den der Mythos veranschaulicht, hat die Bedeutung eines Archetyps. So erklärt sich, daß die modern eingekleideten Mythenstücke gleichsam neben ihrem antiken Substrat stehen; ihnen fehlt der Wille zur Auseinandersetzung, der polemische Bezug.

Anders die antikisierenden Dramen. Sie bemühen sich teils konsequent um das antike Kolorit; so *The Alcestiad* von Wilder und Hauptmanns *Atridentetralogie*. Teils aber durchbrechen sie die Illusion durch krasse und kapriziöse Anachronismen; so die Stücke der französischen Dramatiker. Und gerade bei ihnen pflegt die Auseinandersetzung mit dem antiken Pendant besonders intensiv auszufallen; sie gehört notwendig zu ihnen, ist gleichsam ihre raison d'être. Der Angriff, die Korrektur oder Widerlegung kann dem antiken Pendant selbst gelten, oder richtiger: der Aureole, mit der die idealisierende Deutung der humanistischen Bildungstradition dieses Pendant umgeben hatte. Die Polemik richtet sich dann letztlich gegen ethisch-soziale Positionen, die mit der humanistischen Bildungstradition verknüpft waren. Dieses Schema folgt sozusagen aus der Sache; nach ihm sind die Mythendramen von Anouilh und Giraudoux angelegt. In einzelnen Fällen jedoch ist nicht der antike Mythos selbst das Ziel der Kritik. Er dient dann vielmehr als Vehikel für ein Drittes, eigentlich Gemeintes; seine Figuren und Situationen repräsentieren Ideen, die sich ursprünglich gänzlich außerhalb seiner Kompetenz und Verantwortung befunden hatten, und eben diesem neuen, ihm eigens unterlegten Sinn gilt die Polemik. Der Paradefall für diese komplizierte Beziehung sind *Les Mouches*, worin Sartre christliche Positionen zu demaskieren sucht. Auch die

Symbolik des Cocteauschen Dramas *Orphée* scheint zum Teil auf Dinge gemünzt zu sein, die allenfalls in sehr vermittelter Weise mit der antiken Orpheus-Gestalt zusammenhängen: auf die Bedeutung, die das romantisch-symbolistische Zeitalter der dichterischen Inspiration beimaß [24].

Der Aspekt der wiederholenden Replik tut sich somit vor allem in den Stücken auffällig hervor, die sich einmal auf ein dramatisches Muster der Antike beziehen und zum anderen ihren Stoff in antikisierendem Gewande darbieten. Ob sich der Kontrasteffekt unmittelbar aus dem antiken Drama und seiner humanistischen Interpretation ergibt oder erst aus dem Sinn hervorgeht, den der moderne Autor dem Mythos eigens unterlegt hat, ist offenbar unwesentlich; in beiden Fällen scheint die Figur des wiederholten Mythos Ähnliches zu leisten.

2. Die folgenden Bemerkungen beschränken sich im wesentlichen auf die Mythenstücke, die ein kritisch-dialektisches Verhältnis zu einem antiken Drama anstreben. Vor allem dort läßt die Art der Wiederholung bestimmte wiederkehrende Merkmale, eine spezifische Technik, erkennen. Andere Stücke, wie Anouilhs *Eurydice* oder *La guerre de Troie* von Giraudoux, befolgen diese Gesetze nur bei einzelnen Brennpunkten des Geschehens und auf eine stärker vermittelte Weise. Bei den hier gemeinten ,Anti-Dramen' hingegen zeigt schon eine erste grobe Bestandsaufnahme, wie sehr die Technik der Wiederholung den Regeln ähnelt, die sich aus den antiken Orest-Elektra-Tragödien ableiten ließen. Zumal Euripides scheint manches von dem modus procedendi der Modernen vorweggenommen zu haben.

Sophokles und Anouilh präsentieren in ihren Antigone-Dramen dasselbe Handlungsgefüge: die Titelheldin setzt sich über das Gebot des Königs Kreon hinweg und unternimmt es, ihrem als Verräter gebrandmarkten Bruder Polyneikes die Totenehre zu erweisen. Der zweite Versuch führt zu ihrer Entdeckung; Kreon vollstreckt die angedrohte Strafe, und Antigone wird in eine Felsenhöhle eingeschlossen. Hämon, Kreons Sohn und Antigones Verlobter, nimmt sich an der Seite der Braut das Leben, und schließlich tötet sich auch Kreons Gemahlin Eurydike, nachdem sie die Botschaft von dem Ende des Sohnes erhalten hat. Der Schauplatz ist in beiden Stücken derselbe; beide Versionen zeigen ungefähr denselben Handlungsausschnitt. Antigone und Kreon sind beide Male die

182

Hauptfiguren, und auch sonst hat Anouilh das Personal des sophokleischen Musters fast unverändert übernommen. Vor allem kopiert die moderne Fassung im wesentlichen die Szenenfolge der antiken. Hier wie dort setzt die eigentliche Handlung mit einem Dialog zwischen Antigone und ihrer Schwester Ismene ein, und hier wie dort entfalten sich die gleichen Positionen: der Unbedingtheit Antigones steht Ismenes Fügsamkeit gegenüber. Der bei der Leiche des Polyneikes aufgestellte Wächter berichtet von dem ersten Bestattungsversuch; man hat allein die Tat, nicht auch den Täter entdeckt. Abermals tritt die Wache auf; sie führt die beim zweiten Versuch verhaftete Antigone vor. Auch weiterhin wickelt sich das Geschehen im Drama Anouilhs nicht anders ab als im sophokleischen Muster: Antigone bekennt sich Kreon gegenüber zu ihrer Tat – Ismene will sich jetzt mit der Schwester identifizieren, wird jedoch schroff abgewiesen[25] – Hämon sucht vergebens, die Braut zu retten – Antigone erschauert vor dem nahenden Ende – ein Bote berichtet von der Katastrophe und Eurydike scheidet aus dem Leben.

Dieser präzise Parallelismus läßt einem Raster gleich die nicht minder erheblichen Differenzen hervortreten. So unterscheidet sich der Geschehensausschnitt, den Anouilh auf die Bühne bringt, geringfügig von dem sophokleischen Modell: wie sich im Verlauf des Stückes zeigt, hat Antigone bereits den ersten Bestattungsversuch unternommen, bevor die Bühnenhandlung einsetzt. Außerdem fügte Anouilh die Figur der Amme und ihren exponierenden Dialog mit Antigone hinzu; andererseits wurde der Part des Sehers Teiresias und die ihm gehörige Szene gestrichen; ferner erhielt Hämon zu Beginn des Stückes einen Dialog mit der Braut. Die radikalsten Änderungen begegnen, wie üblich, auf dem Felde der Charakterzeichnung und der Motivation, und man erkennt unschwer, daß sämtliche Varianten, die der moderne Autor angebracht hat, einer neuen Gesamtkonzeption dienen.

Hegel hatte behauptet, in der sophokleischen Tragödie stünden Kreon und Antigone einander als gleichberechtigte Prinzipien, als die Repräsentanten von Staat und Familie gegenüber; ihr Konflikt sei notwendig und unaufhebbar. Diese dialektische Interpretation hat sich längst als Fehlgriff erwiesen[26]. Das sophokleische Stück konfrontiert Recht und Unrecht, Wahrheit und Schein; das Recht und die Wahrheit stehen ganz auf seiten Antigones, und die dramatische Entwicklung dient einzig dem Zweck, den fundamentalen Gegensatz der beiden Hauptrollen immer schärfer hervortreten zu lassen. Allerdings hat Sophokles sich gehütet, die leeren Personifikationen zweier Prinzipien auf die Bühne zu stellen. Von den Maximen, die Kreon in seinem ersten Auftritt verkündet (v. 162 ff.), klingt manches sachgerecht und objektiv; erst der weitere Verlauf des Geschehens treibt den Helden in die Rolle unentschuldbarer Maßlosigkeit und entlarvt seine Grundsätze als krasse Ausgeburten egozentrischer Herrschsucht. Vor allem zeigt der Charakter Antigones Züge, die für ihre Aufgabe, die Staatsräson in ihre Grenzen zu verweisen, nicht unbedingt vonnöten sind. So eignet ihr von Anfang an, längst ehe die konkrete Situation dergleichen erfordert, eine befremdliche Todesbereitschaft (v. 69 ff.) [27]; andererseits beklagt sie vor dem Ende ihr grausames Geschick (v. 891 ff.). Außerdem ist Antigones Wesen von leidenschaftlicher Schroffheit: wie ihre Liebe zum Bruder keine Grenzen kennt (v. 21 ff.; 422 ff.; 499 ff. u. ö.), so reagiert sie auf Ismenes Lauheit mit schneidender Schärfe (v. 69 ff.), und die Art, in der sie später deren Bereitschaft zu gemeinsamem Tode zurückweist, wirkt beinahe abstoßend (v. 538 ff.) [28].

Gerade derlei unauflösbare Restbestände entziehen das antike Drama der planen Evidenz eines Thesenstücks, und gerade sie hat der moderne Autor als Hebel benutzt, einen gänzlich verwandelten Kontrast auf die Bühne zu bringen. Das Anouilhsche Stück besteht aus drei relativ selbständigen Abläufen. Die Exposition (S. 9–48) endet mit der Überraschung, daß Antigone ihre Tat bereits vollbracht hat. Der Hauptteil (S. 49–106) zeigt Kreons Anstrengungen, das Geschehene als ungeschehen hinzustellen und Antigone zu retten; er scheitert am Starrsinn der Heldin. Der Schluß (S. 106–133) führt vor, wie sich die Hauptfiguren mit der Katastrophe abfinden: Antigone gesteht sich ein, daß sie nicht weiß, wofür sie stirbt; Kreon hingegen begibt sich mit schockierender Gelassenheit in den Alltag seiner Regierungsgeschäfte.

Diese Konzeption weicht erheblich von dem sophokleischen Muster ab, ohne jedoch etwas völlig Neues an die Stelle des Alten zu setzen. Sie beruht auf Wesenszügen der beiden Hauptfiguren, die in der Tragödie des Sophokles schon angelegt sind, auf eben jenem Überschuß an Individualität, der in der Idee des antiken Stückes nicht aufzugehen scheint. Das Handeln der sophokleischen Antigone bestimmt sich zuallererst nach objektiven Normen, nach dem „ungeschriebenen, unwandelbaren göttlichen Gesetz" (v. 450 ff.), und was ihre Person an Subjektivität zeigt, wirkt wie ein Reflex, den die Gewalt dieser Normen auf sie ausübt. Die Antigone Anouilhs hingegen ist ganz und gar von ihrer Subjektivität her konzipiert. Die exponierenden Szenen des Anfangs dienen vor allem dem Zweck, die Sonderbarkeit der Titelheldin, ihren Eigensinn, im Milieu des Alltags zu illustrieren. So sind die Voraussetzungen für das Zentrum des Stückes, für den großen Dialog zwischen Kreon und Antigone, gegeben: Kreon erweist den Bestattungsritus als Pfaffentrug, enthüllt die Niedertracht beider Brüder, des Eteokles wie des Polyneikes, legt überzeugend die politische Notwendigkeit des Verbotes dar, ja, er bekennt, nicht zu wissen, wessen Leichnam an der Sonne faule – man habe auf dem Schlachtfeld nur noch unkenntliche Klumpen vorgefunden und einfach den weniger verstümmelten Körper für das Staatsbegräbnis ausgewählt. Kreons Argumentation entlarvt Antigones je le devais – „ich mußte es tun" (S. 70) als Überbau, als nachträgliche Motivation wesensbedingter Kompromißlosigkeit; ihr ‚Alles oder Nichts', ihr unbeugsames Streben nach dem Absoluten wird zur hohlen Form, zur Fassade, die es in der Todesstunde durch den Widerruf des Geständnisses j'ai peur – „ich habe Angst" (S. 124) nach außen hin zu verteidigen gilt.

Wie Anouilh bei Antigone die Gegebenheiten der sophokleischen Figur, den Glauben an die Normen und die Todesbereitschaft, in der allesbeherrschenden Subjektivität aufgehen ließ, so machte er sich auch im Falle Kreons die Ausgangsposition des antiken Stückes, den anfänglichen Schein des Rechts, für den Entwurf seiner Gestalt zunutze. Kreon verkörpert in der modernen Version die Objektivität, die Vernunft, die Rücksicht auf die realen Verhältnisse, auf das je und je Menschenmögliche. Was er bei Sophokles ist: ein beschränkter Tyrann, der eine persönliche Machtposition verteidigt, das scheint er bei Anouilh einen kurzen Augenblick zu sein [29], und als was er in dem antiken Muster anfänglich erscheinen könnte, das enthüllt die moderne Reprise in dem großen Dialog mit der Widersacherin als sein Wesen. Diese Umdeutung bedingte den gerafften Schluß des Anouilhschen Stückes: für eine Warnung aus Sehermund war kein Platz mehr, und ebensowenig für die verspätete Einsicht und Reue des Helden. Dramaturgisch resultierte hieraus der Gewinn, daß die ‚diptychische' Struktur der sophokleischen Tragödie aufgegeben werden konnte; im Stück Anouilhs ist die Figur der Titelheldin einziger Brennpunkt des Geschehens.

So unverkennbar sich Anouilh in seiner Reprise die Errungenschaften des naturalistischen Theaters, die psychologisierende Kunst der Charakteristik, zu eigen machen konnte, so gewiß entsprechen die bisher betrachteten Mittel seiner Kontrast-Wiederholung im wesentlichen der bereits den antiken Dramatikern geläufigen Praxis. Die groben Fakten des äußeren Verlaufs liegen fest; die Charaktere, die Motive und die Aussage des Ganzen sind für die umdeutende Fiktion des Nachfolgers freigegeben.

Die *Electre* von Giraudoux übernimmt nur das Grundgefüge ihrer antiken Muster: die Rückkehr Orests, die Wiedererkennung der Geschwister, den Doppelmord. Sie übernimmt jedoch weiterhin den beherrschenden Wesenszug der Titelheldin, den grenzenlosen Haß gegen Klytämnestra und Ägisth, wie ihn Sophokles und Euripides dargestellt hatten. Im übrigen sind die Bezüge von komplizierterer Art: sie reflektieren die dreifach verschlungenen Prämissen der antiken Überlieferung und spielen gar die eine Version gegen die andere aus. Auf Aischylos verweisen die eigentümlichen Gestalten der Eumeniden. Giraudoux hat die Phasen ihrer antiken Doppelrolle umgekehrt: sie begleiten bei ihm als die von Natur aus ,Wohlwollenden' das Geschehen (2,3; 2,7) [30] und verwandeln sich am Schluß, nach der Tat, unwiderruflich in Rachegeister (2,10). Sie sind die Folie, die Elektras Verhalten als Negation der Realität erweist; sie suchen das von der Heldin angestrebte ,fatale' Ende zu verhindern und verkörpern somit den Grundgedanken des Stückes. Viel deutlicher knüpft Giraudoux an die beiden antiken Elektra-Dramen an. Sophokles lieh ihm die Unbedingtheit der Titelfigur, und das grauenhafte „Schlag', wenn du kannst, noch einmal zu" des sophokleischen Schlusses (v. 1415) bestimmt in der modernen Version die Beziehungen der Geschwister: der Bruder ist Werkzeug für Elektras Rache. Von Euripides wiederum stammt das anti-sophokleische Gesamtkonzept sowie ein Teil der Mittel, die ihm dienen: einerseits fehlen die Drangsale, die bei Sophokles Elektras Bitterkeit motivieren helfen [31]; andererseits präsentiert das Geschehen sei es in Klytämnestra (so Euripides), sei es in Ägisth (so das moderne Stück) einen Widerpart, der den Haß der Heldin seiner Legitimität beraubt. Und schließlich entsprechen die Figur des Gärtners und der Plan, Elektra mit ihm zu verheiraten, der euripideischen Rolle des armen Landmannes.

Diesem ungewöhnlich subtilen Geflecht wiederholender Verweisungen stehen ebenso auffällige Divergenzen gegenüber. Die moderne Version macht sich die aristotelische Lehre über das variable Verhältnis von Wissen und Handeln zunutze: ihrer Elektra ist zunächst unbekannt, was sich bei der Rückkehr Agamemnons zugetragen hat, und der das Stück beherrschende Prozeß besteht darin, daß es der Heldin gelingt, Schritt für Schritt den Mord sowie die Buhlerrolle Ägisths zu entlarven. Giraudoux hat somit die durch die antiken Dramen geläufige Relation von Ursache und Wirkung vertauscht: für seine Elektra ist der Haß die primäre Gegebenheit. Diese Hohlform subjektiver Bestimmtheit offenbart sich als der unbeirrbare Drang, der ‚Wahrheit' zum Siege zu verhelfen, einer lebensvernichtenden, heillosen Wahrheit, die zugleich die absolute Gerechtigkeit ist (1,2; 1,13; 2,2; 2,8; 2,10). Elektra vermag so kompromißlos zu denken und zu handeln, weil sie mit den Göttern in Verbindung steht, d. h. sie hat sich dem unverbrüchlichen Nexus von Bluttat und Sühne verschrieben (1,3). Gerade diese ‚metaphysische' Verwurzelung ihres Tuns läßt die euripideisch-antimythische Tendenz des modernen Stückes deutlich hervortreten.

Die Umwelt der Heldin dokumentiert denn auch einen Prozeß, der ihrem zerstörerischen Wahrheitsfanatismus diametral zuwiderläuft, der auffängt und überholt, was ihr Spürsinn ans Licht zieht: äußere und innere Feinde bringen den Staat in tödliche Gefahr; Ägisth erlebt seine Stunde der Berufung und steigert sich zu wahrhaft verantwortlichem Herrschertum, ja, er ist bereit, sich dem Gericht Elektras zu stellen, sobald er den Staat gerettet hat, und endlich eröffnet er den Geschwistern, die sich in seiner Gewalt befinden, die Möglichkeit der freien Entscheidung. Die ‚sophokleische' Hauptfigur des modernen Dramas ragt so in eine Welt gänzlich gewandelter Bedingungen; sie repräsentiert das Absolute, das ‚Mythische', und wenn dieses Mythische trotz aller Anstrengungen, seine Wiederkehr zu verhindern, noch einmal wiederkehrt, so ist es zugleich als sinnlos, als absurd entlarvt: die Form der variierenden Wiederholung schlägt um in das programmatische Gebot, daß man sich endgültig von der Fatalität des Mythischen emanzipiere. Giraudoux selbst hatte mit der *Guerre de Troie* bereits das Beispiel für diese Funktion des Grundschemas gegeben [32], und es ist evident, daß die *Antigone* Anouilhs, die der sinngebenden Motivation beraubte Kompromißlosigkeit, die Konfiguration der Giraudouxschen *Electre* übernommen hat.

3. Der Titel *Amphitryon 38* verbindet dichterische Setzung und literaturwissenschaftliche Erkenntnis; er meldet an, daß die Handlung Wiederholtes wiederholt. Auch das paradoxe Thema *La guerre de Troie n'aura pas lieu* verweist expressis verbis auf das Modell, auf das mythische Sujet der Überlieferung. Wie dargetan [33], offerierte diese Überlieferung nicht nur die Wiederholung, die Variation, die Replik; sie machte auch gelegentlich Anstalten, das Schema der Wiederholung durch außerszenische Mittel zu verdeutlichen: durch ein Zitat an exponierter Stelle, durch Kritik an der Motivation des Vorgängers. Diese Mittel waren freilich nur insofern ‚außerszenisch‘, als die Szene, der in sich geschlossene Gang der Handlung, ihrer nicht bedurfte; sie waren nicht so außerszenisch, daß sie die Szene, die dramatische Illusion, gestört oder aufgehoben hätten. Die Reflexion der antiken Tragiker ließ nur noch eine dünne Wand zwischen sich und dem ‚absoluten‘ Drama; sie wagte jedoch nicht, diese Wand zu durchbrechen; die Suspendierung der Illusion war ein unantastbares Privileg der Komödie. Dieser Hinweis soll auf das Instrumentarium aufmerksam machen, durch das sich die modernen Mythen-Reprisen wesentlich von den Konventionen des antiken und mehr noch des klassizistischen Theaters unterscheiden: auf die illusionsüberschreitende Thematisierung der Wiederholungsstruktur. Die bisherigen Andeutungen hatten gezeigt, in welchem Maße die moderne Technik der Retraktation, ihr Gefüge von Konstanten und Variablen, der antiken Praxis entspricht; die folgenden Bemerkungen gelten den Mitteln, die über diese Praxis hinausgeführt haben.

Die *Electre* von Giraudoux wiederholt das mythische Geschehen als scheiternden Versuch der Verhinderung [34]. Sie nimmt ständig auf die vorgegebene ‚Fatalität‘ Bezug; mannigfaltige Mittel verknüpfen die moderne Reprise mit dem antiken Urbild. Diesem Zweck dienen vor allem einige geheimnisvolle, symbolträchtige Figuren, die wenig oder gar nicht in der dramatischen Handlung aufgehen: der Bettler und die durch drei Mädchen verkörperten Eumeniden, die während des Dramas von kleinen Kindern zum Alter Elektras ‚heranwachsen‘.

Der Bettler – die Kunde behauptet von ihm, er sei ein Gott – weilt von der dritten Szene an stets auf der Bühne. Er erzählt alsbald die parabelartigen Geschichten vom Igel und von der Wölfin; mit dem zweiten dieser Gleichnisse nimmt er unverkennbar den wirklichen Ausgang des Dramas vorweg, während die Nutzanwendung, die er daraus zieht, auf einen möglichen, aber nicht realisierten Ausgang hinweist (1,3). Der Bettler prägt weiterhin die programmatische Formel, daß Elektra ‚sich offenbaren‘ werde (1,3), und seine Reflexionen am Ende des ersten Aktes kommentieren und entschlüsseln die Hauptfigur: Elle est la vérité sans résidu, la lampe sans mazout, la lumière sans mèche – „Sie ist die Wahrheit ohne Rückstand, die Lampe ohne Bodensatz, das Licht ohne Docht" (1,13). Das Ende des zweiten Aktes zeigt noch deutlicher, wie die Figur des Bettlers den Rahmen des Dramas transzendiert, um den Modus der Wiederholung thematisch werden zu lassen: er schildert zunächst – an dramaturgisch ‚unpassender‘ Stelle – das Ende Agamemnons und schließt unverzüglich den Bericht von der Ermordung Klytämnestras und Ägisths an (2,9). Dieser Bericht aber begleitet simultan das hinterszenische Geschehen, ja, er eilt ihm schließlich um Sekunden voraus; der Aufhebung des dramatischen Dialogs folgt die Aufhebung der dramatischen Zeit. Der Mythos und seine moderne Reprise scheinen so in eins zu verschmelzen; zugleich aber deutet der paradoxe Ausgang an, daß die angebliche Fatalität des Geschehens prognostizierbar, aber nicht unvermeidlich ist.

Die Eumeniden gebärden sich ebenfalls als seltsame, symbolhaltige Wesen; wie der Bettler, so antizipieren auch sie teils den wirklichen Ausgang des Stückes, teils weisen sie auf Lösungen hin, die möglich gewesen wären, wenn der Mythos sich nicht hätte wiederholen ‚müssen‘. So bereits ihre Deklamationen über Klytämnestra und Elektra, mit denen sie zu Beginn des Stückes aufwarten (1,1); so abermals ihre Parodie der Wiedererkennung von Klytämnestra und Orest, einer Szene, in der sich ebenfalls bereits Realität und Potentialität durchdrungen hatten (1,11–12). Sie stehen auch sonst meist außerhalb des Dramas und haben die Aufgabe, das Geschehen zu kommentieren oder ‚Regiebemerkungen‘ einzustreuen: während sie einmal, als seien sie wirkliche dramatis personae, mit Elektra um die Entscheidung Orests kämpfen (2,3), weisen sie an anderer Stelle, als spräche der Autor selbst, eine Nebenfigur zurück, die einen ersten Versuch, die Wiederkehr des Mythos zu verhindern, durchkreuzt hatte [35], und bald darauf scheinen sie in die Rolle Ägisths zu schlüpfen [36].

Das zuletzt genannte Beispiel zeigt bereits: nicht alle ‚verfremdenden‘ Mittel der Illusionsdurchbrechung, des Verstoßes gegen die

Einheit der Rolle usw. thematisieren die Wiederaufnahme des Mythos. Andererseits verlassen nicht sämtliche Ingredienzien des Stückes, die auf die Iteration und hierdurch auf das antike Paradigma verweisen, explicite das Innere des dramatischen Gefüges. Aufheben der Illusion und Bewußtmachen der Wiederholung sind nicht identisch; aber sie fallen in der Giraudouxschen *Electre* – jenes als Mittel, dieses als Zweck – oft genug zusammen. Zu den Elementen, die auf die Wiederholung verweisen, ohne sich der Regeln des konventionellen Dramas zu begeben, gehört der den Anfang des Stückes beherrschende Plan: Elektra soll mit dem Gärtner verheiratet werden, damit ihre im vorhinein bekannten Kräfte der Vernichtung eine andere Familie heimsuchen. Hierzu gehören weiterhin einige Bemerkungen, die das Streitgespräch zwischen den beiden weiblichen Hauptfiguren (1,4) einleiten: als ob das sophokleische Vorbild der Szene (v. 516 ff.) noch jedermann in den Ohren klinge[37].

Auf der anderen Seite enthält das moderne Drama ein außerdramatisches Element, das allenfalls mittelbar im Dienste der Absicht steht, die Replik bewußt zu machen: den Entracte, das Lamento des Gärtners. Indes, einige der dort vorgebrachten Reflexionen deuten auf den Kerngedanken des Stückes, und hiermit greifen sie zugleich auf das Fundament zurück, das den Wiederholungsmechanismus trägt. In der Tragödie mit Inzest und Vatermord, bemerkt der Gärtner, erfahre man den reinen Haß, den reinen Zorn, die Reinheit schlechthin, kurz, die Unschuld. Für ihn, den Gärtner, bedeute es Hoffnung, wenn sich die Frau des Pharao das Leben nehme, Vertrauen, wenn ein Feldherr Verrat übe, Zärtlichkeit, wenn ein Herzog einen Mord begehe; überhaupt sei die Tragödie ein Unternehmen der Liebe. Diese Paradoxien lassen sich wohl nur unter der Voraussetzung verstehen, daß die Tragödie oder, anders ausgedrückt, der dramatisierte Mythos etwas ist, das sich in der Wirklichkeit des Lebens nicht zutragen soll, das es dort mit aller Kraft zu verhindern gilt. Der Mythos mit seiner ‚Reinheit' und Unbedingtheit erscheint so als negativ bewertete Pseudo-Fatalität, und die wiederholende ‚Verwirklichung' im Spiel, deren Quintessenz darin besteht, daß die Wiederholung nicht eintreten darf, hebt in letzter Instanz sich selber auf: ‚Reinheit' weist auf kompromißbereite Versöhnlichkeit, ‚Unschuld' auf den Willen, tätige Verantwortung zu tragen usw. Der Gärtner beschreibt Wirkungen, die der Zuschauer erfahren soll; der Zuschauer kann diese Wirkungen erfahren, weil das Stück die Hauptfigur, ihre ‚Reinheit' und Unbedingtheit, als willkürliche Selbstsetzung, als hohle Wesensform, als absolute Subjektivität erweist und weil es zugleich in der Gegenfigur Ägisths eine Person darstellt, deren Handeln durch jene Komplementärbegriffe wie Versöhnlichkeit, Verantwortungsgefühl usw. bestimmt ist.

So etwa scheint jedenfalls Anouilh den Vorgänger verstanden zu haben. Seine *Antigone* reproduziert nicht nur das Handlungsgefüge der *Electre*, die Konfiguration, in der sich die polemische Replik auf das antike Modell verwirklicht; sie übernimmt auch die teils in das Drama eingepaßte, teils metadramatische Reflexion, die Mittel, die auf die Wiederholungsstruktur und ihre Absicht hindeuten. Der Nachfolger hat diese Zusammenhänge unkomplizierter und minder geheimnisvoll, aber auch planer und nicht so intensiv an das Nachdenken des Zuschauers appellierend dargestellt.

Was Giraudoux auf die Rollen des Bettlers und der Eumeniden sowie auf den Entracte des Gärtners verteilt hat, ebendies leistet bei Anouilh eine namenlose Figur, zuerst „Prolog" und dann „Chor" genannt [38]. Sie steht außerhalb des dramatischen Dialogs; im allgemeinen bringt sie Kommentare und Reflexionen des Autors; kurz vor der Katastrophe personifiziert sie eine innere Stimme Kreons: sie macht Einwürfe und weist auf Möglichkeiten hin, die dem Lauf der Dinge eine andere Wendung hätten geben können [39]. Hier sind vor allem die Merkmale von Belang, die den Reprisencharakter des Stückes hervorheben. Zu ihnen gehört bereits die Bezeichnung: die feierlichen Namen, mit denen der conférencier-artige Sprecher bedacht wird, le Prologue, le Choeur, sollen offenbar die stilistische Distanz bewußt machen, die das moderne Drama von seinem antiken Urbild trennt. Dieser Gegensatz setzt sich fort in den Farben, mit denen der Prolog die dramatis personae in ein bürgerliches Alltagsmilieu taucht. Überdies sucht die Vorrede alles auf die Einheit von Wiederkehr und Abweichung zu stimmen, wie sie das Stück selbst darbieten wird. Voilà. Ces personnages vont vous jouer l'histoire d'Antigone – „So ... Diese Leute werden euch jetzt die Geschichte von Antigone vorspielen." Ein solcher Satz evoziert die Basis, die Tragödie des Sophokles als das längst Bekannte. Hierzu stimmt, daß bald darauf gerade bei der Hauptfigur auf die vorgegebene Rolle hingewiesen wird: Elle s'appelle Antigone et il va falloir qu'elle joue son rôle jusqu'au bout – „Sie heißt Antigone,

191

und es ist unbedingt erforderlich, daß sie ihre Rolle bis zum Ende durchhält." Oder, von einer anderen Figur: Ce garçon pâle, là-bas, au fond, qui rêve adossé au mur, solitaire, c'est le Messager. C'est lui qui viendra annoncer la mort d'Hémon tout à l'heure ... Il sait déjà ... – „Der bleiche junge Mann, dort, im Hintergrund, der an die Wand gelehnt vor sich hinträumt, ganz für sich, das ist der Bote. Er wird hernach auftreten, den Tod Hämons zu melden ... Er weiß bereits ..." Zugleich aber fließt unversehens Neues in die Schilderung des Prologes ein, und zwar in demselben Maße, wie der moderne Autor seine Figuren anders konzipiert hat als sein antiker Vorgänger. Besonders Kreon zeigt sich schon als die Gestalt, die den großen Dialog mit Antigone bestehen wird: Cet homme robuste, aux cheveux blancs, qui médite là, près de son page, c'est Créon. C'est le roi. Il a des rides, il est fatigué. Il joue au jeu difficile de conduire les hommes ... Oedipe et ses fils sont morts. Il a laissé ses livres, ses objets, il a retroussé ses manches et il a pris leur place – „Der kräftige Mann dort, mit weißem Haar, der nachdenklich neben seinem Pagen sitzt, das ist Kreon. Er ist der König. Er hat Runzeln, er ist müde. Er spielt das schwierige Spiel, Menschen zu führen ... Ödipus und seine Söhne sind tot. Da hat er seine Bücher und Kostbarkeiten liegen lassen, hat die Ärmel aufgekrempelt und ihre Stelle eingenommen."

Unter den innerdramatischen Mitteln, die das Reprisenhafte des Anouilhschen Stückes hervorkehren, fällt etwa die Art auf, in der die Auseinandersetzung zwischen Antigone und Ismene beginnt: (Ismène) Tu sais, j'ai bien pensé, Antigone – „(Ismene) Du weißt, ich habe gründlich darüber nachgedacht, Antigone", und endet: (Antigone) Je te laisserai me parler, oui. Je vous laisserai tous me parler – „(Antigone) Ich werde mit mir reden lassen, jawohl. Ihr alle dürft mit mir reden" (S. 24 und 33). Die Debatten der sophokleischen Tragödie haben bereits stattgefunden; sie hallen nach und setzen sich fort [40]. Ein zweiter Kunstgriff, der das Drama relativiert, ohne es aufzuheben, ist die im Drama selbst begegnende Rollenmetaphorik (die in demselben Maße ihren metaphorischen Charakter verliert, als nicht die ,Wirklichkeit' der Illusion, sondern die ,Rolle' für das Wirkliche genommen werden soll). Kreon sagt zu Antigone: Ecoute-moi bien. J'ai le mauvais rôle, c'est entendu, et tu as le bon – „Hör gut zu. Ich habe die böse Rolle, das ist klar, und du hast die gute." Und bald darauf: Ecoute-moi tout de même pour la dernière fois. Mon rôle n'est pas bon, mais c'est mon rôle et je vais te faire tuer – „Hör auf mich, ich bitte dich zum letzten Mal. Meine Rolle ist nicht sehr edel, aber es ist meine Rolle, und ich werde dich töten lassen"[41]. So erinnert der Autor gerade in dem Augenblick an die antike Folie und die daraus resultierende Einstellung des Zuschauers, da er sich anschickt, diese Einstellung zu widerlegen und aus der ‚schlechten Rolle‘ die gute zu machen.

Die längere Partie des Choeur, die auf die Exposition folgt (S. 56 ff.), entspricht dem Giraudouxschen Entracte. Auch sie greift auf die Absicht der Mythen-Reprise zurück; sie führt in ironischer Brechung das tragische Schema ad absurdum. Der Parallelismus von außerdramatischer Reflexion und dramatischer Struktur ist vollkommen: die Betrachtungen des Choeur begnügen sich nicht mit dem von Giraudoux übernommenen Stichwort tragédie, sondern fügen noch den Komplementärbegriff drame hinzu, Kategorien, die im Drama selbst offenbar durch den Gegensatz der beiden Hauptfiguren Antigone und Kreon verkörpert werden. Die Tragödie erscheint in den Darlegungen des Choeur als mechanischer Ablauf, als Uhrwerk, bien huilé depuis toujours – „stets gut geölt". Der Tod ist eingeplant, man hat weder Furcht noch Hoffnung, aber man ist unschuldig, und man darf sich ohne Schranken selbst verwirklichen: La petite Antigone va pouvoir être elle-même pour la première fois – „Jetzt kann die kleine Antigone zum ersten Mal in ihrem Leben ganz sie selbst sein", lauten die Worte, mit denen der Choeur zur Fortsetzung des szenischen Geschehens überleitet. Im Drama hingegen gibt es Gute und Böse, erklärt der Choeur, man will überleben, man hat Chancen, on se débat parce qu'on espère en sortir – „man wehrt sich, weil man davonzukommen hofft." Der Preis, den das Drama (und das Leben, als dessen Modell das Drama hier konzipiert ist) hierfür fordert, der Verzicht auf absolute Individualität, dieser Preis wird in den Betrachtungen des Choeur nicht genannt; man findet ihn dort, wo tragédie und drame sich messen, in der großen Auseinandersetzung zwischen Kreon und Antigone [42].

III

Die literarhistorische Bestandsaufnahme ist hiermit beendet. Sie galt einem einzigen Phänomen: dem Prinzip der variierenden Wiederholung bei den Griechen und in der Moderne. Die Möglichkeit der Reprise scheint vor allem dem dramatisierten Mythos zu inhärieren. Da sich die Tragödie in der Antike hauptsächlich mythischer Stoffe annahm, ist hiermit zugleich behauptet: das Prinzip der variierenden Wiederholung war bei den Griechen und Römern Merkmal einer ganzen dramatischen Gattung, der Tragödie schlechthin. Auf die Neuzeit läßt sich diese Feststellung nicht erstrecken. Für sie gilt lediglich: das Prinzip der variierenden Wiederholung eignet vor allem den Stücken, die einen Mythos zum Gegenstand haben. Hiermit ist zugleich behauptet: die Neuzeit hat dieses Prinzip den überlieferten Tragödien der Antike abgelesen und von ihnen rezipiert. Dem fügt sich, daß die antike Tragödie und das Mythendrama der Neuzeit bei der Anwendung des Prinzips dieselben Regeln befolgen: das Gerippe der Handlung gilt als konstant; die Intrige, die Motivation, die Charaktere und die Bedeutung des Ganzen dürfen und sollen abgewandelt werden.

Die vorliegende Skizze suchte vor allem darzutun, wie dieses Miteinander von feststehenden und veränderlichen Größen bei den Griechen funktioniert hat und noch im Drama der Gegenwart funktioniert. Wie sich hierbei zeigte, waren schon die griechischen Tragiker in unterschiedlichem Maße darauf bedacht, dem Zuschauer einzuschärfen, daß ein gegebenes Stück die Reprise eines früheren sei: das Phrynichos-Zitat der aischyleischen *Perser* und die Aischylos-Kritik der euripideischen *Elektra* lassen eine gewisse Tendenz erkennen, ostentativ an das Muster zu erinnern, kurz, sie streben einem ‚relativen‘, sich selbst relativierenden Dramentyp zu; andererseits sucht offenbar gerade Sophokles, den man auch aus anderen Gründen für den ‚Klassiker‘ schlechthin halten muß, den Reprisencharakter seiner Tragödien zu verschleiern; er setzt stillschweigend voraus, er meidet auffällige Hinweise, kurz, er strebt einem ‚absoluten‘ Dramentyp zu. Vielleicht ist hiermit in der attischen Tragödie ein Gegensatz präformiert, der sich während der Neuzeit, im Antagonismus der klassizistischen und modernen Mythenstücke, verschärft wiederholt hat. Wie dem auch sei (die vorliegende Studie mußte es sich versagen, dieser Frage nachzugehen), die modernen Mythendramen heben den Reprisencharakter mit einer Intensität und einem Raffinement hervor, daß die wenigen Analogien der Antike wie tastende Versuche erscheinen; sie verwenden hierbei großenteils Mittel, die sich über die Illusion des konventionellen Theaters hinwegsetzen, diejenigen Mittel also, welche dem modernen Drama überhaupt seine epochale Signatur verleihen [43].

194

Vielleicht lassen sich an die Ergebnisse dieser Skizze einige allgemeine Überlegungen anknüpfen. Es ist wohl deutlich geworden, was der hier von Anfang an vorausgesetzte Begriff der Wiederholung besagen soll. Gewiß, ‚Wiederholung‘, die oft auch ‚variierende Wiederholung‘ ist, gehört zu den elementaren Formprinzipien aller Kunst. Und ebenso gewiß kann sie auch außerhalb der Tragödie und des Mythendramas auf den ‚Stoff‘, auf das ‚Thema‘ übergreifen. Es genügt, hierfür ein Beispiel der griechischen Literatur zu nennen: die Neue Komödie, das Drama Menanders, hat typische Ingredienzien der Tragödie, zumal der euripideischen, wie Kindesaussetzungen, Wiedererkennungsszenen, ja, ganze Handlungsstrukturen auf die bürgerliche Welt übertragen und dort immer wieder angewandt. Indes, so unverkennbar hier die Gattung Komödie stoffliche Merkmale der Gattung Tragödie ‚wiederholt‘ und so deutlich die einzelnen Komödien charakteristische Motive der Gattung ‚wiederholen‘, so wenig bedarf es wohl der Erklärung, daß diese Studie den Begriff bei weitem nicht in einem so allgemeinen Sinne verwendet. ‚Wiederholung‘ besagt hier vielmehr stets, daß jeweils dieselben Ereignisse, die sich zwischen denselben und mit denselben Individualnamen benannten Personen abspielen, vorgeführt werden. Es kommt demnach auf die wiederkehrende Ereignishaftigkeit und die wiederkehrenden Eigennamen an, darauf also, daß die Wiederholung seit den Anfängen der attischen Tragödie durch identische Bezeichnungen thematisiert wird, und dieser strenge Begriff ist gewiß kein allgemeines Formprinzip mehr, sondern ein Phänomen, das sich gerade bei der antiken Tragödie und beim Mythendrama der Neuzeit hervortut.

Diese konkrete, an die Gesetze der Historiographie gemahnende Wiederholbarkeit scheint sowohl durch den Mythos als auch durch die dramatische Form bedingt zu sein[44]. Die Griechen pflegten ihren Mythos, ehe die Tragödie sich seiner bemächtigte, auf zweierlei Weise darzustellen: in kultischen Tänzen sowie in epischen und, hiervon abgeleitet, in lyrischen Erzählungen. Es liegt auf der Hand, daß diese beiden Darstellungsformen jeweils durch einen grundverschiedenen Modus von ‚Wirklichkeit‘ legitimiert waren: der Kulttanz präsentierte den Mythos als unmittelbare Gegenwart; die literarischen Gattungen, das Epos und die Lyrik, präsentierten ihn als durch den Bericht vermittelte Vergangenheit. Im Kulttanz fielen der Mythos und die jeweilige Gegenwart zusammen, und die Darbietenden waren mit dem Dargebotenen identisch; im epischen oder lyrischen Bericht traten der Mythos und die jeweilige Gegenwart auseinander, und der Erzähler distanzierte sich vom Erzählten. Im Kulttanz stellten die Personen dar, im epischen oder lyrischen Bericht hingegen das Wort; in dem einen Falle wiederholte sich jeweils das mythische Ereignis selbst, im anderen nur das Abbild des als einmalig vorausgesetzten Geschehens.

Diese beiden Darbietungsformen waren im Grunde nicht miteinander vereinbar, und so konnte sich eine Bewußtseinslage einstellen, die den jüngeren Präsentationsmodus des vermittelnden Berichtes für glaubwürdiger hielt als den älteren des unmittelbar vergegenwärtigenden Kultaktes. Dieser Fall scheint sich wirklich ereignet zu haben: wie man eines Tages, und zwar in Athen, begann, auf Statuen den zuvor üblichen Inschriften-Typus ,Ich bin X' durch Formeln wie ,Ich bin das Bild, das Grabmal des X' zu ersetzen, so wurde man offenbar auch auf die Tatsache aufmerksam, daß die am Kultakt Beteiligten gar nicht ,sind', was sie zu sein vorgeben, sondern es nur ,darstellen'; man übertrug also die literarische Kategorie der Abbildlichkeit auf den religiösen Kultakt. Dieser erste Schritt wiederum zog, und zwar ebenfalls in Athen, einen durchaus nicht notwendigen, vielmehr eher paradoxen zweiten nach sich: der Kultakt wurde nicht entwertet, sondern seinerseits literarisiert, wobei er sich einmal von den konkreten kultischen Gegebenheiten, von der Beschränkung auf den Dionysos-Mythos, löste und zum anderen in eine neue Dimension, in einen bis dahin unbekannten Bereich von ,Wirklichkeit' vordrang. So entstand die Tragödie.

Die Tragödie löste sich von den konkreten kultischen Gegebenheiten: ihr Thema war der Mythos, aber nicht mehr der individuelle des einzelnen Kultes, sondern der universale der Literatur. Sie drang zugleich in einen neuen Bereich von ,Wirklichkeit' vor: sie erschöpfte sich weder in der unmittelbaren Präsentation des Geschehens wie der Kultakt noch in der Einstiges vermittelnden wie das rezitierte literarische Werk. Äußerlich bewahrte sie beides: die Darbietungsform des Kultaktes, indem sie etwas unmittelbar vor Augen führte, die Darbietungsform des Literaturwerkes, indem das Dargebotene lediglich als Medium für ein eigentlich Gemeintes diente. Dieses eigentlich Gemeinte aber, der Sinn einer Tragödie, war nicht mehr, wie im Epos und in der Lyrik, der Mythos als konkretes Geschehen der Vergangenheit, sondern der Mythos als Modell, durch den sich abstrakte, jederzeit hintergründig gegenwärtige und niemals vordergründig greifbare Gegebenheiten vermitteln ließen: Götterwalten und Schicksal, menschliches Handeln und seine Prämissen, wie Recht, Vernunft und Leidenschaften. In der Tragödie dokumentiert sich somit die Fähigkeit, das Dasein als etwas Mehrschichtiges zu begreifen; das Ereignishafte des Mythos ist dort nur noch sinnfällige Erscheinung, und die jeweilige Deutung dieses Ereignishaften ist die eigentlich gemeinte, die wesentliche ‚Wirklichkeit'.

Das paradoxe Kompromiß, oder richtiger, die höhere Einheit von Kultakt und literarischer Vermittlung, wie sie die Tragödie vollzog, macht auch die spezifische Technik der Wiederholung verständlich, die gerade diese Literaturgattung anzuwenden pflegte. Der mythische Stoff war ein Erbe, das die Tragödie von ihren beiden Prämissen, vom Kultakt sowohl wie vom episch-lyrischen Bericht, empfangen hatte. Sie bemächtigte sich dieses Erbes, indem sie bei seiner Verwendung zugleich zwei einander entgegengesetzte Prinzipien von ihren Vorgängern übernahm: vom Kultakt das Zugeständnis der Wiederholbarkeit, vom literarischen Werk das Erfordernis der Variation. Sie konnte diese beiden Prinzipien miteinander versöhnen, weil sie von vornherein auf der Einsicht in die Mehrschichtigkeit des Daseins beruhte und weil es ihr daher nicht so sehr auf konkrete Ereignisse ankam wie auf deren Bedeutung, auf das Allgemeine, das die Ereignisse jeweils repräsentieren sollten. Sie versöhnte diese beiden Prinzipien, indem sie dem Bereich der Wiederholbarkeit das Handlungsgerüst, die Fabel, dem Bereich der Variation hingegen alles übrige zuwies: die Einzelheiten der Handlung, die Motivation, die Charaktere. Diese Lösung, die den verbindlichen Mythos auf ein dürres Skelett von Fakten und Namen reduzierte, vermied einen Nachteil: wahre Historizität, d. h. die Rücksicht auf die gesamte Überlieferung, hätte die Variationsmöglichkeiten zu stark eingeengt; nur ein pseudohistorisches Residuum gewährte den jeweiligen Intentionen eines Dichters hinlänglichen Spielraum. Diese Lösung, das Festhalten am reduzierten Mythos, brachte andererseits einen erheblichen Vorteil ein: der Mythos diente nunmehr nicht nur als Stoff, sondern auch als Form, oder, vorsichtiger ausgedrückt, er übernahm Funktionen, die sonst der Form zuzukommen pflegen. Denn er gehörte zu den Gegebenheiten, die je und je wiederkehrten; er machte somit eines der Elemente aus, über die im vorhinein Einverständnis zwischen dem Autor und seinem Publikum herrschte. Seine allgemein anerkannte Konstanz wiederum bewirkte, daß sich die je besonderen Intentionen der einzelnen Werke ungemein deutlich ablesen ließen.

Die Tragödie beruht auf dem Konzept der Mehrschichtigkeit des Daseins, auf der Einsicht, daß sich die Welt in Erscheinungshaftes und Wesentliches gliedert; die Eigenart des von der Tragödie rezipierten Mythos resultierte aus der sonderbaren Ambivalenz seiner bald inhaltlichen, bald formalen Funktion. Das Zusammenspiel aller dieser Gegebenheiten bedingte, daß die Tragödie den Mythos auf zweierlei Weise zu ,retten' bestrebt sein konnte: sie vermochte einmal ein kritisches Verhältnis zum Mythos aufzufangen, indem sie, was der Kritik ausgesetzt war, als Hülle preisgab und hierfür einen Kern des unverrückbar Gültigen einzutauschen suchte; dieser Modus zielte unmittelbar auf die ,Rettung' des Mythos. Sie vermochte zum anderen ein kritisches Verhältnis zum Mythos zu wekken, indem sie, was für unverrückbar gültig gehalten wurde, als bedingt und unwesentlich zu erweisen suchte; dieser Modus ,rettete' den Mythos unfreiwillig, da er sich seiner nur als der unentbehrlichen Basis für die Polemik bediente. Wenn es einem Dichter darauf ankam, den Mythos durch eine neue, mehr auf das Wesenhafte zielende Deutung gegen Kritik zu sichern, dann nahm er ihn paradoxerweise in stärkerem Maße als ,Idee', als ,Form'; kam es ihm jedoch darauf an, eine anerkannte Auffassung des Mythos in Frage zu stellen, dann nahm er ihn in stärkerem Maße als ,Thema', als ,Stoff' – nicht als ob er sich hierbei noch mit dem konkreten Geschehen um seiner selbst willen auseinandergesetzt hätte; vielmehr richtete sich seine Polemik gegen den Mythos als Träger von Sinngehalten, etwa des Schicksals als einer beschwichtigenden, das menschliche Handeln begrenzenden Kategorie. Dieser dialektische Prozeß von Dogmatisierung und Emanzipation hatte sich während der Entwicklung der attischen Tragödie, auf ihrem Stufengang von Aischylos bis zu Euripides, schon einmal abgespielt, und er wiederholte sich, als sich das moderne Mythendrama die Aufgabe stellte, die Positionen des klassizistischen Humanismus anzugreifen, wobei es, wenn nicht im Prinzip, so doch in den dramatischen Mitteln erheblich von allem Früheren abwich.

Anmerkungen

Antike Ethik (S. 9–20)

1 Literatur: A. Dihle, Ethik, in: Reallexikon für Antike und Christentum, Bd. 6, Stuttgart 1966, Sp. 646–796; I. Düring, Aristoteles, Heidelberg 1966, S. 434–505; N. Hartmann, Ethik, Berlin 1962[4]; E. Howald, Ethik des Altertums, in: Handbuch der Philosophie, hrsg. von A. Bäumler und M. Schröter, Abt. 3, Bd. 2, München 1926; J. Mewaldt, Epikurs Philosophie der Freude, Stuttgart 1949; G. Misch, Geschichte der Autobiographie, Bd. 1, 2, Bern 1950[3], S. 408–493 (über Seneca, Epiktet, Marc Aurel); M. Pohlenz, Die Stoa, 2 Bde., Göttingen 1964[3]; L. Robin, La morale antique, Paris 1941[2]; E. Schwarz, Ethik der Griechen, Stuttgart 1951; M. Wundt, Geschichte der griechischen Ethik, 2 Bde., Leipzig 1908–11.

Persona, ein römischer Rollenbegriff (S. 21–46)

1 Ph. Melanchthon, Loci communes, Ausgabe von 1559, zitiert nach A. Trendelenburg, Zur Geschichte des Wortes Person, in: Kant-Studien 13, 1908, S. 13. Das Cicero-Zitat: Philippicae 8, 29.

2 K. E. Georges, Ausführliches lateinisch-deutsches Handwörterbuch, Hannover–Leipzig 1918[8], Bd. 2, Sp. 1641 f.

3 H. Rheinfelder, Das Wort „Persona", in: Zeitschrift für romanische Philologie, Beiheft 77, 1928, S. 6 ff., bes. 17.

4 Über diese berüchtigte Etymologie und andere Versuche, den Ursprung des Wortes aufzuhellen, s. S. Schlossmann, Persona und πρόσωπον im Recht und im christlichen Dogma, Kiel 1906, S. 12, Anm. 1; Rheinfelder, a. O., S. 18 ff.; F. Altheim, Persona, in: Archiv für Religionswissenschaft 27, 1929, S. 35–52. Weitere Literatur bei A. Walde – J. B. Hofmann, Lateinisches etymologisches Wörterbuch, Heidelberg 1938–54[3], Bd. 2, S. 291 f.

5 Ars grammatica 3, De poematibus, in: Grammatici Latini, hrsg. von H. Keil, Leipzig 1855–80, Bd. 1, S. 489.

6 Die Masken der Fabula Atellana werden aus Festus, De verborum significatu, hrsg. von W. M. Lindsay, Leipzig 1913, S. 238, erschlossen. Maskenumzüge der Pfeifer: Censorinus, De die natali 12, 2; Valerius Maximus, Facta et dicta memorabilia 2, 5, 4; hierzu G. Wissowa, Religion und Kultus der Römer (Handbuch der Altertumswissenschaft 5, 4), München 1912², S. 254.

7 Plaute, Comédies, hrsg. und übersetzt von A. Ernout, Paris 1932–40, Bd. 5, S. 155.

8 S. hierzu Schlossmann, a. O., S. 15 ff.

9 Auch Masken als architektonischer Schmuck hießen personae: Plinius, Naturalis historia 35, 152; Ulpian in den Digesten 19, 1, 17, 9.

10 S. Horaz, Satiren 1, 5, 64; vgl. Petron, Satirikon 44, 5.

11 S. ferner Lukrez 3, 58; vgl. A. Otto, Die Sprichwörter der Römer, Leipzig 1890, S. 274. S. ferner Seneca, Epistulae morales 24, 13 (non hominibus tantum, sed rebus persona demenda est et reddenda facies sua – „Man muß nicht nur den Menschen, sondern auch den Dingen die Maske abnehmen und ihnen ihr wahres Gesicht zurückgeben"); De tranquillitate animi 17, 1.

12 Sententiae, hrsg. von O. Friedrich, Berlin 1880, S. 48.

13 Die Bedeutung persona = Schauspieler ist selten. S. z. B. Cicero, Philippicae 2, 65: persona de mimo – „Komödienschauspieler"; Horaz, Ars poetica 192, hierzu Diomedes, in: Grammatici Latini, S. 490.

14 S. ferner Cicero, Laelius 93 und 100; De natura deorum 3, 71; De officiis 3, 106; vgl. De oratore 3, 171 und Velleius Paterculus, Historia Romana 1, 3, 2.

15 Übersetzung nach H. Rüdiger, Horatius: De arte poetica liber, lateinisch und deutsch, Zürich 1961.

16 Die Bedeutung persona = dramatische, literarische Figur deckt sich nicht selten mit der Bedeutung persona = historische Figur oder geht fugenlos in sie über; s. z. B. Cicero, Laelius 4 (die historischen Personen Cato und Laelius als Dialogfiguren); Pro Caelio 35 (Appius Claudius Caecus als von Cicero in der Rede beschworene Figur); De re publica 2, 55 (illustres personae der römischen Geschichte); Tacitus, Dialogus de oratoribus 10, 6 (Cato Uticensis als Tragödienfigur).

17 Ein ähnlicher Übergang von der persona im Drama zur persona im Leben bei Cicero, De officiis 1, 97; s. u. S. 37 f. Vgl. ferner Seneca, Epistulae morales 120, 22.

18 Nehmen, Anlegen: Cicero, Pro Murena 6 (appetere); Pro Quinctio 45 (capere); Pro Plancio 100 (sumere); Ad Atticum 10, 15, 3 (suscipere); Actio secunda in Verrem 2, 43 (imponere); Seneca, De beneficiis 2, 17, 2 (induere). Tragen: Cicero, De officiis 1, 124 (gerere); Livius, Ab urbe condita 3, 36, 1 und 3, 72, 4 (ferre). Wechseln: Plinius, Epistulae

2, 20, 8 (mutare). Ablegen: Cicero, Pro Plancio 100 (abicere); De officiis 3, 43 (ponere); Ad Familiares 7, 33, 2 (deponere); Pro Sulla 8 (detrahere). Vgl. Schlossmann, a. O., S. 19, Anm. 2.

19 So treffend R. Hirzel, Die Person – Begriff und Name derselben im Altertum, in: Sitzungsberichte der Bayerischen Akademie der Wissenschaften, Phil.-hist. Klasse, 1914, 10, S. 51. Vgl. Trendelenburg, a. O., S. 8 f.

20 Auctor ad Herennium 1, 8; vgl. Cicero, De inventione 1, 22. S. ferner Alkuin (Albinus), wahrscheinlich nach einer antiken Quelle: Quot personae solent in iudiciis esse? Quattuor: accusator causae, defensor causae, testes, iudex – „Wieviele Rollen pflegt es vor Gericht zu geben? Vier: den Ankläger, den Verteidiger, die Zeugen, den Richter" (De arte rhetorica dialogus 16, in: Rhetores Latini minores, hrsg. von C. Halm, Leipzig 1863, S. 533).

21 S. u. S. 33 f.

22 S. ferner Cicero, De oratore 1, 169; De officiis 3, 43; Actio secunda in Verrem 2, 43 und 109; Livius, Ab urbe condita 3, 72, 4 (quadruplator, gewöhnlich von jemandem gesagt, der um einer Prämie willen anklagt, bezeichnet hier den auf den eigenen Vorteil bedachten Richter). Anders Cicero, Actio secunda in Verrem 1, 98; hier deutet persona auf die spezielle Rolle, die Cicero sich durch seine Anwaltstätigkeit geschaffen hat.

23 Pro Murena 6 (dort neben persona das Synonym partes; ebenso De haruspicum responso 61); Pro Sulla 8. Vgl. Philippicae 6, 2: quam personam impositam a vobis sustinerem – „welch verantwortungsvolle Rolle ihr mir auferlegt hattet". Im Briefe Ad Atticum 8, 12, 4 (vom März 49 v. Chr.) überlegt Cicero, in welcher staatsbürgerlichen Rolle er mehr nützen könne, als persona pacifica (Zivilist) oder als bellator (Soldat).

24 Vgl. Cicero, Brutus 80 (personam principis tueri – „der Rolle eines führenden Mannes gerecht werden") und 165 (magistratus personam tueri – „der Beamtenrolle genügen").

25 Vgl. Cicero, De officiis 1, 124: Die Beamten müssen sich bewußt sein se gerere personam civitatis – „daß sie den Staat repräsentieren". S. ferner De lege agraria 2, 45.

26 Persona läßt sich hier als „angesehene Persönlichkeit" deuten; vielleicht hat πρόσωπον (s.u. S. 36 f.), das sich öfters in diesem Sinne verwendet findet, auf die Formulierung des Nepos eingewirkt; vgl. Hirzel, a. O., S. 44 ff.; Georges, a. O., nennt die Stelle in seiner anfechtbaren Rubrik „Person in abstracto"; richtiger Rheinfelder, a. O., S. 14: persona als Träger einer condicio (Stellung, Würde).

27 Gegen Georges, der Sueton, Iulius 43 (mit der richtigen Übersetzung „Leuten von einer bestimmten Stellung") hier einordnet, und vor

allem gegen Rheinfelder, der sich auf Sueton, Tiberius 32; Valerius Maximus, Facta et dicta memorabilia 8, 7, 7 u. a. beruft.

28 Vgl. Cicero, Academica priora (Lucullus) 6: Restat, ut iis respondeam, qui sermonibus eius modi nolint personas tam graves inligari – „Jetzt bin ich noch denen eine Antwort schuldig, die nicht wünschen, daß so bedeutende Persönlichkeiten in derlei Gespräche verwickelt werden" (personae, weil die „bedeutenden Persönlichkeiten" als ‚Figuren' in den philosophischen Dialogen, den sermones, auftreten).

29 S. z. B. Cicero, Ad Familiares 3, 5, 2 (obscurae personae – „unbedeutende Leute"); Valerius Maximus, Facta et dicta memorabilia 9, 14, 1 (personae mediocres – „Personen gewöhnlichen Standes"); Seneca, De ira 3, 40, 2 (tanta persona: Nominativ oder Ablativ?); De beneficiis 3, 12, 2 und 3, 28, 1 (persona servi – „die Person des Sklaven"); Sueton, Tiberius 32 (minores personae – „geringere Leute").

30 S. ferner Cicero, De finibus bonorum et malorum 3, 75 (persona sapientis – „die Rolle des Weisen"); Ad Familiares 7, 11, 2 (mira persona Britannici iure consulti – „die sonderbare Rolle eines britannischen Rechtsgelehrten").

31 S. ferner Cicero, Pro Milone 32 (in his personis, d. h. Milo und Clodius als Repräsentanten entgegengesetzter Verhaltensweisen, der boni und der improbi); Pro Flacco 53 (Maeandrius repräsentiert die Wesensart der ganzen Bürgerschaft); Pro Cluentio 101 (persona viri boni – „die Rolle eines Biedermannes"); Horaz, Satiren 1, 2, 60 (persona moechi – „Die Rolle des Ehebrechers"). Die „Rolle des Alters" wohl Cicero, Ad Atticum 15, 1, 4 (persona senectutis).

32 Rutilius Lupus, Schemata lexeos 2, 6, in: Rhetores Latini minores, S. 15.

33 S. ferner Plinius, Naturalis historia 18, 17 (substituta filii persona – „durch Einsetzung eines Sohnes"); Cicero, De legibus 2, 48 (heredum causa iustissima est; nulla est enim persona ... – „die Erben sind dazu zuallererst verpflichtet; denn es gibt keine Person ..."); Seneca, Epistulae morales 94, 1 (personae sind maritus/uxor, pater/liberi, dominus/servus). Vgl. Schlossmann, a. O., S. 32 ff.

34 Vgl. Cicero, Pro Cluentio 59 (was soll ich noch über die persona des Oppianicus sagen, d. h. wir kennen ihn zur Genüge); Philippicae 6, 15 (personas quasdam a vobis recognosci, die Zuhörer sollen gewisse Personen wiedererkennen); Pro Sulla 68 (neque ... crimen ... P. Sullae persona suscipit, der Charakter P. Sullas verbietet die Annahme eines Verbrechens).

35 Vgl. ebd. 18 (personae von Politikern, die zu Kompromissen mit Antonius bereit sind); Philippicae 2, 53 (die persona des Antonius als Kriegsursache).

36 Vgl. Ad Atticum 9, 11, A 1 (an Cäsar, 49 v. Chr.): Ciceros natura („Wesen") und persona („politische Linie") seien für Friedensverhandlungen mit Pompeius hinlänglich geeignet. Anders Ad Atticum 10, 15, 3, wo Cicero mit der Möglichkeit rechnet, eine gravior persona, eine „wichtigere Rolle" zu übernehmen.

37 Georges, a. O., beruft sich z. B. auf Cicero, Pro Cluentio 78; Rheinfelder, a. O., S. 12 ff., auf dieselbe Stelle sowie auf Ad Atticum 8, 11, D 7; Valerius Maximus, Facta et dicta memorabilia 6, 2, 5 u. a.

38 S. ferner ebndt. 4, 1, 14 (in persona sua); Cicero, Ad Familiares 6, 6, 10 (in eius persona multa fecit asperius – „verhalten hat er sich ihm gegenüber oft ziemlich hart", im Gegensatz zu freundlichen Worten); Seneca, Consolatio ad Marciam 1, 2 (in persona patris tui). Auch Fälle wie Cicero, Actio secunda in Verrem 1, 98 (s. o. Anm. 22) und Philippicae 2, 53 (s. o. Anm. 35) stehen dieser abgegriffenen Bedeutung schon ziemlich nahe.

39 Dionysius Thrax, Ars grammatica 13. Hierzu Schlossmann, a. O., S. 21, Anm. 1; Trendelenburg, a. O., S. 10 f.; Rheinfelder, a. O., S. 9 f.

40 Ars grammatica, hrsg. von K. Barwick, Leipzig 1964², S. 214.

41 Etwas derartiges müssen die Worte ad propriam significationem etc. bedeuten. Wenn A und B sich unterhalten, ist für jeden er selber die erste und der Gesprächspartner die zweite Person usw.

42 S. die Übersicht von H. Hommel, in: Lexikon der Alten Welt, hrsg. von C. Andresen u. a., Zürich–Stuttgart 1965, Sp. 2623 f. (Artikel Rhetorik).

43 S. Cicero, De inventione 1, 8, wo Thesis durch quaestio, Hypothesis durch causa wiedergegeben wird; die causa enthält eine controversia cum personarum certarum interpositione – „einen Streitfall, an dem bestimmte Personen beteiligt sind". Ausführlich über die Thesen, Hypothesen und Peristasen Quintilian, Institutio oratoria 3, 5, 5 ff.; 3, 6, 23 ff. Bisweilen findet sich die rhetorische Kategorie persona auch außerhalb rhetorischer Schriften; s. Cicero, De finibus bonorum et malorum 4, 6; Tusculanae disputationes 3, 79; Seneca, Epistulae morales 94, 35.

44 Vgl. Quintilian, Institutio oratoria 5, 10, 23 ff. (personae – res). Ein anderes Schema gliedert Typen der narratio mit Hilfe der Kategorien negotia – personae; s. Cicero, De inventione 1, 27; Auctor ad Herennium 1, 12 f.

45 S. o. S. 27.

46 Vgl. Cicero, De inventione 2, 32.

47 S. o. S. 31 ff.

48 Zum folgenden s. M. Kaser, Das römische Privatrecht (Handbuch der Altertumswissenschaft 10, 3, 3), Bd. 1, München 1971², S. 271 f.; dort weitere Literatur.

49 S. ferner Livius, Ab urbe condita 3, 45, 2 (nec causis nec personis –
„weder bei den Rechtsfällen noch bei den Personen"); 9, 26, 9 (latior
et re et persona quaestio – „eine Untersuchung, die einen größeren
Kreis von Fällen und Personen erfaßte"); Seneca, Consolatio ad
Marciam 7, 4 (im übertragenen Sinne).

50 Zum folgenden vgl. z. B. M. Fuhrmann, Das systematische Lehrbuch,
Göttingen 1960, S. 104 ff.; 183 ff.; D. Nörr, Divisio et Partitio, Berlin
1972.

51 Andere juristische Einteilungen operieren wie die rhetorischen Handbücher mit einem gänzlich formalen und abstrakten Personbegriff,
z. B. die wahrscheinlich nachklassische Unterscheidung von „persönlichen" und „dinglichen" Dienstbarkeiten (Digesten 8, 1, 1: servitu-
tes aut personarum sunt... aut rerum).

52 Vgl. R. Dahrendorf, Homo sociologicus, Opladen 1974[14], S. 24 f. Der
Verf. sieht die Theorie Ciceros im Licht der üblichen Gleichung persona = (absolute) Person und meint daher, in der ciceronischen persona bereite sich schon die moderne ,Person' als „Inbegriff der Individualität des Menschen" vor; diese Auffassung ist, wie sich zeigen
wird, unrichtig.

53 S. De officiis 1, 6 ff.; 2, 60. Vgl. M. Pohlenz, Die Stoa, Göttingen
1964[3], Bd. 1, S. 201.

54 Zum folgenden vgl. Hirzel, a. O., S. 40 ff.

55 Teles (3. Jh. v. Chr.), Reliquiae, hrsg. von O. Hense, Tübingen 1909[2],
S. 5, Z. 2 ff.; S. 50, Z. 2 ff.; Epicurea, hrsg. von H. Usener, Leipzig
1887 (Nachdruck Rom 1963), Frg. 380, S. 255 (wo allerdings schon der
rhetorische πρόσωπον-Begriff gemeint sein kann); Epiktet, Manuale
17 und 37; Dissertationes 1, 2, 14 u. ö.

56 In der Septuaginta und im Neuen Testament bezeichnet πρόσωπον
nach hebräischem Vorbild das Gesicht, den Menschen nach seiner
äußeren Erscheinung, die Person, besonders in der Wendung οὐ
λαμβάνειν πρόσωπον, „die Person nicht ansehen" (Lukas 20, 21; Gala-
terbrief 2, 6 u. a.); hierzu Trendelenburg, a. O., S. 5 f.

57 S. hierüber M. Pohlenz, Τὸ πρέπον, in: Nachrichten von der Gesellschaft der Wissenschaften zu Göttingen, Phil.-hist. Klasse, 1933, S. 53
bis 92 = Kleine Schriften, Hildesheim 1965, S. 100–139.

58 Vgl. Seneca, Epistulae morales 85, 35 (duas personas habet gubernator – „zwei Masken trägt der Steuermann", nämlich die allgemeine
eines vector / „Passagiers" und die spezielle des gubernator).

59 Vgl. G. Simmel, zitiert nach H. Popitz, Der Begriff der sozialen Rolle
als Element der soziologischen Theorie, Tübingen 1975[4], S. 36, Anm.
38: „Daß jedes Individuum durch seine Qualität von sich aus auf
eine bestimmte Stelle innerhalb eines sozialen Milieus hingewiesen
ist: daß diese ihm ideell zugehörige Stelle auch wirklich in dem sozia-

len Ganzen vorhanden ist – das ist die Voraussetzung, von der aus der Einzelne sein gesellschaftliches Leben lebt und die man als den Allgemeinheitswert der Individualität bezeichnen kann."

60 Anders die moderne Rollentheorie, jedenfalls bei einigen ihrer Vertreter: der Mensch als Aggregat von Rollen, als durch die Rollen determinierte Marionette, als Wesen, das infolgedessen seine Autonomie und Freiheit eingebüßt habe und sich selbst entfremdet sei usw.; s. Dahrendorf, a. O., S. 57 f.; 79 ff.

61 De trinitate 7, 7–7, 11; hierzu M. Schmaus, Die psychologische Trinitätslehre des heiligen Augustinus, Münster (Westfalen) 1927, S. 144 ff.

62 S. Schmaus, a. O., S. 136 ff.

63 So C. Andresen, Zur Entstehung und Geschichte des trinitarischen Personbegriffs, in: Zeitschrift für die neutestamentliche Wissenschaft 52, 1961, S. 1–39. Hierdurch wurde die ältere, seit A. Harnack (Lehrbuch der Dogmengeschichte, 3 Bde., Tübingen 1909–10[4], Bd. 1, S. 576, Anm. 2) verbreitete Annahme modifiziert, wonach Tertullian die Kategorie persona in die theologische Diskussion eingeführt haben sollte.

64 S. Rheinfelder, a. O., S. 161 ff., wo allerdings nicht damit gerechnet wird, daß persona so etwas wie ‚Rolle' bedeuten könnte.

65 S. o. S. 27 f.

66 Tertullian, der sich in den weiteren Darlegungen der Schrift Adversus Praxean um ein biblisches Fundament der drei göttlichen Personen bemüht, operiert hierbei in erheblichem Maße mit der grammatischen Kategorie persona = Sprecherrolle; hierüber Andresen, a. O., S. 9 ff.

67 Zum folgenden s. Rheinfelder, a. O., S. 31 ff.

68 Weitere Beispiele bei Schlossmann, a. O., S. 28, Anm. 2.

69 S. hierzu Rheinfelder, a. O., S. 41 ff.

70 Zum Personbegriff der Scholastik s. H. Mühlen, Sein und Person nach Johannes Duns Scotus, Werl (Westfalen) 1954. Zum christlichen Personbegriff allgemein: M. Müller, Person und Funktion, in: Philosophisches Jahrbuch 69, 1961/62, S. 371–404; weitere Literatur bei J. Nosbüsch, Das Personproblem in der gegenwärtigen Philosophie, in: Personale Erziehung (Wege der Forschung 29), hrsg. von B. Gerner, Darmstadt 1965, S. 37, Anm. 8.

71 S. z. B. Anthropologie in pragmatischer Hinsicht, hrsg. von K. Vorländer, Leipzig 1922[6], S. 11; Kritik der praktischen Vernunft, hrsg. von K. Vorländer, Leipzig 1929[9], S. 101 f.

72 Ein moderner Rückgriff auf die römische persona (im Sinne von Maske, Rolle) bei C. G. Jung; die ‚Persona' ist dort – als Gegenposition zur Individualität, zur Persönlichkeit – die der Außenwelt zugewandte Seite des Ich; sie besteht aus einem Kompromiß zwischen

den Erwartungen der Außenwelt und den inneren Bedingungen des Individuums. S. Die Beziehungen zwischen dem Ich und dem Unbewußten, in: Gesammelte Werke, Bd. 7, Zürich/Stuttgart 1964, S. 171 ff.; Psychologische Typen, in: Gesammelte Werke, Bd. 6, Zürich/Stuttgart 1960[9], S. 503 ff.; hierzu J. Jacobi, Die Psychologie von C. G. Jung, Olten/Freiburg/Br. 1972[6], S. 38 ff.

Die lateinische Literatur der Spätantike (S. 47–74)

1 K. F. Stroheker, Um die Grenze zwischen Antike und Mittelalter, in: Saeculum 1, 1950, S. 433–465; P. E. Hübinger, Spätantike und frühes Mittelalter, in: Deutsche Vierteljahrsschrift für Literaturwissenschaft und Geistesgeschichte 26, 1952, S. 1–48, hier zitiert nach dem Abdruck als Bd. 40 der Libelli (Wissenschaftliche Buchgesellschaft), Darmstadt 1959.

2 Aus diesem Grunde vermag der Verf. über die von den Humanisten eingeführte Dreiteilung nicht ebenso ungünstig zu urteilen wie Hübinger, a. O., S. 10 ff.; gewiß beruhte sie ursprünglich auf einer ästhetischen Konzeption, sie hat sich indes – zufällig, wenn man will – mit historischem Gehalt gefüllt.

3 Die christlichen, heilsgeschichtlich fundierten Periodisierungen wie überhaupt die christliche, zumal durch Augustin bestimmend geprägte Geschichtstheologie wurden in jüngster Zeit ziemlich oft behandelt, s. z. B. die Bibliographie in dem Band Zum Augustin-Gespräch der Gegenwart (Wege der Forschung 5), hrsg. von C. Andresen, Darmstadt 1962, S. 510 f.; ferner F. C. Scheibe, Geschichtsbild, Zeitbewußtsein und Reformwille bei Alcuin, in: Archiv für Kulturgeschichte 41, 1959, S. 35 ff., und A. Wachtel, Beiträge zur Geschichtstheologie des Aurelius Augustinus, in: Bonner historische Forschungen 17, 1960, bes. S. 48 ff.

4 So z. B. H. Gelzer, Abriß der byzantinischen Kaisergeschichte, bei K. Krumbacher, Geschichte der byzantinischen Literatur (Handbuch der Altertumswissenschaft 9,1), München 1897[2], S. 911.

5 Hierüber besonders Hübinger, a. O., S. 19 ff.

6 Hierüber besonders Stroheker, a. O., S. 443 ff.

7 So z. B. O. Seeck, Geschichte des Untergangs der antiken Welt, Bd. 6, Stuttgart 1920, S. 380; H. Aubin, Vom Absterben antiken Lebens im Frühmittelalter, in: Antike und Abendland 3, 1948, S. 89.

8 Die Grenze zwischen Altertum und Mittelalter, in: Die Grenzboten 22, 1863, S. 330 ff. = Kleine Schriften, Bd. 5, Leipzig 1894, S. 393 ff.

9 1937; in deutscher Übersetzung unter dem Titel „Geburt des Abendlandes", Leipzig 1942[2].

10 Zu ihnen gehört auch Stroheker, a. O., S. 454 f. u. ö., der für die Zeit

der ostgermanischen Staaten den Terminus ‚Subspätantike' vor-
schlägt.

11 Die ägyptischen Textilfunde im k. k. Österreichischen Museum, Wien
1889, und Die spätrömische Kunstindustrie nach den Funden in
Österreich–Ungarn, Bd. 1, Wien 1901.

12 G. Rodenwaldt, Zur Begrenzung und Gliederung der Spätantike, in:
Jahrbuch des deutschen archäologischen Instituts 59/60, 1944/45,
S. 81 ff.; E. Kornemann, besonders Gestalten und Reiche, Leipzig o. J.
(1943), S. 367 ff.

13 Für Hübinger stellt sich dieses Problem nicht, da nach seiner Meinung das Mittelalter bereits mit Kaiser Konstantin beginnt (a. O.,
S. 42 ff.).

14 Hierüber der Forschungsbericht von G. Walser – Th. Pekáry, Die Krise
des römischen Reiches, Berlin 1962; die Bedeutung, die der Krise des
3. Jahrhunderts im historischen Gesamtablauf zukommt, wird dort
allerdings nicht erörtert. Die Angaben über die Literatur jener Zeit
sind unvollständig.

15 A. Heuss, Römische Geschichte, Braunschweig 1960, S. 591.

16 Dieses Erfordernis wurde vor allem von H. Aubin, Vom Altertum
zum Mittelalter, München o. J. (1949), S. 33 ff., hervorgehoben; s. ferner Stroheker, a. O., S. 455 ff.

17 Allerdings hindert nichts, ihn neu zu definieren; dann müßte man
ihn jedoch so weit fassen, daß er ohne Schwierigkeit auch die lateinische Literatur des Mittelalters aufnehmen könnte, er würde also
jeden Wert verlieren.

18 F. Klingner, Vom Geistesleben im Rom des ausgehenden Altertums,
in: Römische Geisteswelt, München 1961⁴, S. 514 ff.; Rom als Idee,
ebndt., S. 631 ff.

19 S. u. S. 75 ff. (Die Romidee der Spätantike). Von der mittelalterlichen
Romidee handelt die zusammenfassende Darstellung von M. Seidl-
mayer, Rom und Romgedanke im Mittelalter, in: Saeculum 7, 1956,
S. 395 ff.

20 Dieser Vorschlag ist dem Titel des Buches von E. K. Rand, Founders
of the Middle Ages, Harvard 1928, verpflichtet.

21 M. Schanz – C. Hosius – G. Krüger, Geschichte der römischen Literatur bis zum Gesetzgebungswerk des Kaisers Justinian, 4 Teile in
5 Bdn. (Handbuch der Altertumswissenschaft 8), München; dort gelten der 3. Teil (Die Zeit von Hadrian 117 bis auf Constantin 324,
1922³) und die beiden Bände des 4. Teiles (1914², 1920) der Literatur
der Spätantike. Es verdient hervorgehoben zu werden, daß die Abgrenzung zumal des relativ schmalen 3. Teils die entwicklungsgeschichtlichen Tatsachen gänzlich ignoriert. M. Manitius, Geschichte
der lateinischen Literatur des Mittelalters (Handbuch der Altertums-

wissenschaft 9, 2), 3 Bde., München 1911–31; der 1. Band (Von Justinian bis zur Mitte des 10. Jahrhunderts) behandelt u. a. das letzte Jahrhundert der Spätantike, nicht ohne manches von Schanz–Hosius–Krüger Dargestellte zu wiederholen. Um dieselbe Zeit wie Manitius setzt auch der ebenfalls nach Epochen und Gattungen geordnete Abriß G. Gröbers ein (Übersicht über die lateinische Literatur von der Mitte des 6. Jahrhunderts bis zur Mitte des 14. Jahrhunderts, Grundriß der romanischen Philologie 1, 2, Straßburg 1902).

22 Die Geschichte der römischen Dichtung von O. Ribbeck, 3 Bde., Stuttgart–Berlin 1894–1913², gedenkt lediglich in einem Anhang des 3. Bandes einiger „Spätlinge", d. h. des Ausonius, des Claudian und des Rutilius Namatianus (S. 342 ff.). Der 3. Band der Geschichte der römischen Literatur W. S. Teuffels, Leipzig–Berlin 1913⁶, erstreckt sich von der Regierungszeit Kaiser Nervas bis Beda († 735). Das Werk von A. Kappelmacher – M. Schuster, Die Literatur der Römer bis zur Karolingerzeit, Potsdam 1934, schließt die Zeit Karls des Großen ein. Die Römische Literaturgeschichte von K. Büchner, Stuttgart 1957², reicht bis Boethius, die Geschichte der römischen Literatur von L. Bieler, 2 Bde., Berlin 1961, bis Venantius Fortunatus und die Geschichte der römischen Literatur von E. Bickel, Heidelberg 1961², bis zum „Greisenalter der römischen Literatur", d. h. etwa bis zum ausgehenden 6. Jahrhundert. E. Nordens vorzügliche Skizze, Die lateinische Literatur im Übergang vom Altertum zum Mittelalter, in: Die Kultur der Gegenwart, hrsg. von P. Hinneberg, 1, 1, 8, Leipzig–Berlin 1912³, S. 483 ff. (in der Bearbeitung von H. Fuchs wiederabgedruckt in E. Norden, Die römische Literatur, Leipzig 1961⁶, S. 107 ff.) ist regional gegliedert. Die von ausländischen Gelehrten verfaßten Kompendien präsentieren, sofern sie nicht bereits mit der augusteischen Zeit enden (so A. Rostagni, La letteratura di Roma repubblicana ed augustea, Bologna 1949), ein ähnliches Bild: J. W. Duff, A Literary History of Rome, 2 Bde., London–New York 1953³/27, streift in einem „Epilog" des 2. Bandes (S. 650 ff.) die Zeit von den Archaisten des 2. Jahrhunderts n. Chr. bis Rutilius Namatianus. H. J. Rose, A Handbook of Latin Literature, London–New York 1954³, endet mit dem Tode Augustins. Die katalogartigen Aufzählungen, die E. Paratore, Storia della letteratura latina, Florenz 1962², für die Spätantike erübrigt (S. 819 ff.; S. 799 ff. eine Skizze der decadenza dell' Impero von paradigmatisch klassizistischer Haltung), reichen bis ins 6. Jahrhundert. H. Bardon behandelt in seinem Werk La littérature latine inconnue, 2 Bde., Paris 1952–56, die heidnische Literatur bis zum Ende des 4. Jahrhunderts; auch er, dem sich von seiner glücklich gewählten Thematik her die hier erörterten Probleme hätten stellen können, malt, was die Zeit von den Severern an betrifft, grau in grau.

23 Man wäre pedantisch, wenn man dieses Faktum, das sich bei sämtlichen in der vorigen Anmerkung genannten Literaturgeschichten mühelos verifizieren läßt, im einzelnen beweisen wollte. Das Werk von Kappelmacher–Schuster erübrigt für die Zeit vom 3. Jahrhundert n. Chr. bis zum beginnenden 9. Jahrhundert immerhin ein Viertel der Darstellung.

24 Der Ausdruck „Nachblüte" findet sich bei Bieler, a. O. 2, S. 111; die Kapitel 13–15 der Bickelschen Literaturgeschichte tragen die Titel „Niedergang", „Nachblüte", „Greisenalter". Vgl. Anm. 22.

25 Man bevorzugt also Themen, die den auf der Axiomatik des 19. Jahrhunderts beruhenden Auffassungen in besonderem Maße zugänglich waren. Zum Victoria-Altar s. z. B. U. Knoche, Ein Sinnbild römischer Selbstauffassung, in: Symbola Coloniensia J. Kroll oblata, Köln 1949, S. 143 ff. = Gymnasium, Beiheft 2, 1962, S. 125 ff.

26 Der 2. Band von Nordens Antiker Kunstprosa, Darmstadt 1958[5], behandelt die Zeit von Hadrian bis zum italienischen Humanismus.

27 S. hierüber Verf., Friedrich August Wolf, in: Deutsche Vierteljahrsschrift für Literaturwissenschaft und Geistesgeschichte 33, 1959, S. 187 ff.

28 Altertumswissenschaft und Spätantike, in: Historische Zeitschrift 135, 1927, S. 173 ff. = Kleine Schriften 2, Wiesbaden 1963, S. 387 ff.

29 Diese Bemerkung zielt vor allem auf die Dichter und Schriftsteller des 1. Jahrhunderts n. Chr. sowie auf deren Nachfolger in theodosianischer Zeit. Das Paradigma der Seneca-Tragödien zeigt besonders eindrucksvoll, wie sich im Verlauf der Neuzeit das Verhältnis zu den genannten Merkmalen gewandelt hat. Diese Werke übten bekanntlich bis zum Beginn des 18. Jahrhunderts eine immense, auf sämtliche europäische Literaturen sich erstreckende Wirkung aus; s. hierüber bes. P. Stachel, Seneca und das deutsche Renaissancedrama (Palaestra 46), 1907. Lessings Laokoon, vor allem das 4. und 5. Kapitel, leitete die Wende ein; während des 19. Jahrhunderts verwarf der fast einhellige Chor der Kritiker die „Unnatur", die allenthalben in den Tragödien Senecas triumphiere. Erst seit einigen Dezennien ist man bestrebt, ihre durch die Normen des deutschen Klassizismus bedingte Ablehnung zu revidieren; wegweisend z. B. O. Regenbogen, Schmerz und Tod in den Tragödien Senecas (Vorträge der Bibliothek Warburg 7), 1930, S. 167 ff. = Kleine Schriften, München 1961, S. 409 ff.; W. H. Friedrich, Untersuchungen zu Senecas dramatischer Technik, Borna–Leipzig 1933.

30 Hier muß vor allem Wolfgang Schmidt und sein Schülerkreis erwähnt werden, deren der lateinischen Literatur der Spätantike gewidmete Untersuchungen einen erheblichen Teil der einschlägigen deutschsprachigen Literatur ausmachen. Es ist nicht möglich, an dieser Stelle

auch die bedeutenden Werke zumal französischer Gelehrter, wie H. I. Marrous, P. Courcelles u. a., zu erwähnen.

31 Hrsg. v. Th. Klauser; erscheint seit 1941.

32 Classica et mediaevalia, seit 1938; Traditio, seit 1943; Revue du moyen âge latin, seit 1944; Vigiliae Christianae, seit 1946 u. a.

33 So z. B. die Arbeiten von Chr. Gnilka, Studien zur Psychomachie des Prudentius (Klassisch-philologische Studien 27), 1963; K. Thraede, Studien zu Sprache und Stil des Prudentius (Hypomnemata 13), 1965; R. Herzog, Die allegorische Dichtkunst des Prudentius (Zetemata 42), 1966.

34 Bern 1967[6]; dortselbst, S. 30 ff., einige Bemerkungen zur Frage des Übergangs von der Antike zum Mittelalter.

35 Wahrheit und Methode, Tübingen 1960, bes. S. 52 ff.

36 Hierzu und zum Folgenden s. vor allem Bardon, a. O. 2, S. 233 ff. – Der Verfasser beschränkt sich für die Darlegungen des 3. und 4. Abschnitts auf die notwendigsten sachlichen Hinweise, da sich alle Einzelheiten, auf denen das dort gezeichnete Bild von der Entwicklung der lateinischen Literatur der Spätantike beruht, ohne Schwierigkeit in den einschlägigen Handbüchern, bes. im 3. und 4. Teil der Literaturgeschichte von Schanz–Hosius–Krüger, verifizieren lassen. Auch die umfängliche moderne Lit. zu den vielfältigen dort berührten Themen kann nur sporadisch und in willkürlicher Auswahl genannt werden.

37 S. hierzu die bei Walser–Pekáry, a. O., S. 124 ff., zitierte Lit.; ferner A. Chastagnol, Le problème de l'Histoire Auguste: état de la question, in: Historia-Augusta-Colloquium Bonn 1963 (Antiquitas 4, 2), Bonn 1964, S. 43 ff.

38 Über Florus, Anianus, Septimius, Serenus u. a. s. E. Castorina, I ,poetae novelli', Florenz 1949.

39 Terentianus lebte gegen Ende des 2. Jahrhunderts, Iulius Titianus vielleicht bis zur Mitte des 3. Jahrhunderts; Q. Serenus ist offenbar vor dem Jahre 235 n. Chr. gestorben.

40 Die Namen der wichtigsten Schriftsteller dieser Zeit lauten Helenius Acro und Iuba, Aelius Iunius Cordus, Sammaricus Serenus, Solinus und Cornelius Labeo; ferner scheint sich um die Mitte des 3. Jahrhunderts der landwirtschaftliche Schriftsteller Gargilius Martialis betätigt zu haben.

41 Diese Bemerkung gilt für einen Teil der in der vor. Anm. genannten Schriftsteller, für die Grammatiker Porphyrio, Iulius Romanus, Plotius Sacerdos und Aelius Festus Aphthonius, für die Dichter Pentadius, Reposianus und Vespa sowie für das anonyme Gedicht Pervigilium Veneris.

42 S. zum Folgenden vor allem F. Schulz, History of Roman Legal Science, Oxford 1946, S. 141 ff.; W. Kunkel, Herkunft und soziale Stellung der römischen Juristen (Forschungen zum römischen Recht 4), 1952, S. 114 ff.

43 In sprachlicher Hinsicht zeigt die Jurisprudenz eine der übrigen Entwicklung entgegengesetzte Tendenz; während sonst mancher Römer griechisch schrieb, bedienten sich im Bereich der Rechtswissenschaft Nichtrömer wie Callistratus, Claudius Tryphoninus und Ulpian der lateinischen Sprache. Griechische Schriften römischer Juristen sind überaus selten; hierzu gehören Papinians Ἀστυνομικὸς μονόβιβλος und Modestins Παραίτησις ἐπιτροπῆς καὶ κουρατορίας.

44 Codex Iustinianus 3, 42, 5. Da sich der Kaiser dort auf ein Responsum bezieht, das Modestin in derselben Angelegenheit erteilt hatte, ging diesem terminus ante quem schwerlich ein längerer Zeitraum voraus. Aus Corpus Inscriptionum Latinarum VI 266 = C. G. Bruns – O. Gradenwitz, Fontes iuris Romani antiqui, Tübingen 1909[7], Bd. 1, S. 406 f. (Nr. 188), ergibt sich lediglich, daß Modestin zu irgendeiner Zeit zwischen den Jahren 224 und 244 als praefectus vigilum in Rom tätig war.

45 S. u. Anm. 52 und 55.

46 S. die o. Anm. 40 und 41 genannten Schriftsteller.

47 Zum Folgenden s. B. Altaner – A. Stuiber, Patrologie, Freiburg–Basel–Wien 1966[7], S. 146 ff.; J. Quasten, Patrology, 3 Bde., Utrecht–Brüssel 1950 ff., Bd. 2, S. 153 ff. Eine zusammenfassende Charakteristik der sprachlichen Besonderheiten in den Werken christlicher Provenienz bei Chr. Mohrmann, Quelques observations sur l'originalité de la littérature latine chrétienne, in: Rivista di storia della Chiesa in Italia 4, 1950, S. 153 ff. = Etudes sur le latin des Chrétiens, Bd. 1, Rom 1958, S. 139 ff.

48 Über die anonymen Anfänge der christlich-lateinischen Literatur (Bibelübersetzungen, Märtyrerakten u. a.) s. Altaner–Stuiber, a. O., S. 145 f.

49 In dieser Zeit lebten u. a. Gregorios Thaumaturgos und Methodios.

50 Zum Commodian-Problem zuletzt K. Thraede, Beiträge zur Datierung Commodians, in: Jahrbuch für Antike und Christentum 2, 1959, S. 90 ff.; hiernach soll der Dichter seine Werke bereits um die Mitte des 3. Jahrhunderts verfaßt haben.

51 Tertullian und Cyprian, wahrscheinlich auch Minucius Felix, waren Afrikaner, desgleichen Arnobius und Laktanz.

52 Immerhin zeigt Nemesian in seiner didaktischen und bukolischen Poesie ein „beachtliches Talent" (W. Schmid, Lexikon d. alten Welt, Zürich–Stuttgart 1965, s. v.). In konstantinischer Zeit entstanden die Versspielereien des Optatianus Porfyrius; über Tiberianus u. a. Poe-

ten, die wahrscheinlich während der ersten Hälfte des 4. Jahrhunderts lebten, s. Bardon, a. O. 2, S. 281 ff.

53 Zur Unterhaltungsliteratur dieser Zeit gehören der Alexanderroman des Iulius Valerius Polemius sowie der sogenannte Diktys, zur Gebrauchsliteratur z. B. das sogenannte Itinerarium Alexandri, ferner die Verzeichnisse, Sammlungen von Kaisererlassen u. a. Die historiographische und die Fachliteratur ist in den folgenden Anmerkungen genannt; weiterhin entstanden in der ersten Hälfte des 4. Jahrhunderts das astrologische Werk des Firmicus Maternus sowie das landwirtschaftliche Kompendium des Palladius.

54 Hierzu gehören die Werke des Nonius Marcellus u. a. Grammatiker (s. Bardon, a. O. 2, S. 285 ff.) sowie die rhetorischen Traktate des Aquila Romanus, Iulius Rufinianus u. a.

55 Die ältesten Stücke, die der zweiten, aus gallischem Schulmilieu stammenden Partie der Sammlung Panegyrici Latini angehören (s. hierüber Th. Haarhoff, Schools of Gaul, Johannesburg 1958[2], S. 39 ff.), lassen sich auf die Jahre 289 und 291 datieren.

56 D. h. Aelianus Spartianus, Iulius Capitolinus und die übrigen Verfasser von Kaiserbiographien aus diokletianischer Zeit, deren Erzeugnisse in das Sammelwerk eingegangen sind; hierbei ist im Sinne der konservativen Auffassung vorausgesetzt, daß es sich bei der Historia Augusta nicht um eine Fälschung handelt, die erst um die Wende vom 4. zum 5. Jahrhundert von einem einzigen Autor ins Werk gesetzt wurde; s. die o. Anm. 37 genannte Lit.

57 Hiermit sind die vom sogenannten Chronographen des Jahres 354 zusammengestellten Schriften gemeint; das in späterer Zeit erweiterte Corpus enthält einen Kalender, Listen der Konsuln, der römischen Stadtpräfekten und der römischen Bischöfe, Chroniken u. a.

58 In diokletianischer Zeit entstanden zwei Sammlungen von kaiserlichen Konstitutionen, der Codex Gregorianus und der Codex Hermogenianus; weiterhin wurde damals wahrscheinlich die Epitome der Regulae Ulpians angefertigt sowie das Werk kompiliert, das unter dem Titel Sententiae Pauli überliefert ist; für die sogenannten Fragmenta Vaticana, eine Anthologie aus Kaisererlassen und Juristenschriften, steht das Jahr 318 als terminus post quem fest. Mit Namen ist aus dem 4. Jahrhundert nur der Jurist Arcadius Charisius bekannt, es sei denn, daß auch Hermogenianus in diese Zeit gehört.

59 Über die gegen Ende des 4. Jahrhunderts einsetzende Editionstätigkeit (das bekannteste Beispiel ist die Livius-Ausgabe des Symmachus und der Nicomachi) s. E. Lommatzsch, Literarische Bewegungen in Rom im 4. und 5. Jahrhundert, in: Zeitschrift für vergleichende Literaturgeschichte N. F. 15, 1904, S. 177 ff.; Schanz–Hosius–Krüger, a. O. 4, 2, S. 343 ff. Außer den Resten des von Asconius zu den Reden Ciceros

verfaßten Kommentars sowie dem Horaz-Kommentar des Porphyrio stammen sämtliche Erklärungsschriften zu den römischen Literaturwerken, die erhalten sind, z. B. der Terenz-Kommentar des Donat, der Vergil-Kommentar des Servius, aus der Zeit nach dem Jahre 350. Auch von den im Corpus der Grammatici Latini, 7 Bde. und ein Suppl.-Bd., hrsg. von H. Keil, Leipzig 1855–80, vereinigten theoretischen Schriften der Grammatiker geht der überwiegende Teil auf die Spätantike zurück; die Traktate aus vordiokletianischer Zeit sind jeweils nur durch eine oder zwei Handschriften überliefert, während die Handschriften, welche die Ars des Donat enthalten, nach Hunderten zählen; dasselbe gilt für Priscian, Pompeius u. a. spätere Grammatiker.

60 Über die Senatsaristokratie des 4.–6. Jahrhunderts s. O. Seeck in der Praefatio zu seiner Ausgabe der Schriften des Symmachus, Monumenta Germaniae Historica, Auctores antiquissimi, Bd. 6, 1, Berlin 1883; S. Dill, Roman Society in the Last Century of the Western Empire, London 1899[2]; K. F. Stroheker, Der senatorische Adel im spätantiken Gallien, Tübingen 1948.

61 Über die heidnische Reaktion während der Herrschaft des Theodosius, ein oft behandeltes Thema, s. z. B. G. Boissier, La fin du paganisme, Paris 1894[2] u. ö.; J. Geffcken, Der Ausgang des griechisch-römischen Heidentums, Heidelberg 1929[2], bes. S. 141 ff.; P. de Labriolle, La réaction paienne, Paris 1948[9], bes. S. 335 ff. Über die Usurpation des Eugenius und die Ereignisse der Jahre 392–394 zuletzt B. Kötting, Christentum und heidnische Opposition in Rom am Ende des 4. Jahrhunderts, Münster 1961, und H. Bloch, The Pagan Revival in the West at the End of the Fourth Century, in: The Conflict between Paganism and Christianity in the Fourth Century, hrsg. von A. Momigliano, Oxford 1963, S. 193 ff.

62 S. hierzu die Anm. 18 und 19 genannte Lit. sowie C. Schneider, Geistesgeschichte des antiken Christentums, München 1954, Bd. 2, S. 317 ff.; F. G. Maier, Augustin und das antike Rom (Tübinger Beiträge zur Altertumswissenschaft 39), 1955, S. 43 ff.

63 Über die Schriften des Aurelius Victor, des Eutrop und sonstige historiographische Kompendienliteratur s. Momigliano in dem o. Anm. 61 zitierten Sammelband, S. 79 ff.

64 Panegyrik in Prosa verfaßten außer den Autoren der Sammlung Panegyrici Latini Ausonius und Symmachus; panegyrische Dichtung hinterließen Claudian, Merobaudes, Sidonius Apollinaris; s. hierzu Th. Nissen, Historisches Epos und Panegyrikos in der Spätantike, in: Hermes 75, 1940, S. 298 ff.

65 Zum Folgenden s. O. Bardenhewer, Geschichte der altkirchlichen Literatur, Bd. 3, Freiburg Br. 1923[2], S. 365 ff.; Bd. 4, Freiburg Br. 1924[2],

S. 421 ff.; P. de Labriolle, Histoire de la littérature latine chrétienne, Paris 1924², S. 303 ff.; F. J. E. Raby, A History of Christian-Latin Poetry, Oxford 1953², S. 1 ff.

66 Über die christliche Geschichtsschreibung s. Momigliano, a. O. und Gli Anicii e la storiografia latina del VI secolo d. C., in: Histoire et historiens dans l'antiquité (Entretiens sur l'antiquité classique 4), 1956, S. 247 ff.

67 Über die enzyklopädischen Schriften der Spätantike (Augustin, Martianus Capella, Boethius, Cassiodor, Isidor) s. H. Fuchs, Enkyklios Paideia, in: Reallexikon für Antike und Christentum, Bd. 5, Stuttgart 1962, Sp. 391 ff., und Enzyklopädie, ebndt., Sp. 507 ff.

68 Über die Epithalamien des Paulinus, Claudian, Sidonius Apollinaris, Ennodius u. a. s. R. Keydell, Epithalamium, in: Reallexikon für Antike und Christentum, Bd. 5, Sp. 927 ff.

69 Der Erlaß vom Jahre 391: Codex Theodosianus 16, 10, 10; Verbot der privaten Ausübung heidnischer Kulte: ebndt. 12; der Erlaß vom Jahre 416: ebndt. 21. Hierzu und zum Folgenden s. z. B. Schneider, a. O. 2, S. 297 ff.; H. Dannenbauer, Die Entstehung Europas, Stuttgart 1959/62, Bd. 1, S. 88 ff. und 355 ff.; Bd. 2, S. 50 ff. und 319 ff.

70 Vor allem durch Ennodius und Arator, Boethius und Cassiodor; s. hierzu W. Ensslin, Theoderich der Große, München 1959², S. 263 ff.; P. Courcelle, Les lettres grecques en occident, Paris 1948, S. 257 ff.

71 Um das Jahr 570 war in Afrika jegliche literarische Tätigkeit erloschen; die letzten Namen, welche die Literaturgeschichte zu nennen weiß, lauten Victor Tunnunensis, Cresconius Corippus und Verecundus von Iunca. In Byzanz wurde nach Eutyches, einem Priscian-Schüler, und Iunilius nicht mehr in lateinischer Sprache geschrieben. In Italien überlebte Cassiodor seine sämtlichen Zeitgenossen († 583). S. hierzu und zum Folgenden M. L. W. Laistner, Thought and Letters in Western Europe A. D. 500 to 900, London 1931, S. 59 ff.

72 Gregor von Tours starb im Jahre 594, ebenso der Chronist Marius Aventicensis; Venantius Fortunatus hat den Beginn des 7. Jahrhunderts nur um weniges überlebt.

73 S. hierüber J. Fontaine, Die westgotische lateinische Literatur – Probleme und Perspektiven, in: Antike und Abendland 12, 1966, S. 64 ff.

74 Der energische Bischof Julian von Toledo († 690) ist die letzte in literarischer Hinsicht bemerkenswerte Persönlichkeit, die das westgotische Spanien hervorgebracht hat.

75 S. hierüber Laistner, a. O., S. 104 ff.

76 Als bekanntes Beispiel gilt das Ärgernis, das Sedulius durch sein Carmen paschale erregte; s. jedoch hierzu Curtius, a. O., S. 453 ff. Über Gregors des Großen Einstellung zur Bildung s. Dannenbauer, a. O. 2, S. 73 ff. und 323 ff.

Die Romidee der Spätantike (S. 75–95)

1 Zum Folgenden s. z. B. H. Schaeder, Moskau und das Dritte Rom, Darmstadt 1957²; C. Toumanoff, Moscow the Third Rome – Genesis and Significance of a Politico-religious Idea, in: Catholic Historical Review 40, 1954/55, S. 411–447.

2 Nach Schaeder, a. O., S. 209; Toumanoff, a. O., S. 437 f.

3 S. hierzu und zum Folgenden F. Dölger, Rom in der Gedankenwelt der Byzantiner, in: Zeitschrift für Kirchengeschichte 56, 1937, S. 13 ff. = Byzanz und die europäische Staatenwelt, Ettal 1953, S. 83 ff.; vgl. ferner z. B. H. G. Beck, Konstantinopel – das neue Rom, in: Gymnasium 71, 1964, S. 166–174, und R. Janin, Constantinople Byzantine, Paris 1964², S. 21 ff.

4 S. z. B. Julian, Oratio 1, 6 und 9 B/C; Themistios, Oratio 3, 41 C/D; Libanios, Oratio 18, in: Orationes, hrsg. von R. Förster, Leipzig 1903 ff., Bd. 2, S. 240, Z. 15, und Oratio 59, ebndt., Bd. 4, S. 255, Z. 8 f.; Sokrates, Historia ecclesiastica 1, 16, 1. Vgl. Paulinus von Nola, Carmina 19, 338; Claudian, In Rufinum 2, 54. Weitere Stellen bei Dölger, a. O., bes. Anm. 31.

5 Commentarius in Apocalypsin 53 f., Patrologia Graeca, Bd. 106, Sp. 376 A und 380 D–381 A. Über die Vorstufen dieses Gedankens Dölger, a. O., S. 23 ff. bzw. S. 93 ff., und E. Gren, Zu den Legenden von der Gründung Konstantionpels, in: Eranos 45, 1947, S. 154 ff.

6 Compendium chronicum 2564 ff., Patrologia Graeca, Bd. 127, Sp. 315 B.

7 S. Schaeder, a. O., S. 5 ff., bes. 19 f.

8 Ziel dieser Ansprüche war nicht so sehr die reale Weltherrschaft wie eine begrenzte Vormachtstellung innerhalb der christlichen Ökumene; zum Problem dieses ,subjektiven Universalismus' der Byzantiner und des Reiches von Moskau s. Toumanoff, a. O., S. 421 ff. und 444 ff.

9 S. K. Latte, Römische Religionsgeschichte (Handbuch der Altertumswissenschaft 5, 4), München 1960, S. 312 f.

10 S. C. Koch, Roma aeterna, in: Religio – Studien zu Kult und Glauben der Römer, Nürnberg 1960, S. 142–175.

11 Das Subjekt–Objekt–Verhältnis zeigt sich besonders deutlich in dem bekannten Vers Vergil, Aeneis 6, 851: Tu regere imperio populos, Romane, memento – „Du, Römer, sei bedacht, die Völker durch dein Machtgebot zu lenken"; vgl. Cicero, Philippicae 6, 19. S. ferner z. B. Livius, Ab urbe condita, Praefatio 7: gentes humanae ... imperium patiuntur – „die Völker der Menschheit lassen sich die (römische) Herrschaft gefallen". Der Prozeß, der zur Weltherrschaft führte, ist Gegenstand der stets ab urbe condita beginnenden und mit der Zeitgeschichte endenden Annalistik (bis Livius); die Prophetien der ver-

gilischen Aeneis (1, 257 ff.; 6, 756 ff.; 8, 626 ff.) spiegeln ihn in poetischer Raffung. Zum Begriff des orbis s. J. Vogt, Orbis Romanus – Zur Terminologie des römischen Imperialismus, Tübingen 1929. Den ersten großen Versuch einer Rechtfertigung unternahm Cicero (De re publica 3, 35–37); vgl. hierzu U. Knoche, Die geistige Vorbereitung der augusteischen Epoche, in: Das neue Bild der Antike, hrsg. von H. Berve, Leipzig 1942, Bd. 2, S. 206 ff. = Römertum (Wege der Forschung 18), hrsg. von H. Oppermann, Darmstadt 1967², S. 209 ff. Der oft bemühte Topos der Milde gegenüber Besiegten z. B. Vergil, Aeneis 6, 853; Horaz, Carmen saeculare 51 f.; Augustus, Monumentum Ancyranum 3; Properz, Elegien 3, 22, 21 f. u. ö. Zur engen Verbindung von Romidee und Kaiser vgl. U. Knoche, Die augusteische Ausprägung der Dea Roma, in: Gymnasium 59, 1952, S. 324–349 = Römertum, a. O., S. 359–399. Die Gleichung Rom = Italien (als Subjekt des Reiches) ergibt sich z. B. aus Horaz, Oden 4, 15, 13–16. Lit. zur spätrepublikanisch-augusteischen Romidee bei E. Meyer, Römischer Staat und Staatsgedanke, Darmstadt 1961², S. 519 f.

12 Zur Einstellung der Griechen während der späten Republik und der frühen Kaiserzeit s. H. Bengtson, Das Imperium Romanum in griechischer Sicht, in: Gymnasium 71, 1964, S. 150 ff.; J. Bleicken, Der Preis des Aelius Aristides auf das römische Weltreich, in: Nachrichten von der Akademie der Wissenschaften in Göttingen, Phil.-hist. Klasse 1966, 7, S. 229 ff.; das gesamte Material bei J. Palm, Rom, Römertum und Imperium in der griechischen Literatur der Kaiserzeit, Lund 1959. Die romfeindlichen Stimmen bei H. Fuchs, Der geistige Widerstand gegen Rom in der antiken Welt, Berlin 1939; vgl. J. W. Swain, The Theory of the four Monarchies – Opposition History under the Roman Empire, in: Classical Philology 35, 1940, S. 14 ff.; die Abhandlung von P. Lambrechts, De geestelijke weerstand van de westelijke provincies tegen Rome, in: Mededelingen van de Koninklijke Vlaamse Academie voor Wetenschappen, Letteren en Schone Kunsten van België, Klasse der Letteren 28, 1, Brüssel 1966, gilt allenfalls mittelbar dem Problem des Widerstands: sie befaßt sich mit den Zeugnissen, die das Fortbestehen gallischer und germanischer Gottheiten während der Kaiserzeit bekunden. Material über die Einstellung der Juden und Christen bei J. Adamek, Vom römischen Endreich der mittelalterlichen Bibelerklärung, Diss. München 1938, S. 27 ff.; vgl. auch B. Altaner, Babylon, in: Reallexikon für Antike und Christentum, Bd. 1, Stuttgart 1950, Sp. 1131 ff.

13 Zum Folgenden s. u. S. 87 ff.

14 Hierüber vor allem E. Pfeil, Die fränkische und deutsche Romidee des frühen Mittelalters, München 1929, S. 97–158.

15 S. F. Schneider, Rom und Romgedanke im Mittelalter, München 1925;

P. E. Schramm, Kaiser, Rom und Renovatio, 2 Bde., Leipzig 1929 (Bd. 1 Darmstadt 1962³; dort S. 340 ff. ein bibliographischer Nachtrag bis zum Jahre 1957). Der folgende Überblick resümiert M. Seidlmayer, Rom und Romgedanke im Mittelalter, in: Saeculum 7, 1956, S. 395 bis 412.

16 S. Sermo 82, 1, Patrologia Latina, Bd. 54, Sp. 422 f.; über den Primatanspruch, den Leo hieraus für den römischen Bischof ableitete, s. bes. Epistola 14, 11, ebndt., Sp. 675 f.; vgl. hierzu H. M. Klinkenberg, Papsttum und Reichskirche bei Leo d. Gr., in: Zeitschrift der Savigny-Stiftung für Rechtsgeschichte, Kanonistische Abteilung 38, 1952, S. 37 ff. Ein älteres Zeugnis bei Paulinus von Nola, Carmina 13, 29 f.; vgl. Carmina 19, 45–56.

17 S. W. Goez, Translatio Imperii – Ein Beitrag zur Geschichte des Geschichtsdenkens und der politischen Theorien im Mittelalter und in der frühen Neuzeit, Tübingen 1958, bes. S. 77 ff. Über Otto von Freising z. B. J. Spörl, Die ‚Civitas Dei' im Geschichtsdenken Ottos von Freising, in: Geschichtsdenken und Geschichtsbild im Mittelalter (Wege der Forschung 21), hrsg. von W. Lammers, Darmstadt 1965, S. 298–320.

18 S. E. J. J. Kocken, De theorie van de vier wereldrijken en van de overdracht der wereldheerschappij tot op Innocentius III., Diss. Nijmegen 1935. Zur orientalisch-antiken Vorgeschichte der Theorie vgl. Swain, a. O., S. 1 ff., sowie die o. Anm. 12 genannte Dissertation von Adamek.

19 Zum republikanisch-nationalen Romgedanken vgl. die bei Seidlmayer, a. O., S. 405, Anm. 51, genannte Lit. Über die stadtrömische Romideologie s. ferner E. Dupré–Theseider, L'idea imperiale di Roma nella tradizione del medioevo, Mailand o. J. (1942). Über die Diskussionen der Humanisten s. H. Baron, The Crisis of the Early Italian Renaissance, Princeton 1955, bes. Bd. 1, S. 38 ff. und 97 ff.

20 Über die Rom-Wallfahrten s. H. Leclercq, Pèlerinage à Rome, in: Dictionnaire d'achéologie chrétienne et de liturgie, Bd. 14, 1, Paris 1939, Sp. 40–65 (bis 800); R. Roussel, Les pèlerinages à travers les siècles, Paris 1954. Über die literarischen Dokumente s. W. Rehm, Europäische Romdichtung, München 1939.

21 Zum Erneuerungsmotiv s. z. B. F. Heer, Die „Renaissance"-Ideologie im frühen Mittelalter, in: Mitteilungen des Instituts für Österreichische Geschichtsforschung 57, 1949, S. 23–81 (im Detail nicht immer zuverlässig). Zum Dekadenzgedanken s. W. Rehm, Der Untergang Roms im abendländischen Denken (Das Erbe der Alten 18), Leipzig 1930.

22 Die Wiederkehr der goldenen Zeit z. B. bei Vergil, Ecloge 4; Aenis 6, 791 ff.; Horaz, Carmen saeculare 57 ff. usw.; die Lit. bei V. Pöschl –

H. Gärtner – W. Heyke, Bibliographie zur antiken Bildersprache, Heidelberg 1964, S. 591 f. Zur orientalisch-griechischen Lehre vom Weltjahr (Vergil, Eclogen 4, 5) s. B. L. van der Waerden, Das große Jahr und die ewige Wiederkehr, in: Hermes 80, 1952, S. 129 ff. Die Beziehung Phönix – Rom zuerst bei Ovid, Metamorphosen 15, 392–449; s. ferner Martial, Epigramme 5, 7; vgl. hierzu J. Hubaux – M. Leroy, Le mythe du Phénix dans les littératures grecque et latine, Lüttich–Paris 1939, S. 76 ff.; 239 ff. Der Völker-Vergleich z. B. bei Polybios, Historiae 1, 2 (vgl. 39, 22) und Dionysios von Halikarnaß, Antiquitates Romanae 1, 2–3; s. hierzu die o. Anm. 18 genannte Lit. Das Paradoxon der Kräftigung nach oder durch Einbußen (s. Rutilius Namatianus, De reditu suo 1, 140: ordo renascendi est crescere posse malis – „die Wiederherstellung ist (bei dir, Rom,) so eingerichtet, daß du durch Einbußen zu wachsen vermagst") bei Cicero, De officiis 3, 47; Livius, Ab urbe condita 25, 38, 10 und bes. Horaz, Oden 4, 4, 57–68; vgl. Florus, Epitoma 1, 13, 19. Der renasci-Topos bei Livius, Ab urbe condita 6, 1, 3; Properz, Elegien 4, 1, 47 und 87 (resurgere); vgl. Ovid, Metamorphosen 15, 402. Zur Bedeutung von renasci s. J. Trier, Zur Vorgeschichte des Renaissance-Begriffes, in: Archiv für Kulturgeschichte 33, 1951, S. 45–63 = Holz – Etymologien aus dem Niederwald, Münster–Köln 1952, S. 144–167; ders., Wiederwuchs, in: Archiv für Kulturgeschichte 43, 1961, S. 177–187; L. Bösing, Zur Bedeutung von ‚renasci' in der Antike, in: Museum Helveticum 25, 1968, S. 145–178. Das Motiv der Verjüngung erst bei Florus, Epitoma 1, Praefatio 8; über seine Verwendung in der Spätantike s. E. R. Curtius, Europäische Literatur und lateinisches Mittelalter, Bern 1967[6], S. 112 ff.

23 S. hierzu H. Ritter von Srbik, Geist und Geschichte vom deutschen Humanismus bis zur Gegenwart, 2 Bde., München–Salzburg 1950/1, bes. Bd. 1, S. 47 ff.; 77 ff. und bes. A. Klempt, Die Säkularisierung der universalhistorischen Auffassung – Zum Wandel des Geschichtsdenkens im 16. und 17. Jh., Göttingen 1960.

24 Zur Dreiteilung der Geschichte und zu ihren Voraussetzungen (d. h. zur Entwicklung des Begriffes media tempestas / medium aevum, zum Kompendium Christoph Kellers usw.) s. z. B. die zusammenfassenden Darstellungen W. G. Fergusons, La Renaissance dans la pensée historique, Paris 1950, S. 75 ff. und Klempts, a. O., S. 75 ff. Zur Dialektik des Modernitätsempfindens s. H. R. Jauss, Literarische Tradition und gegenwärtiges Bewußtsein der Modernität, in Aspekte der Modernität, hrsg. von H. Steffen, Göttingen 1965, bes. S. 160 ff. Zur Frage nach dem Untergang Roms s. Rehm, a. O. (Anm. 21), S. 47 ff.; 97 ff.

25 Im Mittelalter wurden universalistische, an den Kaisernamen an-

knüpfende Vorstellungen außerhalb des Reiches nur mit großer Zurückhaltung formuliert; sie beschränkten sich im wesentlichen auf das Zugeständnis, daß dem deutschen Kaiser aus seiner Schutzpflicht gegenüber der Kirche eine besondere Würde erwachse; s. H. Löwe, Von den Grenzen des Kaisergedankens in der Karolingerzeit, in: Deutsches Archiv für die Erforschung des Mittelalters 14, 1958, S. 345 bis 374; ders., Kaisertum und Abendland in ottonischer und frühsalischer Zeit, in: Historische Zeitschrift 196, 1963, S. 529–562; K. F. Werner, Das hochmittelalterliche Imperium im politischen Bewußtsein Frankreichs, in: Historische Zeitschrift 200, 1965, S. 1–60. Über Johannes von Salisbury s. z. B. J. W. Thompson, Feudal Germany, New York 1928, Bd. 1, S. 383; zur Polemik Bodins gegen Melanchthon s. Klempt, a. O., S. 50 f. Über die italienischen Ursprünge der Gleichgewichtspolitik s. z. B. Baron, a. O. 1, S. 145 ff.; 340 ff.; vgl. O. Halecki, Europa – Grenzen und Gliederung seiner Geschichte, Darmstadt 1957, S. 152 f.

26 Über das humanistische Programm der libertas Italiae s. Baron, a. O. 1, S. 340 ff.

27 Zum Folgenden s. Halecki, a. O., S. 117 ff.; K. F. Werner, Das NS-Geschichtsbild und die deutsche Geschichtswissenschaft, Stuttgart 1967, bes. S. 31 ff.; 88 ff. Das dort über die Reichsmystik Dargelegte gilt in erheblichem Maße auch für die kaiserliche Komponente der Romidee, und hiervon färbte manches auf die Behandlungsweise ab, die man schlechthin dem Thema Rom gegenüber für angemessen hielt. Nicht einzelne Thesen, sondern die gesamte Atmosphäre muß aus heutiger Sicht als bedenklich erscheinen. Diese Atmosphäre ist vor allem durch zwei an sich keineswegs illegitime Prinzipien bestimmt: 1. durch einen andächtig-feiernden Stil, dessen Vokabular und sonstige Mittel einer Analyse unterzogen werden sollten; 2. durch die ,ideengeschichtliche' Begrenzung des Themas, aus der sich wiederum eine dreifache Verzerrung der Perspektive ergab. Denn einmal unterließ man es gern, konkurrierende Ideen zu berücksichtigen; zum anderen glaubte man sich oft der Aufgabe überhoben, die Idee an der jeweiligen Realität zu messen, und schließlich war man geneigt, die Distanz zu überspielen, welche den modernen Betrachter von seinem antiken oder mittelalterlichen Gegenstande trennt: man verweilte mit Vorliebe bei den Höhepunkten, behauptete pauschal, die Romidee sei ,heute noch' gültig (s. z. B. Knoche, Die geistige Vorbereitung, a. O., S. 202 = S. 206: „Horaz verkündete in dem Augustus-Gedicht (4, 15) den Führungsanspruch des Reiches auf Grund der altrömischen Lebenswerte; und in mannigfachen Variationen lebte die Augusteische Prägung des römischen Sendungsbewußtseins weiter, man kann schon sagen, bis auf den heutigen Tag"), und verschwieg, daß

ein halbes Jahrtausend europäischer Geschichte alle Prämissen gewandelt hatte.

28 S. hierzu von Srbik, a. O. 2, S. 33 ff.

29 Das faschistische Italien orientierte sich unmittelbar am Imperium Romanum; längs der ‚Via dell'Impero' zu Rom waren aus Marmor gefertigte Landkarten angebracht, welche das antike Reich und die Annexionen des Regimes zueinander in Beziehung setzten. Eine faschistische Interpretation der Romidee lieferte R. Murri, L'idea universale di Roma dalle origini al fascismo, Mailand 1937.

30 In Wahrheit hat sich, was hier als die ‚heutige Perspektive' postuliert wird, noch durchaus nicht allgemein durchgesetzt. So heißt es z. B. bei von Srbik a. O. 1, S. 34: „Als Idee und Wirklichkeit des real auf das Regnum Teutonicum eingeengten Heiligen Reiches auseinandertraten, da blieb doch die Reichsidee eine lebendige Kraft des deutschen Fühlens und politischen Denkens und der Glaube an die Continuatio imperii ging auch einer sich verbürgerlichenden deutschen Historie nicht verloren." Derartige Formulierungen sind noch weit entfernt von der nüchternen Feststellung Haleckis, a. O., S. 118: „Die Kontinuität zwischen dem alten Rom und dem mittelalterlichen Reich war eine reine Fiktion … während es dagegen tatsächlich eine Kontinuität zwischen den drei Staatsgründungen gibt, für die alle man im Deutschen das Wort ‚Reich' gebraucht."

31 Die diese Richtung inaugurierende Rede R. Heinzes, Von den Ursachen der Größe Roms, Leipzig 1921, wurde in jüngster Zeit wiederholt nachgedruckt (R. Heinze, Vom Geist des Römertums, hrsg. von E. Burck, Stuttgart 1960³, S. 9–27 und Römertum, a. O., S. 11–34; in dem zuletzt genannten Sammelband weitere Exempel des hier gemeinten Genres). Zur historischen Substanz der ‚Römertum'-Literatur treffend A. Heuss, Römische Geschichte, Braunschweig 1960, S. 573: „Die … Neigung, in ihr (sc. in der augusteischen Ideologie) eine selbstverständliche Äußerung des römischen Geistes zu sehen und die betreffenden Aussagen gleichsam als bare Münze hinzunehmen, ist nicht gerade sehr förderlich gewesen." Es bleibt hinzuzufügen, daß die ‚Römertum'-Literatur selbst das Material in verzerrter Optik zu präsentieren pflegt; die Untersuchungen über den Begriff virtus etwa (s. z. B. K. Büchner, Altrömische und horazische virtus, in: Antike 15, 1939, S. 145 ff. = Studien zur römischen Literatur 3, Wiesbaden 1962, S. 1 ff.) beschränken sich auf die Zeit, da diese Kategorie als positiver Verhaltensmaßstab bewertet wurde, übergehen jedoch die virtus-Kritik eines Lukan usw. Die Lehre vom ‚Römertum' hypostasiert begriffsgeschichtliche Gegebenheiten; sie gehört zu den Spezialitäten der deutschen Latinistik und darf wohl als eine späte Blüte romantischer Volksgeist-Theorien angesehen werden. Es ist bedauerlich, daß

sich diese Doktrin mitsamt ihren ungeprüften Prämissen (z. B. ‚Volk‘, ‚Volksgeist‘, ‚römische Seele‘, ‚Römergröße‘ – so Heinze, a. O.) auch gegenwärtig noch einer ziemlich weiten Verbreitung erfreut.

32 D. h. man sollte die Wissenschaft nicht schon deshalb suspendieren und bestimmte Gegenstände durch Schweigen tabuisieren, weil sie ‚unmodern‘ geworden sind.

33 Nämlich der Gedanke einer übernationalen Weltkultur, die auf Frieden und Rechtsgleichheit basierende zivilisatorische Romidee. Den Repräsentanten des nationalen Idealismus waren gerade diese Vorstellungen fremd; sie pflegten sie zu übersehen oder abschätzig zu beurteilen. Für die an zweiter Stelle genannte Haltung s. z. B. E. Schwartz, Gesammelte Schriften, Berlin 1938, Bd. 1, S. 172–194 („Weltreich und Weltfriede“); der Begriff des „entnationalisierten Weltreiches“ hat dort pejorative Bedeutung, da der Verfasser voraussetzt, daß einzig Nationen „geistige Kräfte“ zu mobilisieren vermögen; der materielle Wohlstand wird zum „gleichmäßigen Vegetieren“, zum „rein animalischen Lebensgenuß“ deklassiert.

34 Einzig zwei bekannte Studien F. Klingners, Römische Geisteswelt, München 1961[4], S. 514 ff. („Vom Geistesleben im Rom des ausgehenden Altertums“) und S. 631 ff. („Rom als Idee“), haben den Versuch unternommen, die Romidee der theodosianischen Zeit als epochales Ereignis zu würdigen, während sie von der mannigfaltigen sonstigen Literatur entweder als Belegmaterial für allerlei Topoi und Motive benutzt oder in kurzen Überblicken als ein hinlänglich bekanntes Phänomen abgetan wird. Klingner hat sich indes vornehmlich mit der christlichen Seite befaßt (a. O., S. 551 ff.; 641 ff.); von den Heiden wird festgestellt, bei ihnen sei in jener müden Zeit allein noch der tief im römischen Wesen angelegte Traditionalismus übrig geblieben (a. O., S. 640 f.; vgl. 644). An dieser Auffassung trifft zu, daß man die den Christen eigentümliche Energie, die fähig ist, kühne spekulative Entwürfe hervorzubringen, in den heidnischen Dokumenten vergeblich sucht. Sie verkennt indes, daß die Heiden des 4. Jh.s durchaus nicht einfach die augusteische Romidee reproduziert haben (s. bes. a. O., S. 639: „Dieses Rombild der augusteischen Zeit ist bis zum Ende des heidnischen Altertums gültig geblieben“); sie machten sich vielmehr, wie ihre christlichen Gegner, ein Substrat zu eigen, das in erheblichem Maße durch griechische Vorstellungen der Kaiserzeit geprägt war. Überhaupt ist die spätantike Romidee inhaltsreicher und vielschichtiger, als die Untersuchungen Klingners erkennen lassen; sonst wäre wohl kaum verständlich, daß um das Jahr 400 n. Chr. die Aspekte der Romidee an den Tag traten, „die dann durch die Jahrhunderte die wesentlichen geblieben sind“ (so richtig Klingner, a. O., S. 633). Die Abhandlung von G. Ladner, Die mittelalterliche Reform-

Idee und ihr Verhältnis zur Idee der Renaissance, Mitteilungen des Instituts für Österreichische Geschichtsforschung 60, 1952, S. 31–59, betrachtet sowohl den heidnischen als auch den christlichen Romgedanken unter dem Gesichtspunkt der Erneuerung; sämtliche Zeugnisse seien Abkömmlinge des augusteischen Zeitalters, die mit den christlichen Vorstellungen von Regeneration und Reform nichts gemein hätten.

35 Die Hauptthese lautet, daß sich die Romidee der Kaiserzeit durch ihre übernationalen und ‚zivilisatorischen' Elemente erheblich vom nationalen und ‚imperialistischen' Romgedanken der Augusteer unterscheide; Andeutungen, die in dieselbe Richtung zielen, bei Pfeil, a. O., S. 5 ff. und Adamek, a. O., S. 12 ff.

36 Überdies hat man nie versucht, sich vom Prinzip der Nationalliteratur zu befreien und eine Literaturgeschichte der Kaiserzeit zu schreiben, die sowohl den griechischen als auch den lateinischen Beitrag behandelt; so zutreffend A. Heuss, a. O., S. 518; vgl. A. Dihle, Griechische Literaturgeschichte, Stuttgart 1967, S. 421 f.

37 Nr. 26 der Ausgabe von B. Keil, Aelii Aristidis quae supersunt omnia, Bd. 2, Berlin 1898. Der Text auch bei J. H. Oliver, The Ruling Power – A Study of the Roman Empire in the Second Century A. C. through the Roman Oration of Aelius Aristides, in: Transactions of the American Philosophical Society, N. S. 43,4, Philadelphia 1953. Der folgende Absatz resümiert die Ergebnisse der Abhandlung von Bleicken, a. O., S. 225–277; vgl. Bengtson, a. O., S. 160 ff.

38 Lediglich eine Äußerung des älteren Plinius kommt einigen Gedanken des Aristides schon ziemlich nahe (Naturalis historia 3,39): Italien sei vom Willen der Götter ausersehen, quae ... sparsa congregaret imperia ritusque molliret et tot populorum discordes ferasque linguas sermonis commercio contraheret ad conloquia et humanitatem homini daret breviterque una cunctarum gentium in toto orbe patria fieret – „die getrennten Reiche zu vereinigen, die Sitten zu mildern, die unterschiedlichen, rauhen Zungen so vieler Völker durch eine gemeinsame Sprache zum Austausch von Reden zu bringen und den Menschen zur Menschlichkeit zu führen, kurz, das eine Vaterland aller Völker auf der ganzen Welt zu werden".

39 Das an erster Stelle genannte Thema wird von Aristides besonders ausführlich behandelt (§§ 58–101); die Reichsverwaltung ist Gegenstand des Abschnitts §§ 28–39. Jedem dieser beiden Hauptteile geht eine Partie voraus, die Rom in der seit Polybios üblichen Weise (s. o. Anm. 22) einerseits mit den älteren Großreichen (§§ 15–17), andererseits mit den griechischen Staaten der klassischen Zeit vergleicht (§§ 40–57).

40 Δημοκρατία: §§ 38; 60. ἐλεύθερος: §§ 36; 96.

41 §§ 92–106.

42 Über die Einheit, d. h. die Identität von πόλις und οἰκουμένη (wobei dem Worte εἷς besondere Bedeutung zukommt) s. vor allem §§ 36; 61; 65 f.; 102. Über das Prinzip der Gleichheit bes. §§ 30; 39; 93.

43 Zum Folgenden s. vor allem A. von Harnack, Die Mission und Ausbreitung des Christentums in den ersten drei Jahrhunderten, Leipzig 1902 (1924[4]), S. 189 ff.; vgl. Klingner, a. O., S. 641 ff. Ein Überblick über die Entwicklung des christlichen Rombildes nebst weiterer Lit. zuletzt bei V. Buchheit, Christliche Romideologie im Laurentius-Hymnus des Prudentius, in: Polychronion – Festschrift für F. Dölger, Heidelberg 1966, S. 121 ff.

44 Bei Eusebios, Historia ecclesiastica 4, 26, 7 f.

45 Contra Celsum 2, 30; vgl. 8, 68 ff. Spätere Belege für dieses Motiv bei Adamek, a. O., S. 13, Anm. 24.

46 So vor allem die bekannte Partie Vergil, Aeneis 6, 847–853; s. ferner Cicero, Tusculanae disputationes 1, 1–5; Horaz, Episteln 2, 1, 156 f.

47 Vgl. hierzu Die lateinische Literatur der Spätantike, o. S. 47 ff.

48 So wird man z. B. die auffällige Bewunderung für die Bauten der Stadt mit der Tatsache in Zusammenhang bringen, daß Rom seit diokletianischer Zeit nicht mehr als Sitz der Reichsregierung diente. Vgl. G. Wissowa, Religion und Kultus der Römer (Handbuch der Altertumswissenschaft 5, 4), München 1912[2], S. 340. f.; Klingner, a. O., S. 522 ff.

49 Ammianus Marcellinus entstammte einer vornehmen griechischen Familie in Antiochia; Claudian war ägyptischer Halbgrieche und hatte seine Jugend in Alexandria verbracht.

50 Die Reden der sogenannten Panegyrici Latini enthalten allerlei tralatizische Formeln, welche die Erneuerung des Staates durch den jeweils verherrlichten Kaiser feiern: 7, 13, 2 (renovare); 8, 1, 3 (renasci); 10, 3, 1 (restituere) usw.; 4, 38 eine Schilderung der Pax Augusta, die ihre Farben von Horaz, Ode 4, 15 und Velleius Paterculus, Historia Romana 2, 88 entlehnt hat. Für die Romdeutung des Eusebios sind vor allem die Partien Historia ecclesiastica 1, 2, 17–23; Praeparatio evangelica 1, 4 und Demonstratio evangelica 3, 7, 30–35 von Belang; s. hierzu bes. H. Eger, Kaiser und Kirche in der Geschichtstheologie Eusebs von Cäsarea, in: Zeitschrift für die neutestamentliche Wissenschaft 38, 1939, S. 97–115.

51 Bei Sidonius Apollinaris, dessen Panegyrik Ansätze zu einer Restaurationsprogrammatik enthält; s. z. B. Carmina 7, 123 ff. (456 n. Chr.); 5, 174 ff. (458 n. Chr); 7, 5–7 das Motiv des crescere posse malis, der Kräftigung durch Einbußen; 7, 597 f. der Verjüngungstopos. Wichtiger als derlei Anleihen bei Claudian und Namatianus sind einige Partien

in den Briefen; sie zeigen, wie sich bei dem Aristokraten Sidonius und seinen gallischen Standesgenossen der Romglaube zu einem dem rhetorischen Bildungsideal verpflichteten Kulturbewußtsein transformiert hat: das Reich ist zusammengebrochen, und man verteidigt nunmehr sein Vermächtnis, die Sprache und die Literatur. S. z. B. die charakteristische Antithese Episteln 4, 17, 2: etsi apud limitem Latina iura ceciderunt, verba non titubant – „wenn auch in unserem Bereich das römische Recht hinfällig geworden ist, die Sprache gerät nicht ins Wanken"; vgl. 2, 10, 1 (wenn nicht wenigstens ein paar Menschen die lateinische Sprache von Barbarismen freizuhalten suchen, dann geht es bald mit ihr zu Ende). S. auch Episteln 5, 10; 8, 6, 3. Ein analoger Spiritualisierungsprozeß bekundet sich im Carmen de ingratis Prospers von Aquitanien (um 430 n. Chr.); es heißt dort (v. 39 ff.): quae (nämlich Rom als Sitz des Petrus) pastoralis honoris facta caput mundo, quidquid non possidet armis, religione tenet – „das, zum Haupt des geistlichen Amtes in der Welt geworden, was es nicht mehr durch Waffengewalt besitzt, durch seine Religion umfaßt". Die Zeugnisse des 6. Jahrhunderts beruhen auf dem Regierungskonzept Theoderichs, insbesondere auf dem Programm der civilitas (= Wahrung des Rechts), auf der Wiederherstellung der stadtrömischen Bauten sowie auf den relativ erträglichen wirtschaftlichen Verhältnissen, wie sie sich während der langen Friedenszeit einstellten; s. hierzu W. Ensslin, Theoderich der Große, München 1959[2], bes. S. 208 ff. Man fand Gelegenheit, den Topos vom Goldenen Zeitalter anzuwenden: Ennodius, Opera, hrsg. von F. Vogel (Monumenta Germaniae Historica, Auctores antiquissimi, Bd. 7), Berlin 1885, S. 16, Z. 26; S. 67, Z. 10; S. 214, Z. 20 u. ö.; vgl. Anonymus Valesianus 59 (felicitas). Die wichtigste Quelle ist der von Ennodius verfaßte Panegyricus auf Theoderich (um 506 n. Chr.); die Romideologie dieses Werkes schwelgt in hypertrophen, den realen Gegebenheiten wenig angemessenen Restaurationsbeteuerungen. So heißt es, Rom, die Herrin des Erdkreises, habe ad status sui reparationem – „zwecks Wiederherstellung des einstigen Zustandes" nach Theoderich verlangt (Kap. 7); durch einen einzigen Sieg sei die langwährende Romani nominis clades – „Unterlegenheit des römischen Namens" wettgemacht worden (Kap. 10); die Eroberung von Sirmium, eine erfolgreiche Aktion gegen die Gepiden in Pannonien, wird gar mit den Worten gefeiert (Kap. 12): illa ipsa mater civitatum Roma iuvenescit marcida senectutis membra resecando – „sie selbst, die Metropole Rom, verjüngt sich, indem sie die vom Greisenalter entkräfteten Glieder zurechtstutzt". Auch der christlichen Romidee entrichtet Ennodius gelegentlich seinen Tribut (Libellus pro synodo §§ 129 ff.). S. ferner Cassiodor, Variae 1, 25; 2, 35 u. ö. (Theoderichs Fürsorge für die öffentlichen

Bauten); ferner 3, 17 und 3, 31 (Restaurationsgedanke). Weitere Zeugnisse bei Adamek, a. O., S. 15, Anm. 28.

52 Über den Streit um den Altar der Victoria und die sogenannte 3. Relatio des Symmachus (Text: Q. Aurelii Symmachi quae supersunt, hrsg. von O. Seeck, Monumenta Germaniae Historica, Auctores antiquissimi, Bd. 6, 1, Berlin 1883, S. 280 ff., und Prudence, Bd. 3: Psychomachie, Contre Symmaque, hrsg. von M. Lavarenne, Paris 1948, S. 107 ff.) z. B. J. Geffcken, Der Ausgang des griechisch-römischen Heidentums, Heidelberg 1929[2], S. 146 ff.; U. Knoche, Ein Sinnbild römischer Selbstauffassung, in: Symbola Coloniensia J. Kroll oblata, Köln 1949, S. 143 ff. = Gymnasium, Beiheft 2, 1962, S. 125 ff.

53 Hiermit soll nicht behauptet werden, daß sich in den Darlegungen des Symmachus schlechtweg „uralte, eigentümlich römische Überzeugungen noch einmal aussprechen" (so Klingner, a. O., S. 551); andererseits schießt F. Cumont, Die orientalischen Religionen im römischen Heidentum, Leipzig 1930[3], S. 185, über das Ziel hinaus, wenn er konstatiert: „Der antike Nationalkultus Roms ist tot." In Wahrheit enthält die 3. Relatio, ein Dokument spätantik-synkretistischer Religiosität, sowohl ,national-römische' als auch neuplatonische Komponenten; vgl. H. Bloch, A New Document of the Last Pagan Revival in the West, in: The Harvard Theological Review 38, 1945, bes. S. 203 ff. Außer den von Geffcken, a. O., S. 296, Anm. 47, genannten Parallelen zum Glaubensbekenntnis der §§ 8 und 10 s. Panegyrici Latini 12, 26, 1; Maximus von Madaura, bei Augustin, Episteln 16, 1.

54 §§ 9 f.; s. u. S. 91 ff.

55 § 19: vos (nämlich die Kaiser) defendant, a nobis colantur – „euch sollen sie schützen, von uns Verehrung empfangen" (Subjekt sind die römischen Götter).

56 Über Ammianus Marcellinus vor allem W. Ensslin, Zur Geschichtsschreibung und Weltanschauung des Ammianus Marcellinus, in: Klio, Beiheft 16, 1923; E. A. Thompson, The Historical Work of Ammianus Marcellinus, Cambridge 1947.

57 16, 10. S. hierzu Klingner, a. O., S. 523 ff. Das Kapitel schildert den Besuch, den Kaiser Constantius im Jahre 357 der Stadt Rom abstattete; vgl. Symmachus, Relatio 3, 7. Das Thema des kaiserlichen Einzugs in Rom gehört seit Plinius (Panegyricus 20–24) zum Repertoire der Panegyrik; s. Panegyrici Latini 12, 19 ff. (vgl. 10, 13 f.); Claudian, De sexto consulatu Honorii 331 ff. S. ferner Claudian, Laudes Stilichonis 2, 378 ff. (Rombesuch Stilichos).

58 S. bes. §§ 5 (asylum mundi totius – „das Heiligtum der ganzen Welt"); 13 (imperii virtutumque omnium lar – „die Heimstatt der Herrschaft und aller Tugenden"); 20 (augustissima omnium sedes – „der ehrwürdigste Platz der Welt").

59 14,6. Über Rom §§ 3–5. Zum Virtus-Fortuna-Motiv vgl. Livius, Ab
   urbe condita 9, 17–19; Plutarch, De fortuna Romanorum 1 f.; s. Ensslin, a. O., S. 73 f. Der Vergleich mit den menschlichen Altersstufen
   nach Florus, Epitoma 1, Praefatio 4–8; vgl. Laktanz, Institutiones
   divinae 7, 15, 14 ff., der sich auf den älteren Seneca beruft.

60 31,5, 10–16; s. bes. die lapidare Formel (§ 14): mox post calamitosa
   dispendia res in integrum restitutae – „bald nach den furchtbaren
   Verlusten war der frühere Zustand wiederhergestellt".

61 3, 130–173; vgl. Klingner, a. O., S. 534 f.

62 Der Begriff ‚Unsagbarkeitstopoi' nach Curtius, a. O., S. 168 ff. Zur
   Kosmos-Analogie vgl. Koch, a. O., S. 151 ff. Die Formel armorum
   legumque parens (v. 136) entfaltet sich zunächst in zwei Relativsät-
   zen mit den entsprechenden Begriffen imperium und ius; hierauf
   folgen die beiden mittleren Teile, die jeweils durch die deiktische
   Formel haec est eingeleitet werden (v. 138; 170). Die Eroberung des
   Reiches gehört der Vergangenheit an (v. 137–149); dasselbe gilt für
   die Einbürgerung sämtlicher unterworfener Völker (v. 150–153). Die
   Konsequenzen, der Frieden und die Erleichterung des Verkehrs, werden im Präsenz geschildert (v. 154–159), und zu Beginn des 4. Teiles
   greift die Betrachtung in die Zukunft aus (v. 159–160). Aelius Aristides erklärt zu Beginn seiner Rom-Rede, es sei unmöglich, die Stadt
   angemessen zu preisen (§§ 1–5); man könne sie nicht einmal ganz
   überblicken (§ 6); ihre Gebäude erhöben sich hoch in die Lüfte (§ 8).
   Über die beiden Völker-Vergleiche s. o. Anm. 39. Zu v. 140 ff. vgl.
   Florus, Epitoma 1, 22, 31 f. Zu v. 151 ff. vgl. Aelius Aristides, Oratio
   26, 63; Prudenz, Contra Symmachum 2, 604–609 (s. u. Anm. 76). Analogien zu den Versen 155 ff. ~Aelius Aristides, Oratio 26, 100–102 bei
   H. Fuchs, Augustin und der antike Friedensgedanke, Berlin–Zürich
   1965², S. 197, Anm. 4. Zur prägnanten Schlußformel des dritten Abschnitts (cuncti gens una sumus – „wir alle sind ein einziges Volk")
   vgl. Plinius, Naturalis historia 3, 39 (s. o. Anm. 38); Aelius Aristides,
   Oratio 26, 36 und 65 (s. o. Anm. 42); Rutilius Namatianus, De reditu
   suo 1, 63 und 66 (v. 66 nach Ovid, Fasti 2, 684); Prudenz, Contra
   Symmachum 2, 610–612 (s. u. Anm. 76). Alle diese Zeugnisse verwenden das Wort unus. Rom als Stätte der Götter z. B. Ovid, Fasti 4, 270;
   Tristia 1, 5, 70.

63 Subjekt der Romana dicio (v. 160) ist die gens una des vorausgehenden Verses. Erst v. 166 kehrt Claudian nicht ohne einen leisen Ruck
   über die Romani zur Stadt (haec) zurück.

64 Über Rutilius Namatianus (Text: Rutilius Claudius Namatianus De
   reditu suo, hrsg. u. erkl. von R. Helm, Heidelberg 1933) z. B. H. Fuchs,
   Zur Verherrlichung Roms und der Römer in dem Gedicht des Rutilius Namatianus, in: Basler Zeitschrift für Geschichte und Altertums-

kunde 42, 1943, S. 37–58. Das Buch von I. Lana, Rutilio Namaziano, Turin 1961, befaßt sich nicht mit dem Enkomion auf Rom.

65 Der Rom-Hymnus des Namatianus (1, 47–164) gliedert sich in drei Abschnitte. Der 1. Teil befaßt sich nach einer allgemeinen Prädikation (v. 47–54; dort der Preis Roms als heiliger Stätte) mit dem imperialistischen (v. 55–62) und dem zivilisatorischen Aspekt der Romidee (v. 63–66); er verbindet die beiden Motive in zugespitzter Antithetik (v. 67–80) und schließt mit einer Rom und die Großreiche des Ostens vergleichenden Partie (v. 81–92). Der 2. Teil widmet sich den Bauten, der Wasserversorgung und dem Klima der Stadt (v. 93–112); der letzte Abschnitt gilt den Motiven der Ewigkeit und der Erneuerung (v. 115 bis 140). Zumal der 1. Teil nimmt sowohl die Grundgedanken als auch manche Formulierung Claudians auf: Claudian v. 138–149 ∼ Rutilius Namatianus v. 55–62; Claudian v. 150–159 a ∼ Rutilius Namatianus v. 63–66; Claudian v. 136 f. ∼ Rutilius Namatianus v. 67 bis 80 (Amplifikation der Worte armorum legumque parens); Claudian v. 163–166 ∼ Rutilius Namatianus v. 81–92. Der 3. Abschnitt vereinigt, verbreitert und steigert zwei Motive, die im claudianischen Panegyricus voneinander getrennt sind: Claudian v. 145 und 159 b bis 160 a ∼ Rutilius Namatianus v. 115–140. Diese Partie ist gespickt mit Komposita aus re-: v. 116 (refingere. So die Ausgaben. recingere die Hss.); 123 (renovare); 129 (resurgere); 131 (vires resumere); 139 (reparare); 140 (renasci). Die Worte quod cetera regna resolvit – „was sonst die Staaten vernichtet" (v. 139) deuten an, daß das Motiv der unbegrenzten Dauer eigentlich zum Völker-Vergleich gehört; vgl. Claudian v. 159 b ff. Für die konkrete Stadt ist außer dem Hymnus auch der Anfang des Werkes von Bedeutung (v. 5–18); Rom wird dort ähnlich wie in der Partie v. 93–112 trotz oder gerade wegen der seit Aristides üblichen Ineinssetzung von urbs und orbis als gesonderte Größe gewürdigt. Namatianus preist die Bewohner Roms: sie lebten auf geheiligtem Boden und hätten Anteil am genius loci. Vgl. hiermit den Makarismos der stadtrömischen Bevölkerung im Laurentiushymnus des Prudenz (Peristephanon 2, 528 ff.; s. u. Anm. 76); die Analogie zeigt, wie sehr Heiden und Christen der Stadt gegenüber Ähnliches zu empfinden vermochten.

66 Episteln 17 und 18 (Text: Lavarenne, a. O., S. 113 ff.). Der 17. Brief enthält eine vorläufige Meinungsäußerung, die Ambrosius an den Kaiser richtete, nachdem er vom Eintreffen der 3. Relatio und von deren Hauptinhalt erfahren hatte; er bat darin um eine Kopie der Eingabe. Der 18. Brief bringt sodann die gründliche, in Traktatform abgefaßte Widerlegung (§ 3 teilt die dreigliedrige Disposition mit. 1. Teil: §§ 4–11. 2. Teil: §§ 11–16. 3. Teil: §§ 17–38). Klingners Behauptung, dieser Brief, rasch im Drang der Dinge hingeworfen,

könne sich als Werk nicht mit dem Schreiben des Symmachus messen (a. O., S. 551), wird weder dem Inhalt noch der Form gerecht.

67 § 10: sera ... et contumeliosa est emendatio senectutis.

68 Epistel 18, 7 (Roma spricht): Poenitet lapsus ... Non erubesco cum toto orbe longaeva converti. Verum certe est, quia nulla aetas ad perdiscendum sera est. Erubescat senectus, quae emendare se non potest. Non annorum canities est laudata, sed morum. Nullus pudor est ad meliora transire – „Ich bereue meinen Irrtum ... Ich erröte nicht, mich in hohem Alter mitsamt dem ganzen Erdkreis zu bekehren. Es ist gewiß wahr, daß es in keinem Alter zu spät ist zu lernen. Möge das Greisenalter erröten, das unfähig ist, sich von Fehlern zu befreien. Nicht die Reife der Jahre ist lobenswert, sondern die des Charakters. Es ist keine Schmach, sich Besserem zuzuwenden."

69 §§ 34–38. Es heißt dort: das beklagenswerte Ende des christlichen Kaisers Gratian (er war im Jahre zuvor einer Mörderhand zum Opfer gefallen) brauche niemanden anzufechten: der Lohn, der seinen Verdiensten gebühre, bemesse sich nicht nach der hinieden herrschenden Hinfälligkeit. Die humanarum rerum negotia, die Menschendinge veränderten sich und wechselten in kreisförmigem Umschwung, wie der jähe Sturz eines Pompeius, eines Kyros, eines Hamilkar beweise. Diese Argumentation zeigt, daß sich Ambrosius der Gefährlichkeit jeglichen Fortschrittsdenkens bewußt ist; immerhin wünscht er den Bereich des Einzelschicksals von der Frage nach dem Plan und der Gerechtigkeit Gottes fernzuhalten.

70 §§ 22–30. Ambrosius sucht dort die These der zielstrebigen Entwicklung als Gesetz der Geschichte zu erweisen, wobei er auf zahlreiche Analogien in der Natur rekurriert. Dieses Gesetz gelte, meint Ambrosius, nicht nur für die Ausbreitung des christlichen Glaubens, sondern auch für die pagane römische Geschichte (wobei freilich nicht mehr deutlich zwischen Fortschritt und Veränderung unterschieden wird): die Zivilisation habe sich vervollkommnet; die heidnische Religion sei durch die Aufnahme fremder Kulte modifiziert worden.

71 Ambrosius behauptet zwar nicht expressis verbis, daß er die innere Wandlung der Roma und das Wachsen der Kirche als Phänomene betrachte, in denen sich die Vollstreckung eines und desselben göttlichen Planes manifestiere. Gleichwohl geht die Intention einer derartigen Zuordnung mit hinlänglicher Deutlichkeit aus seinen Darlegungen hervor. Roma und Ecclesia teilen sich in das Merkmal der senectus, des Greisenalters (§§ 7; 28 f.); der Ausdruck ad meliora transire – „sich Besserem zuwenden" (§ 7, von Roma) wird in dem der Ecclesia gewidmeten Abschnitt durch die Wendung in melius proficere – „zu Besserem fortschreiten" wiederaufgenommen (§ 23). Schließlich entspricht dem Geständnis der Roma non erubesco cum toto orbe lon-

gaeva converti – „ich erröte nicht, mich in hohem Alter mitsamt dem ganzen Erdkreis zu bekehren" (§ 7) die Feststellung: postrema aetate se diffudit in populos – „sie hat sich erst in jüngster Zeit über die Völker verbreitet" (§ 29, von der Ecclesia).

72 Zum Folgenden vgl. R. Herzog, Die allegorische Dichtkunst des Prudentius (Zetemata 42), 1966, S. 113 ff.

73 Einen ersten Entwurf dieses Rombildes hatte Prudenz in seinem Laurentiushymnus (Peristephanon 2) dargeboten; hierüber s. Buchheit, a. O., S. 125 ff.

74 Das Prinzip der geschichtlichen Kontinuität scheint zum ersten Male in der Einleitung des Laurentiushymnus durch (v. 1–20): die Christianisierung sei Roms letzter und größter Sieg: die Beseitigung der barbarischen Kulte kröne die Überwindung der barbarischen Völker. Weiterhin zielt das Gebet des Laurentius auf eine evolutionistisch-progressistische Deutung der gesamten römischen Geschichte (v. 413 ff.). Vor allem aber macht die Idee des Fortschritts den roten Faden aus, der das ganze 2. Buch der Schrift Contra Symmachum, ein polyphones, Abschweifungen und Wiederholungen nicht scheuendes Gebilde, durchzieht; der erste Hauptteil (v. 67–487) konfrontiert diese Idee mit dem Traditionalismus des Symmachus (Zuspitzung der Antithese v. 272 f.: an veterem tantum morem ratione relicta eligis? – „du wählst allein den altüberkommenen Brauch und läßt die Vernunft beiseite?"; mit dem Begriff ratio meint Prudenz sowohl den christlichen Glauben als auch das Verständnis von Gegebenheiten der geschichtsbedingten Wirklichkeit). Die wichtigste Quelle für den Grundgedanken des 2. Buches, der 18. Brief des Ambrosius, wird nirgends erwähnt; Prudenz hat überdies ein wichtiges Element der ambrosianischen Darlegungen unterschlagen: die Einschränkung, daß die Geschicke der Einzelperson dem ständigen Wechsel unterworfen seien. Das teleologische Prinzip erhebt sich somit bei Prudenz zu uneingeschränkter Herrschaft, es wird zum einzigen Regulativ der Geschichte. So erscheint auch die Leistung der einzelnen Persönlichkeit, die virtus, mit der Ambrosius lediglich argumentiert hatte, um den heidnischen Providenzglauben zu widerlegen (Epistel 18, 4–7), in viel hellerem Lichte; Prudenz bezieht sie ohne Skrupel in seinen christlich gefärbten Providenzglauben ein. Die Schrift Contra Symmachum befaßt sich nicht weniger als viermal mit der virtus als der Ursache der römischen Erfolge: 1, 278–296; 2, 17–66; 488–577; 684–768; die Kette der römischen Siege reicht von den Anfängen der Republik bis zur Gegenwart des Jahres 402 (Stilicho schlägt die Goten bei Pollentia). Für die Verknüpfung von virtus-Preis und Providenzmotiv s. bes. 1, 278–296 (vgl. v. 427–429) und 2, 578 ff.; an der zuerst genannten Stelle, einem exkursartigen Einschub, hat sich diese Thematik

gänzlich von ihrem ursprünglichen Zusammenhang emanzipiert, wonach das römische Reich die Ausbreitung der christlichen Religion ermöglicht hatte. Gerade hier erzeigt sich der Romglaube des Prudenz als die nur mühsam von einer christlichen Hülle umgebene Fortsetzung des augusteischen Sendungsbewußtseins; s. ferner 1, 541–543, wo sich der Dichter zur Juppiter-Prophetie der Aeneis (1, 278 ff.), zum imperium sine fine, zur Herrschaft ohne Grenzen bekennt, sowie 2, 690 ff., wo es gar heißt, dem christlichen Rom könne keine Niederlage mehr zustoßen (vgl. Paulinus von Nola, Carmina 21, 2 ff.: die Fürbitte der Heiligen hat einen Erfolg gegen die Goten bewirkt). Auch die wichtige Rolle, die bei Prudenz im Gegensatz zur sonstigen Rompanegyrik jener Zeit dem Kaiser zukommt (1, 1–41; 408 ff.), demonstriert seine in mancher Hinsicht extrem konservative Einstellung. Über den Parallelismus der Suche nach der richtigen Verfassung und dem wahren Glauben 2, 413–441.

75 2, 655–683; im 1. Buche erscheint die Bekehrung als die Folge einer Paränese, die Kaiser Theodosius an Roma richtet (v. 408–543; das Reue- und Bekehrungsmotiv v. 506 ff.). Dem Verjüngungsmotiv des 2. Buches gebricht es u. a. deshalb an Glaubwürdigkeit, weil der Dichter kurz zuvor versichert hat, die virtus sei niemals vom Alter angetastet worden (v. 640–642); andererseits schwebt in den unmittelbar folgenden Worten nunc, nunc iusta meis reverentia competit annis etc. – „jetzt, jetzt erst erzeigt man meinen Jahren berechtigte Ehrfurcht" usw. (v. 661 ff.) wieder die gealterte Roma vor. Eine ähnlich spielerische Verwendung des Verjüngungstopos bei Claudian, Bellum Gildonicum 208–212; auch dort fügt sich die Schilderung nicht glatt in die Konzeption ein, die nicht so sehr eine verjüngte wie eine sich vom Hunger erholende Roma erfordert hätte (vgl. v. 17 ff.). S. ferner Claudian, Laudes Stilichonis 1, 316 (Gallien verjüngt sich); 2, 202 (Stilicho als Reichsverjüngerer); Rutilius Namatianus, De reditu suo 1, 115 f.

76 Auch der Laurentiushymnus verwendet das Zivilisationsmotiv für seine national-christliche Romauffassung (v. 413–432). Hierbei kommt es Prudenz nicht auf die äußeren Errungenschaften an, sondern auf das geistige Band, auf die Gesittung, die Rom durch seine Gesetzgebung hergestellt habe. Die Verwandtschaft von Rom und Christentum wird auch durch sprachliche Korrespondenzen angedeutet: v. 424 (unis domares legibus – „durch ein Recht zu zügeln", vom römischen Reiche) und v. 432 (uno inligaret vinculo – „mit einem Band zu umfassen", von der christlichen Religion) entsprechen einander; s. ferner v. 430, wo der Ausdruck ius christiani nominis – „das Gesetz des Christentums" die Religion der Gesetzgebung anzugleichen sucht (vgl. Contra Symmachum 2, 438: divina iura – „die göttlichen Ge-

setze"). Diese identifizierende Metaphorik feiert zumal im Schlußteil des Hymnus (v. 485 ff.) wahre Triumphe. Prudenz preist dort in Versen, die an den Eingang des Gedichtes von Namatianus gemahnen (s. o. Anm. 65), die Einwohner Roms glücklich, da sie der Gruft des Laurentius und den übrigen heiligen Stätten stets nahe seien; in einer der folgenden Strophen weiß er von einer Roma caelestis, einem himmlischen Rom, das sich Laurentius als ewigen Konsul erwählt habe (v. 559 f.). Das Hauptdokument in der Schrift Contra Symmachum ist eine dreiteilige Partie des 2. Buches: der Dichter paraphrasiert zunächst den bereits im Laurentiushymnus formulierten Gedanken der inneren Wegbereitung (v. 578–597), widmet sich sodann den äußeren zivilisatorischen Leistungen (v. 598–618) und kehrt schließlich zum Motiv des 1. Teils zurück (v. 619–633). Der mittlere Abschnitt geht ausführlicher auf die Zivilisation ein als sämtliche übrigen Zeugnisse der spätantiken Romidee: das Reich habe den Krieg aller gegen alle beseitigt und jedermann den gleichen Gesetzen unterworfen; alle Bewohner seien Römer, durch das gemeinsame Recht und den gemeinsamen Namen zu Brüderlichkeit verbunden; überall herrsche dieselbe Lebensart, wie in einer einzigen Stadt oder einem einzigen Hause; weit entfernte Gegenden seien einander nahe gekommen, was sich bei der Rechtspflege, beim Handel und bei der Ausübung des keinerlei Schranken mehr setzenden ius conubii, des Rechts auf Heirat zeige. Wie bei Claudian (s. o. Anm. 62), so erinnern auch bei Prudenz einzelne Gedanken nachdrücklich an den Rompreis des Aelius Aristides: Aelius Aristides § 63 ~ Prudenz v. 604/608 f. (der Römername umgreift alle); Aelius Aristides § 102 ~ Prudenz v. 608 (gleiches Recht für alle); Aelius Aristides ebndt. ~ Prudenz v. 610 ff./617 (die Menschheit eine Familie, da das Recht auf Heirat keine nationalen Schranken kennt); Aelius Aristides § 60 ~ Prudenz v. 613 f. (keine Trennung mehr durch Land oder Wasser); Aelius Aristides ebndt. ~ Prudenz v. 614 f. (ein Markt für alle).

77 Während der Sermo de urbis excidio den Fall Roms lediglich als eine von Gott auferlegte Prüfung hinstellt, polemisieren die Predigten 105 und 81 mit Entschiedenheit gegen den politischen Glauben an die Ewigkeit Roms; s. hierzu und z. Folg. F. G. Maier, Augustin und das antike Rom (Tübinger Beiträge z. Altertumswissenschaft 39), 1955.

78 Sermo 296, 6.

79 Über die Realitätsferne des spätantiken Rompreises z. B. Maier, a. O., S. 43 ff.; sie tritt nirgends so kraß hervor wie in dem Hymnus des Namatianus, einem Werke, das erst im Jahre 417, nach dem völligen Zusammenbruch des Limes, entstanden ist und gleichwohl keinen Anlaß nimmt, an der Richtigkeit des altüberkommenen Dogmas von Roms ewiger Weltherrschaft zu zweifeln.

Die Brücke zwischen den Zeitaltern (S. 96–112)

1 Ab urbe condita 5, 39–41.

2 Casus sancti Galli (Mitteilungen zur vaterländischen Geschichte, hrsg. vom Historischen Verein in St. Gallen, N. F. 5/6), hrsg. von G. Meyer von Knonau, St. Gallen 1877, 51 f.

3 12. Kapitel: Der Hunnen Heranzug, und 13. Kapitel: Heribald und seine Gäste.

4 4. Kapitel: Im Kloster.

5 Vorwort und 1. Kapitel: Hadwig, Herzogin von Schwaben.

6 11. Kapitel: Der Alte in der Heidenhöhle.

7 13. Kapitel: Heribald und seine Gäste, und 14. Kapitel: Die Hunnen-schlacht.

8 23. Kapitel: Auf der Ebenalp; dortselbst das auf Novalis zurückge-hende Symbol der blauen Blume.

9 Vgl. hierzu u. S. 113 ff.

10 Casus sancti Galli 49.

11 Vgl. hierzu o. S. 52.

12 Zum Folgenden s. o. S. 47 ff. (Die lateinische Literatur der Spätan-tike).

13 1. Korinther 1, 20.

14 S. vor allem die Schriften des südgallischen ‚Grammatikers' Virgilius Maro und die Kosmographie des sogenannten Aethicus Ister.

15 Epistel 50, in: Die Briefe des Heiligen Bonifatius und Lullus, hrsg. von M. Tangl (Monumenta Germaniae Historica, Epistolae selectae, Bd. 1), Berlin 1955[2], S. 82 f.

16 Epistel 68, ebndt., S. 141: Baptizo te in nomine patria et filia et spiritus sancti – „Ich taufe dich im Namen Vaterland und Tochter und des heiligen Geistes".

17 S. z. B. Cathwulf, in: Monumenta Germaniae Historica, Epistolae, Bd. 4, hrsg. von E. Dümmler u. a., Berlin 1895, S. 502 f.

18 S. die Admonitio generalis, in: Monumenta Germaniae Historica, Capitularia regum Francorum, Bd. 1, hrsg. von A. Buretius, Berlin 1883, S. 53.

19 Casus sancti Galli 90.

20 Liber Ymnorum, Prooemium, in: W. von den Steinen, Notker der Dichter und seine geistige Welt, Editionsband, Bern 1948, S. 8 f.

21 Literatur: L. Bieler, Irland, Wegbereiter des Mittelalters, Olten 1961; A. Borst, Mönche am Bodensee, 610–1525, Sigmaringen 1978, S. 19 ff.; H. Dannenbauer, Die Entstehung Europas, 2 Bde., Stuttgart 1959–62; O. Feger, Geschichte des Bodenseeraumes, Bd. 1: Anfänge und frühe Größe, Lindau–Konstanz 1956; J. Fleckenstein, Die Bildungsreform Karls des Großen als Verwirklichung der norma rectitudinis, Bigge–

Ruhr 1953; M. L. W. Laistner, Thought and Letters in Western Europe A. D. 500 to 900, London 1932; E. K. Rand, Founders of the Middle Ages, Harvard 1928.

Die Germania des Tacitus und das deutsche Nationalbewußtsein (S. 113–128)

1 Oratio ad augustissimum atque sacratissimum Romanorum regem Maximilianum de eius atque Germaniae laudibus, in: Opera Bebeliana sequentia, Pforzheim 1509 (ohne Paginierung), 15. Seite der Oratio.

2 Urvolk: 7. und 8. Rede; religiöser Ernst usw.: 6. Rede u. ö.; Erscheinung der Gottheit: 13. Rede; die von den Römern Germanier genannten Deutschen: 8. Rede.

3 Nach der deutschen Ausgabe von L. Schemann, Versuch über die Ungleichheit der Menschenrassen, 4. Bd., Stuttgart 1940[5], S. 97.

4 Die Grundlagen des 19. Jahrhunderts, München 1904[5], Bd. 1, S. 502.

5 Herkunft und Rassengeschichte der Germanen, München 1935, S. 67 ff. (Merkmale); 123 ff. (Chatten, Chauken usw.); 138 ff., bes. 148 f. (Erbgesundheitspflege).

6 Literatur: Th. Bieder, Geschichte der Germanenforschung, 3 Bde., Leipzig–Berlin 1921–25 (Materialsammlung); W. Jens, Libertas bei Tacitus, in: Prinzipat und Freiheit (Wege der Forschung 135), hrsg. von R. Klein, Darmstadt 1969, S. 391–420; P. Joachimsen, Tacitus im deutschen Humanismus, in: Neue Jahrbücher für das Klassische Altertum, Geschichte und deutsche Literatur 14, 1911, S. 697–717; Ludwig Krapf, Germanenmythos und Reichsideologie – Frühhumanistische Rezeptionsweisen der taciteischen „Germania" (Studien zur deutschen Literatur 59), Tübingen 1979; R. Much, Die Germania des Tacitus (Kommentar), Heidelberg 1967[3]; E. Norden, Die germanische Urgeschichte in Tacitus' Germania, Darmstadt 1959[4]; K. von See, Deutsche Germanenideologie vom Humanismus bis zur Gegenwart, Frankfurt/M. 1970; H. Tiedemann, Tacitus und das Nationalbewußtsein der deutschen Humanisten, Diss. Berlin 1913; E. Wolff, Das geschichtliche Verstehen in Tacitus' Germania, in: Römertum (Wege der Forschung 18), hrsg. von H. Oppermann, Darmstadt 1967, S. 299 bis 358.

Die Querelle des Anciens et des Modernes (S. 129–149)

1 Zum Folgenden s. A. Buck, Die ‚Querelle des Anciens et des Modernes' im italienischen Selbstverständnis der Renaissance und des Barocks, in: Sitzungsberichte der wissenschaftlichen Gesellschaft Frankfurt/M. 11, 1, 1973; W. Krauss, Der Streit der Altertumsfreunde mit

den Anhängern der Moderne und die Entstehung des geschichtlichen Weltbildes, in: Antike und Moderne in der Literaturdiskussion des 18. Jahrhunderts, hrsg. von W. Krauss und H. Kortum, Berlin 1966, S. IX ff.; G. Finsler, Homer in der Neuzeit, Leipzig–Berlin 1912, S. 48 ff.

2 Zum Folgenden s. Kortum, Die Hintergründe einer Akademiesitzung im Jahre 1687, a. O., S. LXI ff.

3 Zitiert nach H. Rigault, Histoire de la Querelle des Anciens et des Modernes, Paris 1859, S. 150.

4 Entretiens sur la pluralité des mondes – Digression sur les anciens et les modernes, hrsg. von R. Shackleton, Oxford 1955, S. 163 und 174; s. ferner S. 169: . . . il faut pouvoir digérer que l'on compare Démosthène et Cicéron à un homme qui aura un nom français, et peut-être bas – „. . . man muß bereit sein hinzunehmen, daß Demosthenes und Cicero mit jemandem verglichen werden, der einen französischen Namen trägt, vielleicht gar einen gewöhnlichen."

5 Hierzu H. R. Jauss, Ästhetische Normen und geschichtliche Reflexion in der „Querelle des Anciens et des Modernes", Einleitung zum Faksimiledruck des Parallèle von Ch. Perrault, München 1964, bes. S. 21 ff.; 46 f.; 63 f.

6 Schon Accolti und Tassoni hatten nicht alles über einen Kamm geschoren, sondern den Vergleich von Antike und Gegenwart nach den einzelnen Künsten und Wissenschaften gegliedert und den Leistungsstand einer jeden Disziplin gesondert beurteilt. Und Fontenelle hatte in seiner Digression die Künste, den Bereich der imagination, von den Wissenschaften und der Philosophie, dem Bereich des raisonnement, abgehoben. Er hatte dann zwar geglaubt, beides demselben Gesetz des Fortschritts unterstellen zu können (Digression, S. 166 und 171 f.) – hierbei war indes offengeblieben, wie sich der stetige Fortschritt bei den Künsten vollziehe.

7 Parallèle, S. 445 = Bd. 4, S. 292 f. des Originals, Paris 1688–97.

8 Zum Folgenden vgl. Krauss, a. O., S. XXXV ff.; zur Querelle d'Homère s. Finsler, a. O., S. 212 ff.

9 Zum Folgenden s. F. Martini, Modern, die Moderne, in: Reallexikon der deutschen Literaturgeschichte, hrsg. von W. Kohlschmidt – W. Mohr, Bd. 2, Berlin 1965², S. 393 f.

10 Zitiert nach Krauss, a. O., S. LVI.

11 S. G. Waniek, Gottsched und die deutsche Literatur seiner Zeit, Leipzig 1897, S. 61.

12 Werke, hrsg. von H. G. Göpfert, Bd. 1, Darmstadt 1970, S. 159 ff.; vgl. 182 ff. S. hierzu V. Riedel, Lessing und die römische Literatur, Weimar 1976, S. 29 f.

13 Der einzige Weg: Gedanken über die Nachahmung der griechischen

Werke in der Malerei und Bildhauerkunst, in: Kleine Schriften – Vorreden – Entwürfe, hrsg. von W. Rehm, Berlin 1968, S. 29. Eine Bildsäule: ebndt., S. 30.

14 Zum Folgenden s. W. Rehm, Römisch-französischer Barockheroismus und seine Umgestaltung in Deutschland, in: Götterstille und Göttertrauer, Bern 1951, S. 14 ff.

15 Versuch einer critischen Dichtkunst, Leipzig 1751⁴, S. 130 f. Vgl. H. Rüdiger, Wesen und Wandlung des Humanismus, Hildesheim 1966², S. 160 f.

16 Vgl. K. Borinski, Die Antike in Poetik und Kunsttheorie, Leipzig 1914–24, Bd. 2, S. 110 f.

17 Fénelon: s. Finsler, a. O., S. 221 ff. Blackwell: ebndt., S. 332 ff. und M. Fuhrmann, Friedrich August Wolf, in: Deutsche Vierteljahrsschrift für Literaturwissenschaft und Geistesgeschichte 33, 1959, S. 211 ff.

18 Vgl. Riedel, a. O., S. 210 f.

19 S. W. Rehm, Griechentum und Goethezeit, Bern–München 1968⁴, S. 194.

20 Zum Folgenden vgl. Martini, a. O., S. 394 ff. S. ferner H. D. Weber, Friedrich Schlegels ‚Transzendentalpoesie' (Theorie und Geschichte der Literatur und der schönen Künste 12), München 1973, S. 108 ff.

21 S. Nr. 81: „Ihnen ist der berühmte Streit bekannt" usw. und Nr. 107: „Sehr leer war daher der Streit" usw. Herder hat die Querelle noch öfters erwähnt; s. Hodegetische Abendvorträge (1799), in: Sämtliche Werke, hrsg. von B. Suphan, Berlin 1877–1913, Bd. 30, S. 516 f.; Adrastea 1 (1801), ebndt., Bd. 23, S. 72 f. Vgl. J. G. Sulzer, Allgemeine Theorie der schönen Künste, Leipzig 1792², Bd. 2, S. 647 ff.

22 Gedenkausgabe der Werke, Briefe und Gespräche, hrsg. von E. Beutler, Zürich–Stuttgart 1961–66², Bd. 14, S. 755 ff.; das Schema auf S. 760.

23 A. O., Bd. 13, S. 841 ff.; Jeder sei auf seine Art: S. 846.

24 Discours sur les sciences et les arts, Discours sur l'origine de l'inégalité parmi les hommes – Schriften zur Kulturkritik, französisch-deutsch, hrsg. von K. Weigand (Philosophische Bibliothek 243), Hamburg 1971².

25 Wie schon Diderot und Goethe erkannten; s. H. Hatfield, Aesthetic Paganism in German Literature, Cambridge (Mass.) 1964, S. 21.

26 Vgl. M. Fuhrmann, Selbstbestimmung und Fremdbestimmung, in: Alte Sprachen in der Krise?, Stuttgart 1976, S. 21 ff.

27 Zum Folgenden s. H. R. Jauss, Schlegels und Schillers Replik auf die „Querelle des Anciens et des Modernes", in: Literaturgeschichte als Provokation, Frankfurt/M. 1970, S. 67 ff., bes. 95 ff.

28 Über die Iphigenie auf Tauris, in: Ausgewählte Werke, Darmstadt 1954–59, Bd. 8, S. 478 ff.; Hätte die neuere Bühne: S. 503 f.; s. ferner S. 505: „Was für ein glücklicher Gedanke" usw.

29 A. O., Bd. 5, S. 272 f.

30 Ebndt., S. 377 ff.; Sie sind, was wir waren: S. 379; die alten Griechen: S. 395 ff.; alte und moderne Dichter: S. 402 ff.; Beispiele aus der europäischen Tradition: S. 390 u. ö.; Bemerkung über die Franzosen: S. 398.

31 Einleitung zu den Propyläen: a. O., Bd. 13, S. 135 ff.; Vollkommenheit der Griechen, Welche neuere Nation: S. 137; Dem deutschen Künstler: S. 147.

32 A. O., Bd. 13, S. 407 ff. Zum Folgenden vgl. u. S. 157 ff.

33 A. O., Bd. 13, S. 418.

34 Zitiert nach J. G. Herder, Briefe zu Beförderung der Humanität, hrsg. von H. Stolpe, Berlin–Weimar 1971, Bd. 2, S. 155 ff. (Neunte Sammlung, Nr. 110). Zum Folgenden vgl. H. A. Korff, Voltaire im literarischen Deutschland des 18. Jahrhunderts (Beiträge zur neueren Literaturgeschichte 10/11), Heidelberg 1917, bes. Bd. 1, S. 380 ff.

35 Esel, Tröpfe usw.: Briefe, hrsg. von W. Rehm, Berlin 1952–57, Bd. 1, S. 235 ff. und 329; alle Franzosen ... ich weiß: ebndt., S. 267; s. ferner Bd. 3, S. 119. Vgl. Lessing, Hamburgische Dramaturgie, hrsg. von O. Mann, Stuttgart 1963², S. 392 (101.–104. Stück).

36 S. C. Justi, Winckelmann und seine Zeitgenossen, Köln 1965⁵, Bd. 2, Buch 2, Kap. 4: „Ruf nach Berlin".

37 Das Folgende nach Lessing, a. O., S. 58; 62; 79; 120 ff.; 128 ff.; 269; 394 (14., 15., 19., 30., 32., 68. und 101.–104. Stück), und Herder, Journal meiner Reise, a. O. (Anm. 21), Bd. 4, S. 413 ff.

38 S. J. G. Herder, Über die neuere deutsche Literatur, hrsg. von A. Gillies, Oxford 1969, S. 70 ff. (3, 1); Auch eine Philosophie der Geschichte zur Bildung der Menschheit (Theorie 1), Frankfurt/M. 1967, Abschnitt 3, S. 108 ff.; Briefe zu Beförderung der Humanität, a. O., Bd. 2, S. 152 ff. (Neunte Sammlung, Nr. 110).

39 Von der Nachahmung des griechischen Silbenmaßes im Deutschen (1756), in: Sämtliche Werke, Leipzig 1856/57, Bd. 10, S. 4. S. ferner F. A. Wolf, Darstellung der Altertumswissenschaft, in: Kleine Schriften, hrsg. von G. Bernhardy, Halle 1869, Bd. 2, S. 865 u. ö.

40 Briefe, a. O., Bd. 1, S. 328.

41 Als einen würdigen Griechen: a. O. (Anm. 21), Bd. 3, S. 186 f.: edlen Griechen: ebndt., Bd. 2, S. 119 ff.; Noch tast' ich: ebndt., Bd. 29, S. 301; griechischen Dämon: ebndt., Bd. 8, S. 482 f.

42 Schiller an Goethe, 23. August 1794, in: Goethe, a. O., Bd. 20, S. 14.

43 A. O., Bd. 2, S. 808.

44 S. M. Lenz, Geschichte der Friedrich-Wilhelms-Universität zu Berlin, Halle 1910–18, Bd. 1, S. 352.

45 Allegro, in: Sämtliche Gedichte, Königsberg 1802, Bd. 6, S. 203.

46 Zum Folgenden s. C. Menze, Wilhelm von Humboldts Lehre und Bild vom Menschen, Ratingen 1965, S. 154 ff.

47 Briefwechsel zwischen Schiller und Wilhelm von Humboldt, hrsg. von A. Leitzmann, Stuttgart 1900³, S. 143 = Schillers Werke, Nationalausgabe, Bd. 35 (Briefe an Schiller, 1794–95), hrsg. von G. Schulz, Weimar 1964, S. 349 (22. September 1795).

48 Briefe an Goethe: Goethes Briefwechsel mit Wilhelm und Alexander von Humboldt, hrsg. von L. Geiger, Berlin 1909, S. 124 (30. Mai 1800) und 173 (25. Februar 1804). Die Deutschen: Werke in fünf Bänden, hrsg. von A. Flitner – K. Giel, Stuttgart 1960–64, Bd. 2, S. 87; Deutschland: Bd. 2, S. 88 f.; vgl. ebndt., S. 121 f. S. ferner Das achtzehnte Jahrhundert, ebndt., Bd. 1, S. 385 f.

49 Spätere Äußerungen Humboldts schwächen die Thesen der Schrift über die Griechischen Freistaaten etwas ab. So heißt es in einem Bruchstück des Jahres 1814 (a. O., Bd. 1, S. 554), kein Volk habe die Griechen und Römer so verstanden und aufgefaßt wie die Deutschen – Humboldt scheint auf die ersten Erfolge der jungen Altertumswissenschaft zu zielen, gibt aber damit die These eines spezifischen Verhältnisses zu den Griechen preis. Das Alterswerk über den Sprachbau hebt einen gewichtigen Unterschied der beiden Sprachen hervor (a. O., Bd. 3, S. 470): das Griechische, meint Humboldt, zeichne sich durch klare und feste Objektivität, das Deutsche hingegen durch seine tiefer geschöpfte Subjektivität aus – hier wirkt offenbar die auch von Humboldt oft beschriebene Differenz der Epochen, der Antike und der Moderne, auf das Urteil ein.

50 Kritische Schriften, hrsg. von W. Rasch, Darmstadt 1971, S. 114.

51 S. hierüber Jauss, a. O. (Anm. 27), bes. S. 75 ff.

52 A. O., S. 228 ff.

53 Humboldt hat sich, vielleicht von Schlegel beeinflußt, einmal zu einer ähnlichen Perspektive bekannt (Wilhelm von Humboldts Briefe an Johann Gottfried Schweighäuser, hrsg. von A. Leitzmann, Jenaer Germanistische Forschungen 25, Jena 1934, S. 42): „Zugleich kann ich nicht leugnen", schrieb er im Jahre 1807 über seine Geschichte der griechischen Freistaaten, „daß ich dem armen zerrütteten Deutschland ein Monument setzen möchte, weil, meiner langgehegten Überzeugung nach, griechischer Geist, auf deutschen geimpft, erst das gibt, worin die Menschheit ohne Stillstand fortschreiten kann." S. ferner Humboldt an Wolf, in: Gesammelte Werke, hrsg. von C. Brandes, Berlin 1841–52, Bd. 5, S. 194 f.: „... die Verbindung der Eigentümlichkeit der Alten und Neuern ... könnte man gleichsam die Endabsicht des deutschen Charakters nennen".

54 S. hierzu W. H. Bruford, Germany in the Eighteenth Century – The Social Background of the Literary Revival, Cambridge 1965, S. 304 ff.

Winckelmann, ein deutsches Symbol (S. 150–170)

1 C. Justi, Winckelmann und seine Zeitgenossen, 3 Bde., Köln 1965[5].

2 Gedanken über die Nachahmung der griechischen Werke in der Malerei und Bildhauerkunst (1755), in: J. J. Winckelmann, Kleine Schriften – Vorreden – Entwürfe, hrsg. von W. Rehm, Berlin 1968, S. 29 und 43.

3 Winckelmann an Füssli und Genzmer, in: J. J. Winckelmann, Briefe, hrsg. von W. Rehm, 4 Bde., Berlin 1952–57, Bd. 3, S. 55 und 169.

4 W. Waetzold, J. J. Winckelmann, Leipzig 1946[3], S. 19 f.

5 Dem Werk Justis ging eine Studie des Archäologen und Mozart-Biographen O. Jahn voraus: Winckelmann, Greifswald 1844 = Biographische Aufsätze, Leipzig 1866, S. 1 ff.

6 B. Vallentin, Winckelmann, Berlin 1931, S. 87.

7 S. z. B. J. J. Winckelmann, Briefe, a. O., Bd. 1, S. 249 f.; 368 f.; Bd. 2, S. 90; 107; 161; 305 f.; Bd. 3, S. 148; 262. Zum Folgenden vgl. o. S. 141 ff.

8 S. Briefe, Bd. 1, S. 235 ff.; 267; 329.

9 S. ebndt., Bd. 1, S. 267; Bd. 3, S. 119. Vgl. Bd. 3, S. 258 ff.

10 S. ebndt., Bd. 2, S. 273.

11 S. H. C. Hatfield, Winckelmann and his German Critics 1755–1781, New York 1943, S. 28 f.; 62; 143 f.

12 Ebndt., S. 22; 28; 68; 79; vgl. S. 35.

13 Ebndt., S. 26 f.; 34 f.

14 Ebndt., S. 22 ff. (Gottsched, Nicolai, Weisse, Heyne und Brandes); S. 62 ff. (Klotz).

15 Sämtliche Werke, hrsg. von B. Suphan, Berlin 1877–1913, Bd. 1, S. 293.

16 Ebndt., Bd. 2, S. 119 (1767/68); Bd. 15, S. 37 (1781) und Denkmal Johann Winckelmanns (1778), in: J. G. Herder, Die Kasseler Lobschriften auf Winckelmann, hrsg. von A. Schulz, Berlin 1963, S. 62.

17 S. bes. Geschichte des Verfalls und Untergangs der griechischen Freistaaten (1807), in: Werke in fünf Bänden, hrsg. von A. Flitner – K. Giel, Stuttgart 1960–64, Bd. 2, S. 87, und Über die Bedingungen, unter denen Kunst und Wissenschaft in einem Volke gedeihen (1814), ebndt., Bd. 1, S. 554.

18 A. O. (Anm. 15), Bd. 2, S. 119 ff.

19 Im gleichen Jahr erschien C. Morgensterns Rede Johann Winckelmann (Leipzig, Göschen). Sie hält – wie Goethe – den Menschen Winckelmann für wichtiger als den Gelehrten und Schriftsteller und hebt – viel unbefangener als Goethe – die Modellfunktion von Winckelmanns Leben hervor; s. bes. S. 28 und 40.

20 Gedenkausgabe der Werke, Briefe und Gespräche, hrsg. von E. Beutler, Zürich–Stuttgart 1961–66[2], Bd. 13, S. 418.

21 Ebndt., S. 413 und 450.
22 Ebndt., S. 416 ff.
23 Ebndt., S. 419. Vgl. S. 417.
24 Ebndt., S. 412 und 416.
25 A. O., Bd. 1, S. 8.
26 Ebndt., Bd. 1, S. 500.
27 S. ebndt., Bd. 1, S. 114 ff.; 161 ff.; 208 f.; 247 ff.; 285; 317 ff.; 464 ff.
28 Ebndt., Bd. 1, S. 12.
29 S. ebndt., Bd. 1, S. 81; 104 f.; 162; 218; 319 f.; 371 f.; 484.
30 Ebndt., Bd. 1, S. 501 f.
31 M. Fontius, Winckelmann und die französische Aufklärung, in: Sitzungsberichte der deutschen Akademie zu Berlin, Klasse für Sprachen, Literatur und Kunst, 1, Berlin 1968. Der wohltuend kritische Aufsatz ist nicht frei von Übertreibungen: Winckelmanns Person erscheint als Koordinatennetz überkommener Ideen und zwangshafter gesellschaftlicher Bezüge.
32 S. Justi, a. O., Bd. 1, S. 47.
33 So bereits sein Vorgänger O. Jahn, a. O., S. 1 f.
34 Justi, a. O., Bd. 1, S. 3. Vgl. Bd. 1, S. 17 ff.; 40 f.; 162. Ähnlich A. Bielschowsky, Goethe, München 1907[12], Bd. 1, S. 108 ff.: das vom Dreißigjährigen Krieg her darniederliegende Deutschland dient als Kontrastfolie für den „Beginn der literarischen Revolution".
35 W. Schäfer, Winckelmanns Ende (Novelle), München 1925; W. Bergengruen, Die letzte Reise (Novelle), Zürich 1950; G. Hauptmann, Winckelmann – Das Verhängnis (Roman), vollendet und herausgegeben von F. Thiess, Gütersloh 1954.
36 E. Frenzel, Stoffe der Weltliteratur, Stuttgart 1963[2], S. 663 ff.
37 S. hierüber B. Landwehrmeyer, Die Gestalt Winckelmanns in der Literatur, Diss. Freiburg/Brsg. 1955.
38 S. vor allem E. Aron, Die deutsche Erweckung des Griechentums durch Winckelmann und Herder, Heidelberg 1929, und F. Blättner, Winckelmanns deutsche Sendung, in: Deutsche Vierteljahrsschrift für Literaturwissenschaft und Geistesgeschichte 21, 1943, S. 23–66.
39 A. O., S. 7.
40 Ebndt., S. 39; 41; 49.
41 Ebndt., S. 16; 70; 95.
42 Ebndt., S. 17 ff.; 71; 87.
43 Ebndt., S. 86.
44 Ebndt., S. 11; 71; 90.
45 Ebndt., S. 11 ff.; 15 f.; 39; 54 f.; 69.
46 Ebndt., S. 41 ff.; 54 f.; 69 f; 181 f.; 214.
47 Gleichwohl fehlte es auch nach C. Justi nicht an Versuchen, im Na-

men Winckelmanns für den Klassizismus zu plädieren und das klassizistische Ordnungsprinzip gegen ‚chaotische' Tendenzen moderner Kunst auszuspielen; s. bes. L. Curtius, Winckelmann und unser Jahrhundert, in: Die Antike 6, 1930, S. 93–126.

Mythos als Wiederholung (S. 171–198)

1 Phrynichos: Tragicorum Graecorum Fragmenta, hrsg. von A. Nauck (= TGF), Leipzig 1889², S. 722. Der Tantalos, den Aristias, der Sohn des Pratinas, im Jahre 467 aufführen ließ, wurde durch die Didaskalie Oxyrhynchus Papyrus 2256, Frg. 2, als Werk des Pratinas erwiesen; s. A. Lesky, Die tragische Dichtung der Hellenen, Göttingen 1964⁴, S. 49.

2 Choirilos dichtete eine Alope (TGF, S. 719); ebenso Euripides (TGF, S. 389 ff.) und Karkinos (4. Jh.; TGF, S. 797). Der Pratinas-Titel Perseus (Oxyrhynchus Papyrus 2256, Frg. 2) ist eine Singularität; doch wahrscheinlich behandelte das Stück den Andromeda-Stoff, dessen sich auch Sophokles und Euripides (TGF, S. 157 ff. und 392 ff.) sowie Lykophron (3. Jh.; Suidas, s. v.) annahmen. Unter dem Phrynichos-Titel Pleuroniai (TGF, S. 721 f.) verbirgt sich der Meleager-Althaia-Mythos; vgl. Sophokles (TGF, S. 219 f.), Euripides (TGF, S. 525 ff.), Antiphon (4. Jh.; TGF, S. 792), Sosiphanes (4./3. Jh.; TGF, S. 819). Den Aktaion-Stoff bearbeiteten außer Phrynichos (Suidas, s. v.) sowohl Iophon, der Sohn des Sophokles (Suidas, s. v.) als auch Kleophon (4. Jh.; Suidas, s. v.). Mit der Alkestis fand Phrynichos (TGF, S. 720) in Euripides einen Nachfolger; ein antiker Gewährsmann (Servius Danielis, zu Vergil, Aeneis 4, 694) bezeugt eine motivische Übereinstimmung. Der Antaios endlich (TGF, S. 720) wurde bereits von Aristias wieder auf die Bühne gebracht (TGF, S. 726). Die Einnahme Milets, eines der beiden ‚politischen' Stücke des Phrynichos, brachte dem Autor eine Geldstrafe von 1000 Drachmen ein (Herodot, Geschichte 6, 21); der Stoff kehrte begreiflicherweise niemals wieder. Über die Phoinissen, das Vorbild der aischyleischen Perser, s. u. S. 173 f.

3 Theodektes von Phaselis schrieb einen Mausolos (4. Jh.; TGF, S. 802); Moschion verfaßte Stücke mit den Titeln Themistokles und Pheraioi (4./3. Jh.; TGF, S. 812 f.; das letztere wohl über den Tyrannen Alexander von Pherai). Die Kassandreis des Lykophron (Suidas, s. v.) behandelten offenbar ein zeitgeschichtliches Thema.

4 S. o. Anm. 1. Das Folgende im wesentlichen nach W. Schmid, Geschichte der griechischen Literatur (Handbuch der Altertumswissenschaft 7, 1), Bd. 1, München 1908⁵, S. 374; zur häufigen Wiederkehr

gleicher Stoffe vgl. auch K. von Fritz, Die Orestessage bei den drei großen griechischen Tragikern, in: Antike und moderne Tragödie, Berlin 1962, S. 113 ff.

5 Die Titel von Satyrspielen eingerechnet. Da etwa ein Viertel dieser Titel doppelt oder mehrfach bezeugt ist, ergeben sich ungefähr 570 Dramen; K. Ziegler, Tragoedia, in: Realencyclopädie der classischen Altertumswissenschaft 6 A, 1937, Sp. 1931, schätzt die Zahl der bekannten Stücke auf 600.

6 Wenn der Anonymus bei Sueton, Nero 46, mit keinem der elf identisch ist, erhöht sich die Zahl der Ödipus-Versionen auf zwölf. Vgl. hierzu und zum Folgenden TGF, S. 963 ff. (Index fabularum).

7 Die Verfasser der übrigen Bearbeitungen sind Dikaiogenes (5. Jh.; TGF, S. 775), der Neffe des Euripides (Suidas, s. v.), ferner Karkinos (TGF, S. 798), Diogenes von Sinope (eine zweifelhafte Nachricht; s. TGF, S. 807 f.), Neophron (TGF, S. 729 ff. Zu der antiken Behauptung, die euripideische Medea sei dem gleichnamigen Stück des Neophron nachgebildet, s. Lesky, a. O., S. 163) und Biotos (TGF, S. 825).

8 Den Alkmene-Dramen darf man gewiß noch die beiden Amphitryon betitelten Stücke des Sophokles (TGF, S. 156) und des Aischylos von Alexandrien (TGF, S. 824) zuschlagen. Fraglich, ob sämtliche Stücke, die den Titel Bakchen trugen, den Pentheus-Stoff vorführten (so im Falle des Euripides und des Iophon, TGF, S. 761); wenn ja, so wären sieben Dramatisierungen desselben Mythos bezeugt. Über den Meleager-Stoff s. o. Anm. 2.

9 Welches Netz von Beziehungen die Nachrichten über jeden einzelnen Autor ergeben, zeigt E. Diehl am Beispiel des Tragikers Timesitheos (Realencyclopädie der classischen Altertumswissenschaft 6 A, 1937, Sp. 1251, s. v.): von den überlieferten Titeln seien die Danaiden durch Phrynichos und Aischylos bekannt, Herakles durch Sophokles und Euripides, Ixion durch die drei großen Tragiker, Theodektes und Kallistratos; der Memnon des Timesitheos gemahne an die Aischylos-Trilogie und die Äthiopen des Sophokles; der zuletzt Genannte habe ebenfalls eine Rückforderung Helenas und überdies ein Antenoriden betiteltes Drama gedichtet usw.

10 Das Programm der Großen Dionysien erforderte seit dem Ausgang des 6. Jahrhunderts jährlich drei Tetralogien (also neun Tragödien und drei Satyrspiele), das der Lenäen seit etwa 432 jährlich dreimal zwei Tragödien. Das klassische Theater kannte nur ‚Uraufführungen‘; die erste Wiederholung eines alten Stückes fand im Jahre 386 statt. Ein Überschlag über die gesamte Produktion könnte auch von den Zahlen der Stücke ausgehen, auf die es die einzelnen Tragiker jeweils gebracht haben sollen (Aischylos schrieb etwa 80, Sophokles 130, Euripides 88 Dramen usw.); allein die Angaben zumal der lexi-

kographischen Tradition sind so lückenhaft und unsicher, daß sich dieser Weg nicht empfiehlt.

11 S. Lesky, a. O., S. 47 und 61 f.; ders., Geschichte der griechischen Literatur, Bern 1963², S. 258 und 273.

12 Frg. 8, in: TGF, S. 722: Τάδ' ἐστὶ Περσῶν τῶν πάλαι βεβηκότων.

13 Τάδε μὲν Περσῶν τῶν οἰχομένων.

14 Vgl. zum Folgenden vor allem von Fritz, a. O., S. 120 ff. Die relative Chronologie der beiden Elektren läßt sich nur nach inneren Kriterien erschließen. Hier wird mit von Fritz, a. O., S. 129 ff., und K. Reinhardt, Sophokles, Frankfurt/M. 1947³, S. 279 f., angenommen, daß die sophokleische Tragödie der euripideischen vorausging. Lit. zu dieser vieltraktierten Frage bei Lesky, a. O. (Anm. 1), S. 124, Anm. 2.

15 So Ziegler, a. O., Sp. 1963; vgl. ebndt., Sp. 2049 f.: U. von Wilamowitz-Moellendorff, Euripides: Herakles, Bd. 1 = Einleitung in die griechische Tragödie, Darmstadt 1959⁴, S. 108 ff., habe an der aristotelischen Definition bemängelt, daß sie die Bedeutung der Heldensage als Stoff der Tragödie ignoriere; dieser Vorwurf sei indes unberechtigt, da Aristoteles mythische Sujets als Regelfall vorausgesetzt habe.

16 Vgl. Kap. 14 1454 a 9 ff., wo diese Konzentration der τύχη, d. h. der Bühnenerfahrung, zugeschrieben wird.

17 Vgl. o. S. 171 f.

18 Vgl. H. Jacobi, Amphitryon in Frankreich und Deutschland, Diss. Zürich 1952, S. 74 ff., bes. 82 ff.

19 Vgl. K. Hamburger, Von Sophokles zu Sartre, Stuttgart 1962, S. 95 ff.

20 Die Konfiguration Orphée – Eurydice – Heurtebise, wie sie im Cocteauschen Orphée begegnet, könnte u. a. durch das berühmte Neapler Relief inspiriert sein.

21 Auch The Alecestiad von Wilder läßt sich der hier skizzierten Zweiteilung nicht eingliedern.

22 Vgl. zu diesem Abschnitt P. J. Conradie, The Treatment of Greek Myths in Modern French Drama, in: Annale Universiteit van Stellenbosch 29, Serie B, Nr. 2, 1963, S. 25 ff.

23 Vgl. hierzu Hamburger, a. O., S. 62 ff.

24 Vorsichtig Conradie, a. O., S. 52 ff., bes. 58. Am deutlichsten wohl die Parodie der écriture automatique von Bretons Manifeste du Surrréalisme; vgl. E. Kushner, Le mythe d'Orphée dans la littérature française contemporaine, Paris 1961, S. 183 ff. und 212. Hingegen scheint P. Dubourg, Dramaturgie de Jean Cocteau, Paris 1954, S. 40 ff., nicht mit der Möglichkeit kritisch-parodischer Elemente zu rechnen.

25 Hier akzentuiert gar ein wörtliches Zitat die Übereinstimmung: Tu as choisi la vie et moi la mort – „Du hast das Leben gewählt und ich

den Tod" (S. 105, zitiert nach der Separatausgabe des Verlages La Table Ronde, Paris 1947) = v. 555.

26 Hierüber z. B. Reinhardt, a. O., S. 73 ff.; Lesky, a. O. (Anm. 1), S. 113 ff.

27 S. ferner v. 96 f.; 460 ff.; 497; 555; 559 f.; 777 ff.. Vgl. hierzu Hamburger, a. O., S. 193 ff.

28 „Roh" (ὠμός) lautet das Urteil, mit dem der Chor Antigones Bekenntnis zu den ewigen Gesetzen quittiert (v. 471 f.).

29 Das Räsonnement L'opposition brisée qui sourd et mine déjà partout etc. – „Die Opposition, wiewohl geschlagen, wühlt und rumort schon wieder überall" usw. (S. 54) entspricht der Partie Sophokles, Antigone v. 280 ff.

30 Folgerichtig ist während der Handlung Elektra selbst die Erinye, die ‚Spürhündin'; s. 1, 8: Alors, je prends la piste – „Laß mich, ich bin auf der Fährte"; 1, 9: J'ai pris la piste – „Ich bin schon auf der Fährte"; 2, 5: ... la seule preuve qui m'échappe encore, dans cette chasse – „... das einzige Beweisglied, das ich auf dieser Jagd noch nicht erhascht habe".

31 Sie sind bei Euripides abgeschwächt und werden von der Heldin selbst um der Provokation willen gesteigert (v. 54 ff.).

32 Die Kritik an der Fatalität des Mythos, demonstriert an der Wiederholung des Mythos, hatte freilich schon vor ihm, mit den Ödipus-Dramen von Gide und Cocteau, eingesetzt.

33 S. o. S. 173 ff.

34 S. zum Folgenden H. Meyer, Das französische Drama des 20. Jahrhunderts als Drama der ‚Wiederholung', Diss. Heidelberg 1952 (masch.), S. 195 ff.

35 2, 7: „Sei du endlich still. Du hast uns um die Heirat mit dem Gärtner gebracht" (nur in der für die deutsche Übersetzung eingerichteten Vorlage, zitiert nach der Wiedergabe von H. Rothe, deutsche Edition des List-Verlages, München 1964, S. 110).

36 2, 7: Pauvre fille! Tu es simple! Ainsi tu imaginais que nous allions laisser Oreste errer autour de nous, une épée à la main ... Nous l'avons enchaîné et bâillonné – „Armes Kind! Wie naiv du bist! Hast du wirklich geglaubt, wir ließen Orest mit dem Schwert in der Hand unter uns herumlaufen? ... Wir haben ihn gefesselt und geknebelt."

37 1, 3 a. E.: (Egisthe) Vous allez en (sc. de femmes) avoir deux, et qui parlent. (Le Mendiant) Et qui vont se disputer un peu, j'espère – „(Ägisth) Sie werden gleich zwei" (Frauen) „zur Verfügung haben, die ihren Mund zu gebrauchen wissen. (Der Bettler) Und die sich hoffentlich ein bißchen streiten!" 1, 4 a. A.: (Le Jardinier) Ce serait la première fois qu'on verrait se fâcher Electre – „(Der Gärtner) Das wäre das erste Mal, daß man Elektra sich streiten sähe". Diese Wie-

derholungssignale gelten nur der Tatsache, *daß* sich die beiden Frauen in der Tragödie des Sophokles gestritten haben, sie beziehen sich nicht auch auf den Inhalt des klassischen Musters.

38 S. zum Folgenden H. R. Jauss, Racines Andromaque und Anouilhs Antigone, in: Die neueren Sprachen, N. F. 9, 1960, S. 427–444; Meyer, a. O., S. 10 ff.

39 S. 106 ff., bes. 109: Est-ce qu'on ne peut pas imaginer quelque chose, dire qu'elle est folle, l'enfermer? etc. – „Kann man nicht irgend etwas erfinden, sagen, daß sie verrückt ist, sie einsperren?" usw.

40 Daß die zitierten Worte Ismenes zugleich der veränderten Situation angepaßt sind (das Stück Anouilhs beginnt etwas später als das sophokleische Muster), steht auf einem anderen Blatt; der Zuschauer weiß noch nichts von dieser veränderten Situation.

41 So S. 80 und 90; vgl. S. 10 (Prologue) und S. 58 (der Choeur über die Tragödie): C'est une question de distribution – „Das ist nur eine Frage der Rollenverteilung".

42 S. S. 83 ff., z. B. S. 85: (Créon) Eh bien, oui, j'ai peur d'être obligé de te faire tuer si tu t'obstines. Et je ne le voudrais pas. (Antigone) Moi, je ne suis pas obligée de faire ce que je ne voudrais pas etc. – „(Kreon) Ja, gut, ich habe Angst, daß ich dich töten lassen muß, wenn du nicht nachgibst. Und das möchte ich nicht. (Antigone) Doch ich, ich muß nicht tun, was ich nicht möchte" usw.

43 Vgl. Jauss, a. O., S. 439; einige grundsätzliche Bemerkungen zur Bedeutung des wiederholten Mythos in der modernen Dichtung bei E. Ternoo, De mythe in de literatuur, in: Handelingen van het 27. Nederlandse Filologencongres, Groningen 1962, S. 80 ff. P. Szondi, Theorie des modernen Dramas, Frankfurt/M. 1967[4], hat die hier als 'modern' beanspruchten französischen Mythendramen nicht einbezogen, und M. Kesting, Das epische Theater, Stuttgart 1959[3], S. 150, konstatiert: „Von der Thematik her ausgeklammert waren die Versuche einer Weiterführung des aristotelischen Dramas bei Giraudoux und Anouilh, Sartre . . ." Diese Klassifikation ist verständlich: sie beruht auf der Voraussetzung, daß gerade die 'epischen' Mittel, die das absolute Drama der klassizistischen Tradition bereits durch die Form aufheben, die Modernität des modernen Theaters konstituieren. Sie scheint allerdings nicht hinlänglich zu berücksichtigen, wie sehr in den französischen Mythendramen schon der 'Stoff', d. h. der Mythos als Wiederholung, der ständige Bezug auf das antike Muster, das leistet, was in anderen Stücken jene spezifisch 'epischen' Mittel bewerkstelligen. Der Mythos kann diese Funktion übernehmen, weil er als Wiederholung Stoff und Form zugleich ist (vgl. u. S. 197); Ähnliches gilt etwa im Bereich der Musik für die Gattung der Passacaglia, des Tema con variazioni: auch dort bedingt das 'Tema' zugleich die

formale Struktur, das Gefüge von (harmonischen, melodischen, rhythmischen) Konstanten und Variablen. Das französische Mythendrama zeigt ähnliche Grundmerkmale wie das ‚epische Theater': die Handlung ist relativiert, und der szenische Dialog steht für den Dialog zwischen Autor und Zuschauer, für den Appell des Autors an die Reflexion des Zuschauers. Dieser Absicht dient die Struktur der Wiederholung mitsamt dem offenen, paradoxen Ausgang: die Anstrengung des szenischen Dialogs scheitert an dem sich wiederholenden und sich zu einer Art ‚Schicksal' vergegenständlichenden Handlungsgefüge; sie entläßt den Zuschauer mit der Frage, ob Fatalität nicht durch subjektive Voraussetzungen bedingt sei, so daß dem für unüberwindbar Geltenden die Chance der Überwindbarkeit inhärieren würde.

44 Das Folgende nach B. Snell, Mythos und Wirklichkeit in der griechischen Tragödie, in: Die Entdeckung des Geistes, Hamburg 1955³, S. 138–160.

Hinweis auf bisherige Veröffentlichungen der Arbeiten dieses Bandes

Antike Ethik: Moral – wozu?, hrsg. von R. Italiaander, München: Delp 1972, S. 74–87.

Persona, ein römischer Rollenbegriff: Identität (Poetik und Hermeneutik – Arbeitsergebnisse einer Forschungsgruppe 8), hrsg. von O. Marquard – K. Stierle, München: Fink 1979, S. 83–106.

Die lateinische Literatur der Spätantike – Ein Beitrag zum Kontinuitätsproblem: Antike und Abendland 13, 1967, S. 56–79.

Die Romidee der Spätantike: Historische Zeitschrift 207, 1968, S. 529 bis 561.

Die Brücke zwischen den Zeitaltern – Zur Blüte der Bodenseeklöster im 9. und 10. Jahrhundert: Ungedruckter Vortrag 1970, Auszug in: Merian, Bodensee, 1/1979, S. 66–67. Vgl. Scheffels Erzählwerk: Bildungsbeflissenheit, Deutschtümelei, in: Allmende, hrsg. von M. Bosch u. a., 1/1981, S. 60–69.

Die Germania des Tacitus und das deutsche Nationalbewußtsein: Vortrag 1980, nach: Tacitus, Germania, Stuttgart: Reclam 1971 (deutsch) / 1972 (lateinisch und deutsch), Nachwort, und Einige Dokumente zur Rezeption der taciteischen Germania, in: Der altsprachliche Unterricht 1/1978, S. 39–49.

Die Querelle des Anciens et des Modernes, der Nationalismus und die deutsche Klassik: Classical Influences 1650–1870, hrsg. von R. R. Bolgar, Cambridge: University Press 1979, S. 107–129, und Deutschlands kulturelle Entfaltung, Studien zum 18. Jahrhundert 2/3, hrsg. von B. Fabian u. a., München: Kraus International Publications 1980, S. 49–67.

Winckelmann, ein deutsches Symbol: Neue Rundschau 83, 1972, S. 265 bis 283.

Mythos als Wiederholung in der griechischen Tragödie und im Drama des 20. Jahrhunderts: Terror und Spiel – Probleme der Mythenrezeption (Poetik und Hermeneutik – Arbeitsergebnisse einer Forschungsgruppe 4), hrsg. von M. Fuhrmann, München: Fink 1971, S. 121–143; in englischer Sprache unter dem Titel Myth as a Recurrent Theme in Greek Tragedy and Twentieth-Century Drama, in: New Perspectives in German Literary Criticism, hrsg. von R. E. Amacher – V. Lange, Princeton: University Press 1979, S. 295–319.

Maximilian Forschner
Die stoische Ethik
Über den Zusammenhang von Natur-, Sprach- und Moralphilosophie im altstoischen System

1981, 240 Seiten, Leinen, ISBN-3-12-915450-7

Das Buch bietet eine Analyse und Diskussion der elementaren Begriffe, Grundsätze und Probleme der altstoischen Ethik. Im Unterschied zu bislang gängigen separaten Darstellungen versucht der Verfasser, die praktische Philosophie der Stoa in den systematischen Kontext ihrer Naturphilosophie und Sprachphilosophie zurückzustellen. In Aufnahme und Fortführung der z. Zt. vorwiegend im angelsächsischen Sprachraum geleisteten Forschung auf diesem Gebiet wird sowohl die Kontinuität der altstoischen Philosophie mit der vorklassischen und klassischen griechischen Philosophie (Vorsokratik, Platon, Aristoteles) wie deren systematisierende Weiter- und Umbildung herausgearbeitet.
Die stoische Ethik ist zweifellos die Ethik, die wirkungsgeschichtlich den größten Einfluß auf das neuzeitliche sittliche Selbstverständnis ausgeübt hat. Obwohl die Arbeit des Verfassers weitgehend historisch gehalten ist, wird sie nicht primär von einem historisch-philologischen Interesse geleitet. Die Erinnerung einer vergangenen Philosophie soll der Selbstverständigung dienen (etwa bezüglich der Probleme ethischer Letztbegründung, deontologischer versus teleologischer Ethik, materialer versus formaler Ethik etc.): sie mag sowohl vor der gedankenlosen Übernahme von vermeintlich Selbstverständlichem wie vor der Unterbietung eines bereits im Hellenismus geleisteten Diskussionsstandes bewahren.

Peter Guyot
Eunuchen als Sklaven und Freigelassene in der griechisch-römischen Antike

Stuttgarter Beiträge zur Geschichte und Politik, Bd. 14
1980, 236 Seiten, Leinen, ISBN 3-12-915180-X

Immer wieder trifft man in antiken Quellen auf die Nennung von Eunuchen, sei es als Sklaven oder als Inhaber von zum Teil politisch bedeutsamen Hofämtern: eine für uns nicht mehr ohne weiteres verständliche Erscheinung, die bisher noch nicht systematisch untersucht worden ist. Die Arbeit, die sich auf die sozialen Aspekte des Eunuchentums und auf das Hofeunuchentum als einer Institution monarchischer Herrschaft konzentriert, greift damit ein Desiderat auf, das sowohl für die politische Geschichte als auch für das gesellschaftliche Verständnis der Antike neue Einsichten bereithält.

Klett-Cotta

Aldo Scaglione

Komponierte Prosa von der Antike bis zur Gegenwart

Aus dem Amerikanischen übersetzt von Wolfgang Krege

Band I: Die Theorie der Textkomposition in den klassischen und den west-europäischen Sprachen

1981. 449 Seiten, Register, Leinen mit Schutzumschlag,
ISBN 3-12-936960-0

Band II: Die Theorie der Wortstellung im Deutschen

1981. 230 Seiten, Register, Leinen mit Schutzumschlag,
ISBN 3-12-936961-9

Dieses Werk gibt eine historische und beschreibende Darstellung aller mit der Syntax zusammenhängenden stilistischen Probleme sowie eine kritische Erörterung älterer und neuerer Versuche zu deren theoretischer Klärung. Mit der Wahl des Themas wird ein wesentlicher Teil unseres kulturellen Erbes anschaulich gemacht: das Wechselspiel von Grammatik, Rhetorik und Dialektik in seinen verschiedenen sprachlichen Ausprägungen von der Antike bis heute.
Der erste Band behandelt neben der sprachlichen auch die literarische Komposition. Er verfolgt die Anfänge der Theorie im alten Griechenland und Rom über das mittelalterliche Latein bis zur Ausformung des Französischen, Italienischen und Englischen. Dabei werden die Unterschiede der europäischen Hauptsprachen im Hinblick auf Stil und Sprachgeist auf hoher Ebene erörtert. Der besondere Wert des zweiten Bandes liegt darin, daß die Gesetze der Wortstellung in der deutschen Sprache sowie der Reflexion darüber nicht mehr nur als deutsche Sonderentwicklung verstanden, sondern in den Gang der europäischen Sprachentwicklung zurückgeholt werden. Die Dokumentation ist auf der ganzen Linie der Argumentation aus den Quellen erarbeitet.

Klett-Cotta